金华本土音乐课程开发与实施

——从无到有的本土研究

叶　惠　著

浙江工商大学出版社
ZHEJIANG GONGSHANG UNIVERSITY PRESS

图书在版编目(CIP)数据

金华本土音乐课程开发与实施：从无到有的本土研究 / 叶惠著. —杭州：浙江工商大学出版社，2018.8
ISBN 978-7-5178-2726-9

Ⅰ. ①金… Ⅱ. ①叶… Ⅲ. ①音乐课－教学研究－小学 Ⅳ. ①G623.712

中国版本图书馆 CIP 数据核字(2018)第 078710 号

金华本土音乐课程开发与实施
——从无到有的本土研究

叶　惠　著

责任编辑	吴岳婷
责任校对	何小玲
封面设计	林朦朦
责任印制	包建辉
出版发行	浙江工商大学出版社
	（杭州市教工路 198 号　邮政编码 310012）
	（E-mail:zjgsupress@163.com）
	（网址:http://www.zjgsupress.com）
	电话:0571－88904980,88831806(传真)
排　版	杭州朝曦图文设计有限公司
印　刷	虎彩印艺股份有限公司
开　本	710mm×1000mm　1/16
印　张	17.75
字　数	282 千
版印次	2018 年 8 月第 1 版　2018 年 8 月第 1 次印刷
书　号	ISBN 978-7-5178-2726-9
定　价	49.80 元

前 言

呈现在诸位读者面前的这本小书,是浙江师范大学附属小学柳湖校区(原名"柳湖小学")十年来一直致力于金华本土音乐课程开发与实施的一个阶段性成果。

我校柳湖校区为什么在十年前就致力于金华本土音乐课程的开发与实施?主要基于如下几方面的考虑。第一,探索学校特色建设的可能途径。我校前身金华市柳湖小学创建于2003年,创校之初,如何基于我校的师资力量和发展基础整体谋划学校特色的可能思路和途径,是我校领导和老师们一直考虑的重点。经过一段时间的实践探索后,我们确立了"童蒙养正,博雅人生"的教育理念,并基于该教育理念探索学校课程体系的建设。艺术类课程就是在上述理念的指导下着手开始建设的,金华本土音乐课程的开发与实施则作为艺术类课程建设的突破口。第二,寻找金华本土音乐传承的新思路。近十年来,将本土音乐课程开发与实施视作传承本土音乐的新思路是国内的一大热点及趋势。在致力于金华本土音乐课程开发与实施之前,我校初步调研了金华本土音乐课程开发与实施的现状,调研发现,金华本土音乐资源非常丰富,但金华本土音乐课程的开发与实施却几近空白。鉴于这样的现象,我校在整合校内师资、聘请校外专家力量的基础上,着手开展金华本土音乐课程开发与实施的系列建设工作。第三,对我国《义务教育音乐课程标准》的倡导做出积极回应。《义务教育音乐课程标准（2011年版）》指出："应将我国各民族优秀的传统音乐作为音乐教学的重要内容"，我校致力于金华本土音乐课程的开发与实施研究，既是对上述倡导的积极回应，同时这一导向又为我校致力于金华本土音乐课程开发与实施提供了政策指南。第四，本土音乐传承是世界各国都非常重视的新课题。从各国的进展来看，进入21世纪后，世界各国都努力通过多渠道全方位挖掘、保护和传承本民族和本土的音乐。在此背景下，作为一名音乐教育工作者，笔者深感肩负的责任和使命重大，于是，毅然和我校教师一起投身于金华本土音乐课程的开发与实施工作，试图通过这样的努力，为金华本土音乐传承贡献一份微薄但有价值的力量。

作为我校金华本土音乐课程开发与实施研究的负责人，回顾十年来金华本土音乐课程开发与实施的探索历程，笔者发现，这是一项从无到有的本土研究。如前所述，在我校开展这项研究之前，金华基本上没有中小学系统地致力于金华本土音乐课程的开发与实施研究，这与金华本土音乐资源非常丰富的现状极不相称。金华本土音乐资源的丰富性从金华本土音乐的定义中就可窥见一斑。所谓金华本土音乐，是指金华地区的地方音乐，包括历史上流传在金华本土的金华婺剧、金华道情、金华山歌、金华民谣、浦江乱弹、畲族对歌、永康鼓词等具有很高艺术价值的传统音乐，它们都是省级或国家级非物质文化遗产。面对如此丰富的金华本土音乐资源，如何选定我校金华本土音乐课程开发与实施的边界，是我校一直考虑的重要问题。基于多年的实践探索、金华本土音乐课程开发目标的指引、金华本土音乐传承的内在需要，我校柳湖校区将金华本土音乐课程开发的内容确定为三部分：民间歌曲、民间戏曲和民间曲艺。其中，民间歌曲开发的内容分为金华山歌、金华民歌、金华民谣；民间戏曲开发的内容包括金华婺剧、金华婺剧器乐；民间曲艺开发的内容包括金华道情、永康鼓词。根据这样的范围界定，本书的前四章主要介绍了金华本土音乐课程开发的情况，后三章主要介绍了金华本土音乐课程实施的过程。需要指出的是，这是一项从无到有的研究，其间的艰辛和不易，只有真正亲历了才会有所感悟。所幸我们都挺过来了，并取得了一些让我们自己心满意足的小成就。回顾整个研究过程，笔者由衷地发现，超越难关最重要的是来自内心深处的精神力量。

　　本书的创作是基于集体努力的阶段性成果，这些集体努力既有来自于我校领导、老师、学生、家长们的无私付出和全情投入，又有来自于校外专家团队的专业支持和帮助。为我校金华本土音乐课程开发与实施提供支持的专家团队，包括浙江师范大学音乐学院、金华市音乐家协会、金华市曲艺家协会、金华市婺城区文化馆、金华本土音乐的传承人等。感谢浙江工商大学出版社的吴岳婷编辑，她为本书的出版提供了很多帮助和支持。在此致以特别感谢！

　　最后，诚祈广大读者不吝批评指正。

浙江师范大学附属小学　叶惠

2017 年 12 月 22 日

目　录

第一章　金华市土音乐课程的开发过程 / 001

　　第一节　金华本土音乐课程开发的目标 / 001
　　第二节　金华本土音乐课程开发的内容 / 018

第二章　金华市土音乐课程"民间歌曲"的开发 / 031

　　第一节　金华山歌的开发 / 031
　　第二节　金华民歌的开发 / 043
　　第三节　汤溪民谣的开发 / 067

第三章　金华市土音乐课程"民间戏曲"的开发 / 085

　　第一节　金华本土音乐课程"婺剧"的开发 / 086
　　第二节　金华本土音乐课程"婺剧器乐"的开发 / 101

第四章　金华市土音乐课程"民间曲艺"的开发 / 117

　　第一节　金华本土音乐课程"金华道情"的开发 / 118
　　第二节　金华本土音乐课程"永康鼓词"的开发 / 132

第五章　金华市土音乐课程在小学校园中的实施 / 140

　　第一节　金华本土音乐进校园的动因 / 141
　　第二节　金华本土音乐进校园的组织方式 / 155

第三节　金华本土音乐进校园的成效 / 176

第六章　金华市土音乐课程在小学课堂中的实施 / 187

第一节　金华本土音乐课程实施与教学过程概述 / 187
第二节　金华本土音乐课程"民间歌曲"在小学课堂中的
实施 / 198
第三节　金华本土音乐课程"民间戏曲"在小学课堂中的
实施 / 220
第四节　金华本土音乐课程"民间曲艺"在小学课堂中的
实施 / 231

第七章　金华市土音乐课程以专题成果展的方式实施 / 239

第一节　金华本土音乐作品展 / 240
第二节　金华本土音乐会 / 249
第三节　金华市中小学生艺术节 / 257

参考文献 / 265

第一章　金华本土音乐课程的开发过程

　　作为金华传统文化中的一支,金华本土音乐历史悠久。《义务教育音乐课程标准(2011 年版)》指出:"应将我国各民族优秀的传统音乐作为音乐教学的重要内容"[①]。这为金华本土音乐课程开发提供了政策指南。金华本土音乐课程的开发从属于课程开发。对于课程开发,美国著名课程论专家拉尔夫·泰勒(Ralph W. Tyler)提出,任何课程的开发都应回答如下四个基本问题:第一,学校应该达到哪些教育目标;第二,提供哪些教育经验才能实现这些目标;第三,怎样才能有效地组织这些教育经验;第四,我们怎样才能确定这些目标正在得以实现。[②] 与此相应的,课程开发的基本过程为确定目标、选择经验、组织经验和评价。上述基本过程中的组织经验和评价将在后续章节中讨论之,本章重点讨论金华本土音乐课程开发的目标和内容。

第一节　金华本土音乐课程开发的目标

　　金华本土音乐课程开发目标的确定是课程开发的逻辑起点。据此,本节在讨论金华本土音乐课程目标来源的基础上,结合小学

[①] 中华人民共和国教育部:《义务教育音乐课程标准(2011 年版)》,北京师范大学出版社 2011 年版,第 11—12 页。

[②] 拉尔夫·泰勒:《课程与教学的基本原理》,施良方译,人民教育出版社 1994 年版,导言第 2 页。

音乐课程标准及金华本土音乐的特点,阐述金华本土音乐课程开发的总目标与具体目标。

一、金华本土音乐课程目标的来源

金华本土音乐课程目标如何确定?在泰勒看来,课程目标来源有三,分别是:对学习者本身的研究;对校外当代生活的研究;学科专家对目标的建议。[①] 金华本土音乐具有地方性,这一特点理应成为金华本土音乐课程目标确定的重要来源,该特点在泰勒所提出的当代社会生活中有间接的论及。据此,以下主要从金华本土音乐的特点及对当代生活的研究、音乐学科专家的建议、小学生音乐学习的特点和需要三方面阐述金华本土音乐课程目标的来源。

(一)金华本土音乐的特点及对当代生活的研究

金华本土音乐指金华地区的地方音乐,是历史上流传在金华本土的金华婺剧、金华道情、金华山歌、金华民谣、浦江乱弹、畲族对歌、永康鼓词等具有很高艺术价值的传统音乐,是省级或国家级非物质文化遗产。金华本土音乐世代相传,具有地方民族特色;它源于生活,与本地人民的生活经验密切相关。金华本土音乐有令人喜闻乐见的多样化形式,既包括民歌、山歌、民谣等民间歌曲,也包括婺剧、昆剧等民间戏曲,还有道情和鼓词等民间曲艺。

1.金华本土音乐的特点体现在不同类型的金华本土音乐中

如前所述,金华本土音乐主要有金华婺剧、金华道情、金华山歌、金华民谣等。如下以金华婺剧和汤溪民谣为例,剖析金华本土音乐的特点。

(1)金华婺剧

金华婺剧俗称"金华戏",作为浙江省传统地方戏曲剧种之一,

---

① 拉尔夫·泰勒:《课程与教学的基本原理》,施良方译,人民教育出版社1994年版,第2页。

堪称中国戏曲的活化石。金华婺剧的特点主要体现在唱腔、表演艺术和剧目等上。

就唱腔而言,"婺剧在音乐上包容了来源复杂的六种腔调,包括高腔、昆腔、乱弹、徽戏、滩簧、时调六种腔调"①。各唱腔曲调丰富,旋律优美。婺剧的六种唱腔与唱调,实际上包含了浙江乃至全国戏曲发展的三个阶段不同结构的三类戏剧:盛于明清的高腔和昆腔,以"南北曲"为体裁,以"一人启口,世人接腔"为表征;从清中叶开始风靡的乱弹、徽调;明末清初开始流行的原为坐唱艺术的滩簧与时调。金华婺剧属多声腔剧种,以金华戏为代表的多声腔剧种是流传于同一地区的多种唱腔地方戏的统称;其班社按其所唱声腔的不同,分为"三合班""两合班""弹班""徽班"等多种组织形式,是高腔、昆剧、乱弹、徽调、滩簧、时调等多声腔的总括。

在表演艺术方面,演员在戏剧中都要分角色行当,金华戏演员也是如此。"婺剧行业分为'生、旦、净、末、丑'五个,金华戏的角色有花旦、作旦、正旦、老旦、小旦,小生、老生、老外,大花脸、二花脸、小花脸、四花脸之分。表演讲究四功(唱念做打)和五法(手眼身法步)。"②婺剧表演不仅粗犷豪放,常文戏武做、武戏文演,还拥有非常惊人的技艺和非凡的武术展示,如变脸、喷火、耍叉、三跌头等。此外,婺剧《临江会》《火烧子都》中的变脸、《光普卖酒》中的踢剑都堪称经典。

在剧目方面,婺剧的传统剧目极为丰富,目前尚存的大小剧目有 500 多个,3000 多首唱腔曲牌。节目的题材亦丰富多样,有以《水浒传》《三国演义》等故事为题材的徽戏,也有以家庭琐事和爱情为题材的乱弹和滩簧,有"徽戏打天下,乱弹撑人家"之说。从已有的对婺剧剧目的研究看,"乱弹最主要的唱腔曲牌有《三五七》《二凡》和《芦花》《拨子》等,常演剧目主要有《玉麒麟》《玉蜻蜓》《双

①② 贾波:《金华婺剧发展现状研究》,《大众文艺》2009 年第 17 期,第 216—217 页。

阳公主》《鸳鸯带》《牛头山》《三请梨花》《西施泪》等。徽戏最主要的唱腔曲牌有二簧、西皮、芦花(吹腔)和拨子等,常演剧目有《百寿图》《辕门斩子》《二度梅》《花田错》等。滩簧最主要的唱腔曲牌有平板、弦索、紧板等,常演剧目主要有《白蛇传》《翠屏山》《貂蝉拜月》《送米记》《牡丹对课》《僧尼会》等"[①]。自中华人民共和国成立以来,又出现了婺剧新编、改编的剧目,如《断桥》等历史剧堪称经典,《梦断婺江》等作品获得多项国家大奖。

(2)汤溪民谣

汤溪民谣体现了金华本土音乐通俗易懂以口头传播为主的特点。汤溪民谣不仅歌词很简单,而且音乐也很简单,大概只有 do、re、mi、fa 四音,既适合小孩、妇女和老人吟唱,又是很好的儿童音乐启蒙素材。从两三岁开始学讲话起,小孩子便可以学唱汤溪民谣,通过学唱,汤溪民谣能将孩子们带入音乐的世界。汤溪民谣的特点主要体现在歌词和传播方式上。

在歌词上,汤溪民谣歌词简单,通俗易懂,也比较好传唱。例如汤溪有一则关于端午节吃粽子的民谣,该民谣创作的背景是小朋友间相互比较谁家的粽子好吃,比较中处于下风的小孩随口创作了如下的民谣,其中暗含了处于下风小朋友心中的妒忌心理。该民谣的内容大致如下:

> 端午吃个粽,
> 端六肚里痛,
> 端七来弗及(不行了),
> 端八赶(制)棺材,
> 端九铃铃铃,

---

① 贾波:《金华婺剧发展现状研究》,《大众文艺》2009 年第 17 期,第 216—217 页。

端十埋在山头巅。①

除了上述关于日常生活的民谣外,汤溪民谣也有叙事民谣,这类民谣的特点是语言活泼,文字生动,如下例所示:

有个光头老汉,戴着斗笠,腰别鱼篓去打鱼。听到溪边鲇鱼吹箫,鳖打鼓,白鳊鱼要做新媳妇。便问:谁来做新媳妇?鳊鱼来做新媳妇。谁来看新媳妇?白鹭来看新媳妇。老汉一家伙抓抓塞到鱼篓里,回家煮煮吃。
三下五下,大家就喝高了——
酒一喝,鱼一啜。你一脚,我一腿。你一扭,我一捏。扭出血来,溅到板壁上。花花狗舔舔吃,花花猫转三圈。②

这是汤溪东祝村 85 岁老嬷嬷邵莲英唱的叙事民谣。如果你在现场听就会发现,她唱得比落在纸上的文字更具趣味性和形象性。诚如汤溪文化站站长楼思明所指出的:"以前的汤溪人,看到有人迎面走来,他'嗨哟嗨哟'的,就能把你的整个形象唱出来。"③由此可见汤溪民谣的形象性和生动性。

在传播方法方面,口头传播是汤溪民谣的主要传播方式。口头传播的主要特点是,不需要借助口头之外的任何特殊形式的媒介就能达到传播目的,比书面语等的传播方式更为方便。此外,民谣本身反映了人们的情绪、社会公众的倾向,是社会舆论的一种表现方式。汤溪民谣以群众的感情和经历为基础,反映了集体的感情和经历,同样具有社会舆论的表现方式。作为社会舆论的一种,

---

① 金西网:《汤溪儿童民谣(端午节吃粽子)》,http://blog.sina.com.cn/s/blog_6756a3e70102w6fz.html,2016 年 5 月 28 日。

②③ 章果果、胡国洪、美苹:《汤溪山里九十九道弯九十九道弯来九十九支歌》,http://www.jhnews.com.cn/jhrb/2011-12/16/content_1999848.htm,2017 年 12 月 20 日。

其传播的主要方式是口头传播,通过口头传播,具有不同价值观和不同兴趣的人会达成共识。

综上所述,不同类型的金华本土音乐彰显了不同特点,正因为此,这些不同类型的金华本土音乐理应成为金华本土音乐课程开发的重要资料来源。

2.金华本土音乐与金华人的当代生活密不可分

对金华本土音乐特点进行分析可以发现,其对应着金华的普通民众和学生两大群体,金华本土音乐的特点和这两大群体的当代生活密不可分。

(1)金华普通民众的当地生活

在金华民众的当代生活中,庙会是广泛存在的一种传统民俗活动,它是以庙宇为依托,在特定日子举办,祭拜神灵、买卖货品、娱乐身心的聚会。[①] 庙会是民间传统的节日,是一种隆重的文化活动,具有丰富的文化内涵和民族性、群众性等特点。庙会作为传统民俗活动的一个重要组成部分,自其形成的千百年来,一直影响着金华民众的文化和社会生活。"庙会产生之初是为了取悦所供奉的神灵。那时的人们以为,六合神灵魔怪也像人一样,喜欢热闹,喜欢形式各类的娱乐活动,所以在举办庙会时,人们往往通过最原始的娱乐样式——音乐和舞蹈来娱悦神灵。"[②]同样,人们也是以音乐和舞蹈来娱悦观音。一开始,庙会用以娱悦神灵的成分更多些,后来渐渐地由娱神转向娱人。这也是一般庙会演变的普遍性。

唱戏是庙会的重要内容,之所以如此,一是为了酬神祈灵,作为崇拜信仰的一部分,二是为了愉悦苍生身心、调节生活的娱乐渴求。婺剧团演戏是庙会戏剧活动的一个重要组成部分。著名的剧目有《僧尼会》《牡丹对课》《断桥》等,如今每次戏班开演都要演的

---

① 小田:《"庙会"界说》,《史学月刊》2000 年第 3 期,第 104 页。
② 李燕:《传统节庆文化与民众生活——以浙江省金华市岭下朱观音庙会为例》,《非物质文化遗产研究集刊》2010 年第 0 期,第 144—156 页。

戏是《文武八仙》，用当地的话叫作"大大八仙"。演这出戏主要有歌颂风调雨顺、求吉求利的意蕴。由此可见，婺剧作为金华本土音乐在金华庙会活动中起着重要作用，同时也反映了喜欢欣赏本土音乐是金华普通民众当代生活的特点之一。

（2）金华学生的当代生活

金华本土音乐的学习既是联系学生的音乐学习和生活的重要桥梁，又是现代学生社会生活的反映。当今社会发展快速，学生的生活深受社会飞速发展的影响，这样，将日益变化的社会生活融入学生的学习中就显得很有必要。学生的哪些生活可以作为课程目标的来源？梳理泰勒的观点，大致可以得出如下建议：第一，分析出复杂的当代生活的决定性部分及其中的重要方面，这可以通过"工作分析"（job analysis）和"活动分析"（activity analysis）等方法实现；第二，通过分析当代生活，揭示使学生有机会运用其在学校中所学知识的领域；第三，致力于使学生理智地理解当代生活问题中的基本原理；第四，当研究当代生活以揭示教育目标的方向时，特定的教育目标一定要适合特定年龄阶段儿童的兴趣与需要；第五，通过研究当代生活所制定的教育目标，一定要经过可接受的教育哲学的选择，并与教育目标的其他来源结合起来加以权衡。据此，对于金华本土音乐课程的开发而言，关键要分析以下几点：第一，影响学生当代生活的决定性部分及其重要内容；第二，挖掘与学生的学校生活、家庭生活、社会生活有联系的金华本土音乐；第三，帮助学生理解当代生活中的金华本土音乐；第四，探寻符合学生兴趣和需要的金华本土音乐资源；第五，结合学校办学理念和学生培养目标，筛选合适的金华本土音乐课程资源。

由于学生和普通民众是一个人成长过程中的不同身份称谓，把这两类人群的金华本土音乐生活作为金华本土音乐课程开发的目标来源至关重要。

(二)音乐学科专家的建议

音乐学科专家的建议,有助于确定金华本土音乐课程自身所应彰显的目标。关于学科专家的建议,泰勒认为:第一是有关一定科目所能起到的普遍作用方向的一系列提议;第二是有关这门科目对其他大量功能所能做出的一定贡献。[①] 据此,对于金华本土音乐课程的开发,音乐学科专家提出的建议大致有如下两类,即金华本土音乐课程特有的功能和贡献。

1. 金华本土音乐课程特有功能方面的建议

金华本土音乐课程从属于艺术课程的范畴。关于艺术课程的特有功能,泰勒概括了美国当时关于艺术方面的一些报告后认为,这些报告大致提出了五方面的特有功能:①扩展学生知觉的范围;②提供语言媒介之外的另一种沟通媒介来澄清观念和感情;③个人整合,指艺术有时具有通过象征性表达来减轻精神紧张的作用;④形成兴趣和价值观;⑤培养专门的能力,也就是掌握习得绘画、音乐或其他形式的技能的手段。[②] 据此,学习金华本土音乐对小学生成长所具有的独特功能如下:①小学生能了解、感知并欣赏金华婺剧、民歌、戏曲、曲艺、器乐等本土传统音乐,初步学会用审美的眼光欣赏金华本土音乐,从而感受到金华本土音乐文化的魅力与独特价值;②小学生能用艺术的方式来表达自己的情感;③在感知、欣赏、表达金华本土音乐的过程中,能体验到艺术在调节自身的情绪、舒缓身心方面的特有价值;④学生初步对金华本土音乐产生兴趣并提升自身的艺术价值观;⑤具备用金华本土音乐进行创作的能力。

金华本土音乐课程除了具备上述功能外,我国学者还指出:

---

① 拉尔夫·泰勒:《课程与教学的基本原理》,施良方译,人民教育出版社1994年版,第21页。

② 同上,第23—24页。

"让每一个孩子都会唱自己家乡的歌,要把学校教育作为音乐文化传承的基础。"①换言之,金华本土音乐具有传承地方文化的特有功能。因为本土音乐、家乡的歌正是本民族精神的重要组成部分,因此,将本土音乐文化资源引到学校教育中、把学校作为弘扬本土音乐文化及振兴本土音乐的主要阵地意义深远。与此类似,浙江师范大学音乐学院杨和平教授在《金华山歌的生态现状调查与保护对策研究》和《现代文化语境中的传统音乐遗存——东阳道情生态现状调查与保护对策研究》中写道:"当代由于公众传媒的普遍应用和社会文明生活的厚实多彩,人们对金华山歌、东阳道情的喜爱和依赖已不如从前;在此背景下,随着传承人的逝去,本土音乐的传承有可能处于濒危状态,据此,通过开发金华本土音乐课程,以此保护、抢救、传承金华本土音乐显得尤为重要。"

2.金华本土音乐课程具有的独特贡献方面的建议

"课程,意味着在学校教师的指导之下的整个生活活动的总体计划。"②换而言之,学校开发的课程,是为学生适应社会生活服务的。学生知识习得的过程,应是积极地参与活动的过程。正如泰勒所指出,学科专家应思量的是这门科目对一般公民有何用途,即探讨这门学科的一般教养功能,而不是该学科本身的独特功能。③换言之,一门学科课程应要体现该学科公民成长的独特贡献,且这些贡献不是由该学科独有的功能与专业特点决定的。泰勒引用美国普通教育科学委员会的报告指出,科学具有四方面的独特贡献:①个人生活方面,即科学有助于促进个人的健康、自信的需要、令人满意的世界观、广泛的个人兴趣以及审美的满足;②个人与社会

---

① 谢嘉幸:《寻找家乡的歌——音乐教育的现代化观念之三》,《中国音乐教育》2001年第11期,第38—44页。

② 钟启泉:《现代课程论(新版)》,上海教育出版社2015年版,第229页。

③ 拉尔夫·泰勒:《课程与教学的基本原理》,施良方译,人民教育出版社1994年版,第19页。

关系方面,即科学有助于满足学生在家庭生活中和与家庭以外的其他成人之间,形成日趋成熟的相互关系的需要,以及与男女同伴形成成功又日趋成熟的相互关系的需要;③社会与公民关系方面,即科学可以怎样有助于学生满足他以负责的态度,参与有社会意义活动的需要以及怎样获得社会认可;④经济关系方面,即科学可以怎样有助于学生满足情感上确信自己在步入成人阶段的需要,满足指导职业选择和职业准备的需要,满足明智地选择与利用物品与劳务的需要,以及在解决基本的经济问题时,采取有效行动的需要。[①]

金华本土音乐归属于音乐科学的范畴,对小学生成长所具有的独特贡献如下:①小学生通过感受金华婺剧、民歌、戏曲、曲艺、器乐等本土音乐,丰富其个人生活,初步具有一定的审美能力,并初步建立积极向上的世界观、人生观和价值观;②通过学习金华本土音乐课程,小学生能获取关于金华本土音乐及非本土音乐的知识与信息,与他人建立良好的社会关系,包括家庭关系和同伴关系;③在感知、欣赏、表达金华本土音乐的过程中,能参与有意义的社会生活,形成积极的音乐学习适应社会生活的社会态度;④学生能够满足自己步入成人地位的需要,能够形成科学的职业观和职业规划,能够在参与劳动的过程中遇到经济问题时,积极采取行动。教师的本土音乐工作是能够将家乡的音乐文化演绎得得心应手;能够巧妙地进行课堂设计,寻找准确的切入点;能够从民谣歌词入手,让学生们充分地聆听、体验,再学唱;能紧紧抓住音乐的曲调,关注歌曲的节奏等元素,将金华本土音乐引入课堂教学,让金华本土音乐得以传承与创新。

---

① 谢嘉幸:《寻找家乡的歌——音乐教育的现代化观念之三》,《中国音乐教育》2001年第 11 期,第 24 页。

(三)小学生的音乐学习特点与需要

如前所述,金华本土音乐课程开发目标很大程度上来自于音乐学科专家的建议。学科专家的建议不仅来源于学科本身的思维和理念,还来自于对学生的研究。对小学生的研究而言,大致包括对小学生的认知发展特点、学习心理特点和音乐学习需要等的研究。

1. 小学生认知发展特点

小学生的年龄段一般在 6 到 12 岁之间,在该时期,小学生各方面的生理机能和身体素质开始快速发展,比如肺活量增大、肌肉比幼儿时期更发达一些;同时,他们的好动性明显增强,有些小学生甚至只有在不断地运动当中才会觉得舒适。为了满足生理机能快速发展的需要,他们试图扩展活动空间并寻求相对的活动自由。皮亚杰在《发生认识论原理》一书中曾指出,"在发生学上清楚的是,主体所完成的一切建构都以先前已有的内部条件为前提"[①],这样,学生学习的发生就是主体主动建构的过程。在皮亚杰看来,学生的认知发展阶段一般分为四个阶段:"①感知运动阶段(0—2岁);②前运算阶段(2—7岁);③具体运算阶段(7—11岁);④形式运算阶段(11—成人)。"[②]不同年龄段学生的认知发展特点不同。

金华本土音乐课程主要为小学阶段的学生开发,与此相应,小学生认知发展阶段所处的阶段主要以具体运算阶段为主,涉及前运算阶段和形式运算阶段。具体运算阶段的特点是:学生离不开具体事物的支持,运算主要依靠实物和能观察到的现实事物等支持,但不能依靠设想进行。只要问题是具体的,学生可以完成相当复杂的运算。处于具体运算阶段小学生的思维的主要特征为:①分类,能够根据观察到对象的性质进行分析和归纳;②守恒,知道

---

① 皮亚杰:《发生认识论原理》,王宪钿译,商务印书馆 1981 年版,第 103—104 页。
② 皮亚杰:《皮亚杰教育论著选》,卢濬选译,人民教育出版社 1984 年版,第 7—8 页。

一个量如果没有增添或减小，即使物体外形变化了，该量也是维持稳定的；③可逆，能在心理上回转思考一系列步骤，即从某一步骤的最终状态回到初始状况。据此，我校柳湖校区在开发金华本土音乐课程时，主要立足于小学生具体运算阶段的认知发展特点，并分别就小学低段和高段学生确定相应的本土音乐开发的阶段目标。

2.小学生音乐学习的心理特点

小学生的心理特点主要表现为多种特征相互依存，具体而言如下：小学生的思维能力和逻辑运算能力明显增强，但其心理专注度还不够稳定；小学生的独立思维能力有所增强，但他们对成人还有很大程度上的依赖；小学生早已具备自我思考的能力，但较易受到周围环境的干扰；此外，小学生的心理承受能力相对薄弱，易于产生挫败感。小学生的心理发展过程大致为，从冲突阶段向对立成熟阶段发展。在学习方面，小学生以感性认知为主。在人际交往中，其心理还居于期待和恐惧并存的状况，一方面，他们希望认识他人，有自己的朋友；另一方面，他们对他人往往会进行不自觉地排斥，这种排斥倾向主要来自于小学生对陌生人的惶恐。总体而言，小学生的心理特点呈现为不稳定性和冲突性并存的状况。

根据上述特点，在音乐学习过程中，小学生往往会很有活力和有很强的表现欲。对于小学1—2年级的小学生而言，其以感性认知为准、好动的特点，利于他们更好地投入音乐课程的学习中，诚如有学者所指出的："好动性让他们更主动地去参与音乐实践，比如唱歌、跳舞、音乐游戏和小音乐剧等。"①小学低段学生的认知特点亦受其情感和意志的影响，从情感上看，他们易兴奋、情绪不稳定，既可能对音乐学习所涉及的具体的人和团体产生情感；也可能对音乐学习内容本身产生愉快的心情并体验到美感。从意志上

---

① 王浩汀：《小学更需要优秀的音乐教师——以小学生学习特征为切入点》，《教育教学论坛》2012年第1期，第255—257页。

看,他们表面上显露出特定的坚持性和矜持力,但从其内在特性看,其意志品质还是比较薄弱的。3—6年级的小学生,仍然以形象思维活动为主,但其抽象思维能力随着年龄增长逐步加强。从感情上看,他们经常居于平静、恒久和愉快的状况。从意志上看,他们的意志风骨有所上进,对人、对事的评价能力也在逐步增加。[①]

3. 小学生音乐学习需要

小学阶段是音乐学习情感和音乐学习需要的重要形成阶段和发展阶段,小学生的音乐学习需要是多方面的。人本主义心理学家马斯洛提出了著名的需要层次理论,他认为人有生理、安全等七种需要,这些需要可以从低级到高级排列之。其中,最高级的三种需要是认知的需要、审美的需要、自我实现的需要,这些需要属于发展性需要;与此相应,其他四种需要可以称之为缺失性需要。在马斯洛看来,只有先实现低层次的需要,才能实现高层次的需要。从马斯洛的需要层次理论看,小学生音乐学习的需要是一种高层次的需要,这里的高层次需要既指认知与审美的需要,也指自我实现的需要。需要指出的是,这些需要的实现是以生理、安全及社交需要为基础和前提的,正如泰勒所指出的:学校与其他社会机构的职责就在于帮助儿童满足生理、社交及整合的需要。[②]

小学生音乐学习的需要与其对音乐学习的使命价值的认知有关。当代期望价值理论重视使命价值的研究,认为使命价值有四种元素,分别是达成价值、兴趣价值、效用价值和代价。达成价值是指完成使命的重要性;兴趣价值是一种内在价值,指出于兴趣而产生的某种快乐;效用价值体现当前所学与将来的目标之间的关联;代价则是指为了一个选择,放弃另外一个选择。不难看出,该理论关注学生所面对的使命价值,是一种对学习使命有效性和重

---

① 秦润明:《音乐课程与教学论通用教程》,上海三联书店 2012 年版,第 42—43 页。
② 拉尔夫·泰勒:《课程与教学的基本原理》,施良方译,人民教育出版社 1994 年版,第 4 页。

要性的评估,是和主观价值评估有关的学习动机理论。相关研究表明:"小学生的音乐课价值认知和音乐本身价值认知中都包括了四种情况,分别是兴趣价值、达成价值、效用价值以及没有价值。相比音乐本身的价值认知,音乐课价值认知中的达成价值较多。相比音乐课价值认知,音乐本身价值认知当中的兴趣价值则较多。具体在兴趣价值中,音乐本身价值认知中的内容较音乐课价值认知更为丰富,有更多的人体验到了音乐的情绪调节作用。"①可见,音乐课价值认知和音乐本身价值认知都汇聚在兴趣价值上,小学生的音乐价值品味以兴趣价值为主。换言之,小学阶段是养成兴趣的关键阶段,从该角度而言,小学生具有的兴趣价值实际上是兴趣需要驱动的结果。

二、金华本土音乐课程开发的目标

金华本土音乐课程开发的目标包括总目标和具体目标。根据上述金华本土音乐课程开发目标的来源,金华本土音乐课程的总目标和具体目标确定如下。

(一)金华本土音乐课程开发的总目标

《义务教育音乐课程标准(2011年版)》在"总目标"中指出:"学生通过音乐课程学习和参与丰富多样的艺术实践活动,探究、发现、领略音乐的艺术魅力,培养学生对音乐的持久兴趣,涵养美感,和谐身心,陶冶情操,健全人格。学习并掌握必要的音乐基础知识和基本技能,拓展文化视野,发展音乐听觉与欣赏能力、表现能力和创造能力,形成基本的音乐素养。丰富情感体验,培养良好的审

---

① 龙姗:《小学生音乐学习动机与音乐学业情绪的关系研究》,湖南师范大学2014年版,第34页。

美情趣和积极乐观的生活态度,促进身心的健康发展。"①从国家、地方、学校三级课程管理体制看,金华本土音乐课程可以归为地方课程与校本课程;从浙江省于2015年颁布的《浙江省教育厅关于深化义务教育课程改革的指导意见》中的课程结构看,金华本土音乐课程可以归为拓展性课程。据此,金华本土音乐课程开发的总目标应该在《义务教育音乐课程标准(2011年版)》总目标指引下确定。根据上述《义务教育音乐课程标准(2011年版)》中关于义务教育音乐课程总目标的定位及第一部分中金华本土音乐课程目标的三大来源,金华本土音乐课程的总目标制定如下:

第一,通过学习金华本土音乐课程,小学生能初步了解金华山歌、民歌、婺剧、道情、鼓词等的概况及传承现状,掌握金华本土音乐的艺术特色;初步学习金华本土音乐的演唱、演奏、创作等方面的技能,能够自信、自然、有表情地演唱金华本土乐曲并演奏与金华本土音乐相关的乐器,了解金华本土音乐创作的基本方法;在音乐听觉感知基础上识读乐谱,在音乐实践活动中运用乐谱。通过聆听流传在金华这片沃土上感人肺腑的本土音乐故事,触摸先辈们生命的脉搏,了解祖先从前的生活环境和民俗风情,并能对金华本土音乐进行传承与再创造,初步具有金华本土音乐文化素养。

第二,通过学习金华本土音乐课程,学生能完整而充分地聆听金华本土音乐作品,享受金华本土音乐审美过程中的喜悦,体验与理解金华本土音乐的精神内涵;通过亲身参与金华本土音乐的演唱、演奏、编创等艺术实践活动,适当地运用观察、比较和练习等方法进行模仿并积累感性经验,为进一步提升金华本土音乐的表现力和创造能力夯实基础;学生对金华本土音乐产生好奇心和探究愿望,重视自主学习的探究过程,能积极参与以即兴自由发挥为主要特点的本土音乐探究与创作活动;在金华本土音乐艺术的集体

① 中华人民共和国教育部:《义务教育音乐课程标准(2011年版)》,北京师范大学出版社2011年版,第8页。

表演和实践过程中,能够与他人充分交流、密切合作,不断提升自身的集体意识和协调能力;通过以金华本土音乐为主线的艺术实践,更好地理解金华本土音乐的意义及其在金华人民的艺术活动中的特殊表现形式和独特价值。

第三,通过学习金华本土音乐课程,学生的情感体验得以进一步提升,初步养成积极乐观的生活态度;在亲身参与金华本土音乐学习活动过程中,对金华本土音乐产生喜爱之情,逐步养成欣赏金华本土音乐的良好习惯,为终身喜爱金华本土音乐奠定基础;学生在体验金华本土音乐魅力的同时,学会关心家乡的山歌、民歌、婺剧、道情、鼓词等珍贵的民间艺术形式,提升自身的本土音乐欣赏能力,养成健康向上的审美情趣;学会尊重金华本土艺人或艺术家的创造劳动,尊重金华本土音乐作品,理解金华本土音乐文化的多样性。

(二)金华本土音乐课程开发的具体目标

《义务教育音乐课程标准(2011 年版)》在"学段目标"中指出,小学低段(1—2 年级)音乐课程开发的目标:"①激发和培养对音乐的兴趣。②开发音乐的感知力,体验音乐的美感。③能自然地、有表情地演唱,参与其他音乐表现和即兴创编活动。④培养乐观的态度和友爱精神。"[①]小学低段课程目标的确定主要基于该年段小学生的特点,即以形象思维为主,好奇、好动、模仿力强,形体灵巧,乐于参与等。与低年段小学生不同,小学高段(3—6 年级)学生的音乐体验感受与探索创造的活动能力增强,对教学曲目的体裁和样式有一定的理解,据此,高段音乐课程开发的目标是:"①保持对音乐的兴趣。②培养音乐感受与欣赏的能力,初步养成良好的音乐欣赏习惯。③能自信地、有表情地演唱,乐于参与演奏及其他音

---

① 中华人民共和国教育部:《义务教育音乐课程标准(2011 年版)》,北京师范大学出版社 2011 年版,第 11—12 页。

乐表现、创造活动。④培养艺术想象力和创造力。⑤培养乐观的态度和友爱精神,增强集体意识,培养合作能力。"①

2017 年颁布的《普通高中音乐课程标准(2017 年版)》中指出:"具体目标依据音乐学科核心素养培育指向,体现在以下几方面:①学生在音乐情境中,能从整体上认知音乐艺术的印象特征和文化背景,能从不同体裁和形式的作品所具有的音乐表现特征出发,提升审美感知能力。……②学生在音乐学习过程或社会文化生活中,乐于参与个体或群体的音乐表现实践;能享受音乐实践活动的乐趣,并能伴随感性经验的积累深化对音乐的理解;能在各类音乐实践和综合表演活动中不断提升音乐艺术表现技能,增强艺术表达的自信;能根据自己的情感表达需求编创小型音乐作品;能在合唱、合奏等集体性表演活动中展现协作能力,培育团队精神。③学生能从感知和表现的具体作品中,理解音乐是人类文化的重要构成,从文化角度关注音乐作品和音乐现象,认知作品产生的历史文化背景和风格特征;熟悉和热爱中华民族的音乐创造成果,探究其独特风格和文化内涵,增强民族自豪感,坚定文化自信,培养爱国主义情操,能以开阔的视野体验、学习、理解世界其他国家和民族的优秀音乐文化,树立平等的文化价值观,拥有尊重文化多样性的人文情怀。"②

基于《义务教育音乐课程标准(2011 年版)》中关于年段目标的设定、《普通高中音乐课程标准(2017 年版)》关于具体目标制定的指向和前述金华本土音乐课程目标的来源,金华本土音乐课程开发的具体目标如下:

1.发展对金华本土音乐的认知和审美能力

---

① 中华人民共和国教育部:《义务教育音乐课程标准(2011 年版)》,北京师范大学出版社 2011 年版,第 11—12 页。

② 中华人民共和国教育部:《普通高中音乐课程标准(2017 年版)》,人民教育出版社 2017 年版,第 7 页。

学生在金华本土音乐情境中,能从整体上认知金华本土音乐的印象特征和创作背景,能从不同体裁和形式的金华本土音乐作品所具有的音乐表现特征出发,提升自身的审美感知能力。如能认知金华本土音乐的风格特征、旋律和节奏等;能够发现金华本土音乐与日常生活、社会文化等密切相关。

2.通过金华本土音乐的学习,发展自身的社会性

学生在金华本土音乐学习过程中,乐于参与个体或群体的金华本土音乐表现实践;能享受金华本土音乐实践活动的乐趣,并能伴随感性经验的积累深化对金华本土音乐的理解;能在各类金华本土音乐实践和综合表演活动中不断提升音乐艺术表现技能,初步具有艺术表达的自信;能根据自己的情感表达需求编创金华本土音乐作品;能在合唱、合奏等集体性表演活动中展现协作能力,初步具有团队精神。

3.初步具有一定的音乐文化价值观

学生能从感知和表现的具体作品中,理解金华本土音乐是金华本土文化的重要构成,从文化角度关注金华本土音乐作品和音乐现象,发现金华本土音乐作品产生的历史文化背景和风格特征;熟悉和热爱金华本土的音乐创造成果,探究其独特风格和文化内涵,为生活在具有文化内涵的金华感到自豪;能以开阔的视野体验、学习、理解国内其他地方的本土音乐,树立平等的文化价值观,拥有尊重文化多样性的人文情怀。

第二节 金华本土音乐课程开发的内容

依据金华本土音乐课程开发的目标,确定金华本土音乐课程开发的内容。浙江师范大学附属小学柳湖校区(以下简称为"我校柳湖校区")立足于金华本土历史文化,结合校情与课程实施现状,开发了博雅课程。在开足开齐基础性课程和体艺俱乐部课程的基

础上，又开发了拓展性课程。以"健康、明理、好学、懂艺"为培养目标，开设知识类、健康类、体艺类、礼仪类、科创类、综合实践类六类相应的拓展性课程，让孩子们在原有体艺类拓展学习的基础上有了新的突破和发展。其中，体艺特长类课程包括体育、器乐、舞蹈、合唱、书画、婺剧等课程。基于我校柳湖校区多年的实践探索及金华本土音乐传承的需要，这里将金华本土音乐课程开发的内容确定为三部分：民间歌曲、民间戏曲和民间曲艺。其中，民间歌曲开发的内容有金华山歌、金华民歌、金华民谣，民间戏曲开发的内容有金华婺剧、金华婺剧器乐，民间曲艺开发的内容有金华道情、永康鼓词。此外，金华不少民间乐队都以老年人为主，金华山歌也不例外，主要是一些老年人在传唱；金华山歌、金华道情现无专业表演团体和研究机构，民间职业艺人甚少，老艺人相继过世，金华本土音乐已经陷入后继乏人、濒临灭绝的窘境。目前仅存的民间音乐与作品不太适合小学生学习，因此为了促进小学生学习与传承金华本土音乐文化，亟待开发金华本土音乐作品。

一、金华本土音乐课程"民间歌曲"的开发内容

金华本土音乐课程"民间歌曲"，简称"民歌"。民歌是金华劳动人民的歌，指金华劳动人民在日常生产生活劳动中自己创作和演唱的歌曲。金华民间歌曲以即兴创作、口头传承的方式存在于民间，并在流传过程中不断接受人民群众的选择加工、改编提炼，随岁月的流逝而不断完善，主要流传在金华市区、东阳、武义、兰溪等地。[1] 结合民间歌曲的特点，金华本土音乐课程"民间歌曲"的开发内容包括金华山歌、金华民歌及金华民谣。金华民间歌曲课程开发内容的重点是，令学生通过学习民间歌曲，提升自身的音乐感知能力，体会民间歌曲独特的节奏感、旋律感、和声感以及欣赏山

---

[1]　叶惠、俞苏航：《金华本土音乐教材（上）》，苏州大学出版社 2017 年版，第 8 页。

歌、民歌、歌谣的不同表现方式,并从民间歌曲的内容中了解本地的民俗风情和有趣的历史故事,学习广大劳动人民乐观、积极的生活态度,在熏陶、感染、净化过程丰富自身的价值观。

(一)金华山歌的开发内容

金华山歌是金华地区广大农村人民在山野湖河劳作行舟或在屋前棚下休憩时,为舒心解闷自娱自乐演唱的一种民歌,是劳动人民在劳动生活中表达内心思想感情的一种抒情小曲。金华山歌在金华当地流传极为普遍,历史悠久。基于本地方言的自然规律,声腔高亢、激昂,听起来似唱似诵,悠扬动听。虚词衬音、语调行腔十分口语化,其旋律流畅、曲调平稳、气势和缓,具有柔和婉转、简明质朴的特点。[①] 根据其演唱特点,这里将金华山歌的开发类型分为独唱篇山歌的开发、齐唱篇山歌的开发和男女二重唱篇山歌的开发。

1.独唱篇山歌的开发

金华山歌的演唱形式以独唱形式居多。我校柳湖校区立足于金华本土音乐开发的现状,通过实地调查、走访等多种途径完成了金华山歌的开发。已完成的主要独唱篇山歌有:《毛主席来到咱双龙(独唱)》《我讲神仙在凡间》《我与奥运来同行》《放牛歌》《牵牛歌》《牧童山歌》《牛蛙山歌(之一)》《牛蛙山歌(之二)》《唱唱阿郎的新农村》《看谁先当状元郎》。

2.齐唱篇山歌的开发

根据实际需要,金华山歌的另一种演唱方式是众人合唱。众人合唱以突显金华山歌嘹亮高亢的曲风为主要特点。基于此,我校柳湖校区开发的金华山歌合唱篇有:《金华是个好地方》《春风吹过八咏楼》《口唱山歌谢党恩》《夸社(之一)》《夸社(之二)》《毛主席

---

① 倪淑萍:《金华山歌的本体分析与艺术特征研究》,《中国音乐(季刊)》2013年第1期,第204—216页。

曾经到北山》《植树人精神好风尚》《朝夕晚霞一样美》《和谐春风吹金华》《草根奖引领婺城新风尚》《今日愚公万万千》《两个姑娘洗衣裳》《花农怀念朱老总》《花农想念朱老总》。

3.男女二重唱篇山歌的开发

除了独唱和齐唱之外,金华山歌的演唱也会采用男女二重唱的形式,用来传达男女情怀的感情之歌,表达对爱情和美好生活的向往和追求。我校柳湖校区专门深入民间,采风此类山歌,并将采风来的曲目进行分类整理、作词编曲,形成男女二重唱篇。主要开发的男女二重唱篇有:《毛主席来到咱双龙(男女二重唱)》《牧羊对歌》《耕田情歌》。

除此之外,柳湖校区还请婺城区宣传部副部长沈根新作词、原新狮街道文化站站长王忠芳作曲金华山歌《草根奖引领婺城好风尚》。把开发的金华山歌各篇目汇集在一起,汇编为我校柳湖校区的《金华本土音乐校本教材(一)(金华山歌选)》。此外,我校柳湖校区还开发了《金华山歌》等艺术类特色课程。

(二)金华民歌的开发内容

金华民歌是浙江民歌中重要的民间艺术形式,在金华拥有悠久的历史,早在唐代就有文字记载,是金华地区人民生活和劳动的反映。金华民歌具有篇幅短小精悍、生动灵活、即兴创作和口头传唱等特点。民歌内容表达十分明确,因各地文化和地区的差异而各具特色。就地区而言,金华民歌的开发大致可以分为四大类:第一类是东阳民歌的开发;第二类是武义民歌的开发;第三类是兰溪民歌的开发;第四类是金华民歌的开发。

1.东阳民歌的开发

东阳民歌的类别较多,反映了东阳人民的生活与习俗;其音乐独特,地域特征明显;歌词中的衬词语言寓意深刻,情感多彩;它的演唱采用真声与真假声相结合的方式,符合民众对艺术的审美要求。我校柳湖校区组建了专业团队，深入东阳地区，开发东阳民歌，所开发的东阳民歌有：《萤火虫》《麻雀娘》《亲家母》《指甲花》《韭菜歌》《撮中指》《报花名》《花采茶》《鲜花歌》《孟姜女》。

2.武义民歌的开发

武义民歌是武义畲族人民在生活、生产实践中创作和世代相传的宝贵文化遗产，是丰富畲族人民文化生活的主要活动内容。武义畲族民歌是歌手用畲语歌唱的，多数是口头相传，被歌者熟记于心。之所以如此，是因为大部分武义民歌的歌手不识字。基于此，我校柳湖校区专门请校内外懂畲语的教师深入武义地区，结合走访武义当地民间艺人，进行武义民歌的开发与研究工作。我校柳湖校区开发的武义民歌有《高高山上》《坐坐爬起》《劝哥》《做将军》《东边日头》《劝赌歌》《十里亭》《花名宝卷》。

3.兰溪民歌的开发

兰溪民歌是用畲语歌唱的兰溪民歌，是兰溪人民在生产实践中创作和世代相传的宝贵文化遗产，反映了兰溪人民的文化生活。其中，兰溪畲族对歌具有七字一句、四句一首，讲究畲语押韵，能即兴编唱等特点，唱歌的形式采用对唱的形式，多数是口头相传，很少伴有动作与器乐。我校柳湖校区通过走访兰溪民间艺人，与民间艺人进行交流，同时采取文字记录、录音、录制视频等多途径开发兰溪民歌。我校柳湖校区开发的兰溪畲族民歌有：《采茶歌》《青丝鸟》《凤凰飞，麒麟追》。

4.金华民歌的开发

金华是块美丽而神奇的土地，这里不但有风光秀丽，还有不少动人的民间故事和民歌民谣。金华民歌唱起来缠绵动听，《斗牛歌》《李有松》《咯咯叮》《编花灯》《金鹁鸪，银鹁鸪》《十里荷花满湖情》《花嫁娘》《带手机的山妹子》《茶山春》《婺州人山中歌》等都是非常动听的金华民歌。原金华市文化局局长王晓明、市音乐家协会主席应兆铭等音乐专家把上述 10 首经典的金华民歌进行二度创作而成为《婺风组歌》,非常适合中小学生学唱;我们选择《婺风组歌》作为《金华本土音乐校本教材(二)》供我校柳湖校区山歌民谣合唱团使用。

(三)汤溪民谣的开发内容

"谣",亦称"民谣"。在《辞海》中,"谣"是指没有乐器伴奏的歌,又指民间流行的歌谣。民谣归属民歌的范围,从属于民歌。民谣与歌谣并没有严格的区分,人们有时候将民谣直接等同于歌谣,或者认为歌谣就是民谣。汤溪民谣是汤溪人民在生产、生活中创作的口头文学,是汤溪人民智慧的结晶,是汤溪传统文化的重要组成部分。汤溪民谣没有曲调与音乐伴奏,着重描述社会现象,表现特定时期、地域的民俗风情,长于叙事。

1.人物类民谣的开发

人物类民谣,指那些对人物的活动阐述的民谣,包括正面和反面的。这一类民谣的数量很多,很大程度上是以歌颂英雄人物或讽刺某些人物为主。我校柳湖校区委托本校教师项益莲深入汤溪本地,负责汤溪民谣的收集与开发工作。我校柳湖校区开发的人物类民谣有:《孟姜女歌》《三农民歌》《菜歌(36位英雄)》《历代朝廷》《讽刺歌》。

2.事件类民谣的开发

事件类民谣,指那些记录某个事件或者情境的民谣。可以说,每一则民谣都反映着一个事件,在后人看来,就是一个历史情境、一个历史故事。事件类民谣是通过再现历史事件反映历史事实,并从中折射出一定的现实意义。我校柳湖校区开发的事件类民谣有:《生产队出工歌》《送郎歌》《撑排歌》《麻雀挑窝》《敬酒歌》《后悔歌》《哭录歌》《又歌》。

3.社会现象类民谣的开发

社会现象类民谣指的是那些反映某个历史时期的某种社会现

象的民谣。每个时期都有鲜明特色的民谣存在,从某种程度上而言,民谣就是历史的反映。此类民谣集中通过社会事件来反映社会现象,已达到借鉴历史经验,启发人们智慧的作用和意义。我校柳湖校区积极投身社会类民谣的开发,所开发的此类汤溪民谣有:《嫁十囡歌》《帮人歌》《后悔歌》《劝赌歌》《困难歌》《赌口歌》《敬老歌》《时令歌》《捕仙桥》。

此外,我校柳湖校区将这些优秀的汤溪民谣作品汇集在一起编成《汤溪民谣》,开发了《金华本土音乐校本教材(三)》。由项益莲老师整理、金华市音乐教研员李思慧改编的《汤溪民谣》在我校柳湖校区民谣班教唱,供学生们学习。我校柳湖校区还把王晓明局长整理歌词、应兆铭馆长作曲的《咯咯叮》和《汤溪民谣》全谱整理好并打印成册,作为山歌民谣合唱团使用的《金华本土音乐校本教材(四)》。基于这些教材内容,我校柳湖校区还开发了活力周五课程——《博雅懂艺篇:民谣合唱团》。

二、金华本土音乐课程"民间戏曲"的开发内容

戏曲是中国传统的戏剧形式,历史悠久,早在原始社会,作为戏曲前身的歌舞就已萌芽。经过八百多年的不断丰富、更新与发展,戏曲才逐渐形成比较完整的戏曲艺术体系。金华处于浙江中部,建制久远,具有深厚的历史文化底蕴。戏曲在金华民间,主要有婺剧、器乐、昆曲等种类。民间戏曲包含了文学、音乐、舞蹈、美术、武术、杂技以及各种表演艺术因素。[1] 民间戏曲的开发有助于拓宽学生的音乐知识面,令其感受中国音乐特色——戏曲的独特魅力,了解戏曲文化传统,传承戏曲的文化精神;掌握关于金华特色戏曲"婺剧"的声乐和器乐知识,具有基本的演奏和表现能力;通过作品的欣赏,学生初步具有戏曲音乐的欣赏能力和音乐兴趣。

---

[1] 叶惠、俞苏航:《金华本土音乐教材(上)》,苏州大学出版社2017年版,第70页。

根据上述目标定位,结合浙江民间戏曲的特色,金华本土音乐课程《民间戏曲》开发的内容主要包括金华婺剧的开发和金华婺剧器乐的开发。

(一)金华婺剧的开发

婺剧原称"金华戏",经过四百多年的发展,依旧保留了原汁原味的高腔、昆曲、乱弹、徽调、滩簧与时调这些声腔。婺剧的六种唱腔与唱调,实际上包含了浙江乃至全国戏曲发展三阶段中的不同结构的三类戏剧:即盛于明清的高腔和昆腔,以"南北曲"为文体,以"一人启口、众人接腔"为特征;从清中叶开始风靡的乱弹、徽调;明末清初开始流行的原为坐唱艺术的滩簧与时调。金华婺剧属多声腔剧种,其班社也有"三合班""两合班""弹班""徽班"等多种组织形式,是高腔、昆曲、乱弹、徽调、滩簧、时调等多声腔的综合。基于此,我校柳湖校区结合金华婺剧的特点,开发了《金华本土音乐校本教材(婺剧篇)》和《金华本土音乐教材(婺剧篇)》。

1.《金华本土音乐校本教材(婺剧篇)》的开发

金华婺剧音乐发展的历史,除了声腔从曲牌体衍变为半曲牌半板腔体、板腔体外,在乐器、锣鼓、器乐曲等方面均有发展。根据婺剧声乐和器乐特点,在浙江婺剧团吴淑娟、周跃英等专家的指导与帮助下,我校柳湖校区开展金华本土音乐校园传承活动,收集、整理了《牡丹对课(婺剧滩簧)》《三请梨花》《巡营》《樊梨花守寒江统领三军》《我祖上本也是簪缨之家》《穆河寨选段》《伐许城破敌寇旗开得胜》《一对紫燕双双飞》《南宫西皮(一)(原版)》等婺剧剧目的片段,把这些优秀的婺剧剧目片段汇集在一起编成《金华婺剧作品选》,作为我校柳湖校区婺剧班的《金华本土音乐校本教材(六)》。原婺剧曲牌音乐《闹花台》《打岔调》两首乐曲太长、难度大,不适合小学生演奏,为此,我校柳湖校区专门请浙江婺剧团国家二级演奏员黄小锋创作、改编了适合小学生演奏的少儿版的《新闹花台》《打岔调》,改编《恋·传承》,再把《新闹花台》《打岔调》等全谱、分谱整理打印成册,作为《金华本土音乐校本教材(七)》《金华本土音乐校本教材(八)》,供我校柳湖校区婺剧器乐班教学之用。我校柳湖校区还开发了婺剧表演初级班等艺术类特色课程,每周一至周五下午进行为时一小时的学习,由吴淑娟、董雅妮负责实施。此外,我校柳湖校区于每周五下午开设为时两个课时的活力周五课程——《博雅懂艺篇:婺剧表演高级班》,由董雅妮、蒋玲玲两位老师担任指导老师。

2.《金华本土音乐教材(婺剧篇)》的开发

如前所述,我校柳湖校区开发了《金华婺剧作品选》和《新闹花台》《打岔调》《恋·传承》等婺剧作品。此外,我校柳湖校区还开发了婺剧《巡演》《断桥》等视频,以及婺剧唱段。开发的婺剧唱段有:《鸳鸯带》二三五七一一唱段《我爹娘请上受一拜》;《打樱桃》芦花——拨子唱段《问起状元他是谁》;《太白醉酒》西皮唱段《劝太岁休得要龙心焦躁》;《伯牙抚琴》二簧唱段《想当初在舟船言语嘱告》;《白鹦哥·假圣旨开国宝》侯阳高腔唱段《瑞霭青葱翠袖殷勤捧玉盏》;《槐荫记》西安高腔唱段《趱步往前行》;《古城会》西吴高腔唱段《劝劝恩相免心焦》;《悟空借扇》昆腔唱段《我在巽宫里住》;《麻地》滩簧唱段《牧童里格人来牧童人》;《王氏骂鸡》时调唱段《王妈妈天早起》;《疯僧扫秦》三五七——二凡唱段《你是个上瞒天子下欺臣》;《列国记》芦花——拨子唱段《风吹杨柳条条细》;《黄金印·卖钗》侯阳高腔唱段《埋怨翁姑每日冷言讥讽夫》;《审鸟盆》西安高腔唱段《赵大做事狠心肠》。

(二)金华婺剧器乐的开发

金华婺剧器乐发展迅速,婺剧高腔从简单的鼓板、小锣的伴奏,发展成管弦乐伴奏。婺剧乱弹、徽戏、滩簧、时调,从五个人的乐队,发展到十四五个人。浙江婺剧团原来是以徽班乐队为班底,乐队中操持"三件"(大锣、大钹、小钹),兼弹月琴,后来丁松堂将大三弦用入戏中,结果三弦就成为婺剧徽戏的主要乐器了,还增加了扬琴、大阮以及西洋乐器小提琴、大提琴、大贝斯、双簧管、电子琴等。① 金华婺剧器乐呈现多样性的特点,基于此,我校柳湖校区开发了《金华本土音乐校本教材(器乐篇)》和《金华本土音乐教材(器乐篇)》。

1.《金华本土音乐校本教材(器乐篇)》的开发

2010 年 1 月,浙江婺剧团黄小锋老师整理改编了婺剧器乐《新闹花台》分谱、全谱,后附我校柳湖校区第一批民乐乐队团队员名单,手写谱"《新闹花台》:唢呐、徽胡、曲笛、梆笛、二胡Ⅰ、二胡Ⅱ、中胡、琵琶、中阮、扬琴、古筝、小锣",作为我校柳湖校区《金华本土音乐校本教材(七)》。2016 年 10 月,黄小锋老师改编的婺剧器乐《打岔调》分谱、全谱也得以问世,后附我校柳湖校区民乐团名单,手写谱"《打岔调》:第一段笛子Ⅰ第二段笛子Ⅱ、单段唢呐、第一段扬琴第二段琵琶、单段古筝"。2018 年 1 月,黄小锋老师在婺剧《拾玉镯》曲牌音乐基础上改编成了《恋·传承》,我们把这些婺剧器乐作品的全谱、分谱打印成册,作为我校柳湖校区《金华本土音乐校本教材(八)》。

2.《金华本土音乐教材(器乐篇)》的开发

我校柳湖校区开设了扬琴、琵琶、古琴、笛子、二胡、古筝艺术课程,由黄姗、夏之秀等老师负责实施。每周五下午开设两个课时的活力周五课程——《博雅懂艺篇:婺剧器乐民乐团》,由蓝婷老师担任指导老师,带领学生了解民间器乐背景与婺剧伴奏乐器等;制作婺剧器乐表演《新闹花台》视频,和学生一起感受《新闹花台》独特的音乐韵味。我校柳湖校区开发的教学曲目有《花头台》《到春雷》《倒水龙》,作为《金华本土音乐教材(器乐篇)》的开发内容。

---

① 叶惠、俞苏航:《金华本土音乐教材(下)》,苏州大学出版社 2017 年版,第 37 页。

三、金华本土音乐课程"民间曲艺"的开发内容

民间曲艺是中华民族各种说唱艺术的统称,它是由民间口头文学和歌唱艺术经过长期发展演变形成的一种独特的艺术形式。民间曲艺以"说、唱"为主要艺术表现特征,常见的说的形式有小品、相声、评书、评话等;唱的形式有京韵大鼓、单弦牌子曲、扬州清曲等;似说似唱的有山东快书、快板书、锣鼓书、萍乡春锣、四川金钱板等;又说又唱的有琴书、扬琴等;又说又唱又舞的走唱有二人转、十不闲莲花落、走书、花鼓、车灯等。金华民间曲艺丰富,主要有道情、鼓词、花鼓、滩簧、说书、铜钱棍、小锣书、琴锣说唱等。[①] 金华本土音乐课程《民间曲艺》的开发内容主要包括金华道情的开发和永康鼓词的开发。通过该主题课程内容的学习,学生能丰富自身的艺术实践活动,领略音乐艺术的别样魅力,初步具有本土音乐文化素养;同时,通过学习曲艺中说与唱相结合的表现方式以及在中国各地区形成的多样性的曲艺类型,学生的艺术想象力和音乐创造能力得以提升。

(一)金华道情的开发

道情又称渔鼓、竹琴、词筒。在金华,由于传统的道情以说唱本地重大社会新闻为主,故唱道情又称唱新闻;又因道情内容旨在劝人为善,所以唱道情也叫"劝世文"。金华道情又称渔鼓、词筒,源于唐代的宫廷道教音乐,其后流入民间,但"道情"这一名称是宋代才出现的,南宋时期开始流行,至今有300多年历史。[②] 金华道情曲目之丰富,是全国各曲种中罕见的。20世纪80年代统计,金华各地有425本传统正本,其中有100多本故事出自金华本土及周边的县城乡,这些故事是一代又一代道情艺人根据衙门案例和

① 叶惠、俞苏航:《金华本土音乐教材(上)》,苏州大学出版社2017年版,第93页。
② 章晓华、吴琅云等:《金华道情》,浙江摄影出版社2014年版,第8页。

社会新闻编出来、唱出来、改出来的。金华道情的开发内容主要包括《金华本土音乐校本教材(道情篇)》的开发和《金华本土音乐教材(道情篇)》的开发。

1.《金华本土音乐校本教材(道情篇)》的开发

目前我校柳湖校区开发了由原金华市曲艺家协会主席章竹林创作的道情作品,筛选了 18 首金华民谣,把它们汇集在一起编成"金华道情选",将之作为我校柳湖校区曲艺班教学用的《金华本土音乐校本教材(五)》。我校柳湖校区开发的道情作品有:《火车上的小报童》《果盆碗勺交响乐》《火腿飘香》《金花茶花图》《"活预报"失灵》《群众演唱》《"飞虎撞"大战斗牛场》《九戒吃西瓜》《学习"草根"楷模好榜样》。此外,我校柳湖校区还开发了金华道情班艺术类特色课程,周一至周五下午各进行为时一小时的学习,由章晓华老师在小舞蹈房负责实施。

2.《金华本土音乐教材(道情篇)》的开发

除了开发《金华本土音乐校本教材(道情篇)》,我校柳湖校区深入婺城区文化馆,对收集到的金华道情进行记谱和整编,将开发的金华道情整编入《金华本土音乐教材》之中。在教材中开发的道情教学选段有《田鸡飞上天》《近亲配婚害处多》《靠女婿》《学习草根楷模好榜样》《拨浪鼓》《宾王咏鹅》《狄青比武》,将之作为《金华本土音乐教材(道情篇)》的开发内容。我校柳湖校区教师带领学生观看金华道情《田鸡天上飞》等表演视频,聆听道情音乐,感受金华道情艺术的魅力。

(二)永康鼓词的开发内容

永康鼓词是流行于金华永康,邻近的东阳、磐安、武义一带的城乡也有流传的曲艺形式。因历史上的艺人多为盲人,所以永康鼓词又被称为瞽词或盲词;因表演形式以唱为主,兼有说白,俗称之为"唱词"或"唱公事"。永康鼓词采用永康方言表演,通常为一人自击鼓板自行伴奏说唱。说唱表演讲求抑扬顿挫、张弛有致；伴奏鼓点讲究深浅沉浮、快慢徐疾；节目注重寓教于乐，为当地民众所喜闻乐见。[①]"唱腔词"在唱字上也很有讲究，大致分为以下几种唱腔：用于叙述风趣之事的花腔，用于激情高昂情节的高腔，用于兴奋或指责等的紧板腔，又有用于表示困难、失败、求助、哭诉的哭腔和逗人捧腹的流水腔，还有用于问答或重点交代的混合腔和道白腔。[②]

永康鼓词的伴奏乐器是单皮鼓和夹竹板。演奏时，左手打夹竹板，右手持鼓签击单皮鼓。其鼓是戏曲圆板鼓改制而成，凿去牛皮撑木，其鼓就成了唠澎之声，鼓签用比粉丝略粗、长度一尺左右的丝竹棒制成。可双指压用，也可弹指运用，板鼓合用起来既音高悦耳，又嘹亮脆响。基于永康鼓词的特点，我校柳湖校区采风了少量永康鼓词表演视频，收集了《人好留个名》《人生一世草木秋》等永康鼓词作品素材，加以整理，汇编了《金华本土音乐教材（鼓词篇）》，作为永康鼓词的开发内容。

---

① 叶惠、俞苏航：《金华本土音乐教材（上）》，苏州大学出版社 2017 年版，第 102 页。
② 朱岩德：《独一无二的曲艺之花》，《永康日报》2007 年 6 月 4 日。

第二章　金华本土音乐课程
"民间歌曲"的开发

　　第一章主要讨论了金华本土音乐课程目标的确定及课程开发的内容,本章至第四章,主要对金华本土音乐课程中的民间歌曲、民间戏曲和民间曲艺的开发进行详细介绍,本章先介绍"民间歌曲"的开发。"民间歌曲"的开发包括金华山歌的开发、金华民歌的开发和汤溪民谣的开发。

第一节　金华山歌的开发

　　金华山歌是在特定背景下、基于特定开发过程开发完成的。为此,在概述金华山歌开发背景的基础上,阐述金华山歌开发的过程,并对金华山歌开发做出的贡献及遇到的挑战做出评价,为后续类似的研究提供借鉴。

一、金华山歌开发的背景

　　金华山歌,作为金华地区劳动人民自娱自乐的民歌,具有悠久的历史和特殊的产生背景。为帮助读者更好地了解金华山歌开发的背景,本书在梳理金华山歌的产生和发展的基础上,还呈现了金华山歌开发的特有价值。

(一)金华山歌的产生与发展

金华山歌俗称"拉天戏""拉天歌",为"田夫野竖矢口寄兴之作"。由于金华的地形属于浙中丘陵盆地,"三面环山夹一川,盆地错落涵三江"的地貌特征和"七山半水余田原"的地理格局,造就了金华山歌曲调的委婉秀美、平实质朴的主要特征。金华山歌大多采用民族五声音阶,尽管六、七声音阶也有存在,但为数很少。①

金华山歌历史悠久,世代流传。据考证,金华山歌的记载最早可上溯至唐代。婺城新闻网曾对此做过报道:

> "静居有肃紫烟中,尘世连仙界,琼田前路通。"这样清奇美丽的句子出自唐代《婺州山中人歌》,此歌被收录在《葆光录》中,《古谣谚》卷82辑中也有引用此歌。在这首歌的前面附有引言:"婺州有僧人入山,见一人古貌巾褐,骑牛,手执鞭,光铄日色,扣角而歌云。"短短数字,形象而生动地再现了婺州先民一边牧牛一边劳动的情景。②

唐代《婺州山中人歌》中记载的原文,是目前已知的关于金华山歌最早的确切历史记载。宋、元、明、清及民国时期,均有各种金华山歌在民间传唱。宋时,金华城内曾有两句"状元歌"流行;元、明两代,以民间传说为内容的山歌在金华广为流行;清代戏剧家李渔早期写的《采莲歌》中,就已有相当明显的山歌韵味,歌中唱道:"两村姐妹一般娇,同住溪边隔小桥,相约采莲期早至,来迟罚取荡

---

① 倪淑萍:《金华山歌的本体分析与艺术特征研究》,《中国音乐(季刊)》2013 年第 1 期,第 204—216 页。

② 鲁蓉:《悠悠山歌何处寻》,http://jhwcw.zjol.com.cn/wcnews/system/2008/10/14/010703008.shtml,2017 年 12 月 30 日。

轻桡。"①

(二)金华山歌开发的价值

山歌,大多是人们用方言的形式吟唱,与山野劳动生活相联系,因此,山歌具有浓厚的地方色彩和乡土气息。山歌的编唱是很即兴的,其音乐形式灵活多变。山歌的这些特点使得山歌具有极强的实用性和表现性,比如可以用于提神解疲、野外交际与联系、思想感情的自我抒发和直接的表达,对爱情、家庭生活以及劳动生活的热爱的反映等。② 金华山歌,是浙江民歌中重要的民间经典艺术,是浙江的"特色菜"。

金华山歌的开发体现了三方面的价值。第一,促进金华山歌的传承,即通过开发金华山歌,提炼山歌的原汁原味,再现山歌的生活原型,传承优秀的山歌文化;通过将开发编制的山歌教材用于教学,将山歌的文化魅力传播给学生,培养金华山歌传承人;通过组建山歌开发小组,培养金华山歌开发团队,从而更好地促进金华山歌的传承。第二,提升学生山歌学习素养。学生通过学习山歌课程,初步了解金华山歌欢快、热情、豪放的特点。山歌课程有助于引导学生用自然、优美的音色演唱,理解山歌的情感美,感受旋律、节奏美。通过课程的学习,学生能知道山歌是我国的艺术瑰宝,能够欣赏、体验山歌,喜欢山歌,并感受山歌的风格特征。第三,践行古今结合的学习理念。将传统的山歌文化加以开发并得以传承,促进学生在体味传统文化的过程中深度学习。学生将学到的山歌文化转化为实际行动,传承与发展金华山歌文化,更好地服务于今后的学习与生活。诚如《义务教育音乐课程标准(2011年版)》所阐明的:"随着时代的发展和社会生活的变迁,反映近现代

---

① 叶惠、俞苏航:《金华本土音乐教材(下)》,苏州大学出版社2017年版,第4页。
② 江明惇:《汉族民歌概论》,上海文艺出版社1982年版,第99—100页。

和当代社会生活的优秀中国音乐作品,也应纳入音乐课的教学内容。"①

二、金华山歌开发的过程

金华山歌开发的过程具体包括两个方面:第一,收集金华山歌案例;第二,整编《金华山歌集》。

(一)收集金华山歌案例

为了收集金华山歌案例,首先应弄清金华山歌的概念与音乐特点,其次要了解金华山歌的收集方法,最后要对收集到的金华山歌案例进行分类与整理。

1.金华山歌概述

金华山歌是金华地区广大农村人民在山野湖河劳作行舟或在屋前棚下休憩时,为舒心解闷自娱自乐演唱的一种民歌,是劳动人民在劳动生活中表达内心思想感情的一种抒情小曲,在金华当地极为普遍。金华山歌历史悠久,声腔高亢、激昂,旋律流畅,悠扬动听;其演唱以独唱居多,也有在特定的情境下进行对唱、数人接唱或一领众和等形式。音乐表现手法坦率、直接,声音高亢、洪亮;音域往往高于自然声区,演唱时常常需用假声,利于传送至远处,达到"传声送情"之目标。金华山歌中的衬词运用非常丰富,歌中出现大量"哎、哦、呃、哟、哪、呀"等单个的表达语气的衬字,也有"格里、嗨哟、哎呀来"等多音节的衬词,还有篇幅较长、构成独立乐句的衬句。衬词、衬句的大量使用不仅可以增加山歌的生活气息,还能扩充曲体结构、营造歌曲氛围。一些固定衬词和衬句的出现,还能为演唱者的临时编词拓展思维的时空格局。从唱词发声的视角看,金华山歌的衬词具有如下特点:声母以"h、l、g"的为最多,"d、

---

① 中华人民共和国教育部:《义务教育音乐课程标准(2011年版)》,北京师范大学出版社2011年版,第4页。

n、z"次之,舌面音"j、q、x"和带"t、f、p"声母的衬词衬字较少使用,不出现带翘舌音的单字衬词。很多衬词是韵母自成音节的字或词,如:a(啊)、ai(哎)、iao(哟)、ia(呀)、o(噢、喔)、uei(喂)等。韵母以开口呼韵母和齐齿呼韵母为主;开口呼指没有韵头、韵腹为"a、o、e"的韵母,这类母音发音时嘴巴张得比较大;齐齿呼是指韵头或韵腹是"i",韵母如"iou、iao、ie、ia"等,发音时,嘴向两边开,使牙齿露出。这样的发音方式有助于呼吸的收放和延音助力,便于发出明亮高亢的声音,拉宽引长音调,便于将歌声传送到远方,体现了山歌在演唱上的音乐特征,已达到表情达意、直抒胸怀和解除疲劳的目的。[①]

2.金华山歌的收集方法

现存的金华山歌大多是金华本地民间艺人以方言的形式传唱并传承下来的,因此,金华山歌至今仍然长存古风,这也是金华民歌音乐的特色之一。现有的文字材料比较少,加上精通金华山歌的艺人越来越少,而且大多是年迈之人,已无文字记载能力。金华方言的熟练掌握成为保持原汁原味的金华山歌的传承的首要前提。此外,尽管当地有少数地方人士在研究金华山歌,但其身份大多是非音乐人,对金华山歌的研究也是断断续续,不能持续。因此,收集金华山歌的过程异常艰难。

为了做好民间歌曲的保护工作,更好地传承优秀的传统的金华山歌文化,我校柳湖校区和新狮街道文化站一起组织有识之士深入民间挖掘、整理、创编金华山歌。主要通过三个方法收集金华山歌:其一,通过走访金华民间艺人。与民间艺人进行交流,同时采取文字记录、录音、视频等多途径收集金华山歌;其二,以实地调查和间接询问的方式收集了少量的关于金华山歌的原始资料;其三,通过走访新狮街道文化站、罗店区文化站等相关文化部门,了

---

① 倪淑萍:《金华山歌的本体分析与艺术特征研究》,《中国音乐(季刊)》2013年第1期,第204—216页。

解金华山歌的历史发展,收集相关的金华山歌的现存素材。通过上述方法,将收集到的山歌素材进行整理归类,并善加保存,以待进一步研究。

3.金华山歌的案例

目前,我校柳湖校区已收集的金华山歌有 27 首,山歌名如下:《金华是个好地方》《春风吹过八咏楼》《毛主席来到咱双龙(独唱)》《毛主席曾经到北山》《我讲神仙在凡间》《我与奥运来同行》《放牛歌》《牵牛歌》《牧童山歌》《牛蛙山歌(之一)》《牛蛙山歌(之二)》《唱唱阿郎的新农村》《看谁先当状元郎》《口唱山歌谢党恩》《夸社(之一)》《夸社(之二)》《植树人精神好风尚》《朝夕晚霞一样美》《和谐春风吹金华》《草根奖引领婺城新风尚》《今日愚公万万千》《两个姑娘洗衣裳》《花农怀念朱老总》《花农想念朱老总》《毛主席来到咱双龙(男女二重唱)》《牧羊对歌》《耕田情歌》。

根据其演唱特点,可将上述的金华山歌分为独唱篇山歌、齐唱篇山歌和男女二重唱篇山歌。其中,独唱篇山歌有:《毛主席来到咱双龙(独唱)》《我讲神仙在凡间》《我与奥运来同行》《放牛歌》《牵牛歌》《牧童山歌》《牛蛙山歌(之一)》《牛蛙山歌(之二)》《唱唱阿郎的新农村》《看谁先当状元郎》。齐唱篇山歌有:《金华是个好地方》《春风吹过八咏楼》《口唱山歌谢党恩》《夸社(之一)》《夸社(之二)》《毛主席曾经到北山》《植树人精神好风尚》《朝夕晚霞一样美》《和谐春风吹金华》《草根奖引领婺城新风尚》《今日愚公万万千》《两个姑娘洗衣裳》《花农怀念朱老总》《花农想念朱老总》。男女二重唱篇山歌有:《毛主席来到咱双龙(男女二重唱)》《牧羊对歌》《耕田情歌》。如下分别为独唱篇山歌、齐唱篇山歌的词谱。[①]

---

① 以下乐谱选自叶惠、俞苏航:《金华本土音乐教材(上)》,苏州大学出版社 2017年版。

我与奥运来同行

(金华山歌)

1=G 2/4

高亢、悠扬地
散板节奏自由

潘景曦 词
王忠芳 曲

笛引

五 环 彩 旗 (哎)　迎 风 飘(啰)

中华 欢 呼　冲云霄(啰嗬嗬),　奥运梦想,(哎)　今 成

真 (啰)　神州 地 动　又 山摇(啰嗬 嗬),

高 高 兴 兴 (哟)迎 奥 运 (啰)　奥 运
我 与 奥 运 (哟)来 同 行 (啰)　人 人

走 来　脚 步　近 (啰)脚步 近　一条 心 我 与 奥运 来同 (哟)
都 来　讲 文　明 (啰)讲文 明　树新 风 铸就 北京 新奥 (哟)

行　(啰) (哎嗨哎嗨 哟 依呀依嗨 哟 哎嗨 依呀
运　(啰)

金华是个好地方

(金华山歌)

1=G 2/4

笛引
优美、广阔地

余辰洪 词
王忠芳 曲

（谱例略）

金华是个(哎) 好 地 方(啰)山清 水秀

好风光(啰嗬 嗬) 双龙名胜(哎) 扬 四 海(啰) 千古风 流(哟)

汇 三 江(啰嗬 嗬)。 金华 是个
金华 是个

好地 (啰) 方 (啰)名人 辈出 耀家(哟) 邦 (啰)近有 艾青 施光 南,古有 李渔
好地 (啰) 方 (啰)物产 丰美 鱼米(哟) 乡 (啰)金华 火腿 王中 王,酥饼 佛手

骆宾(哟) 王 (啰) 哎嗨哎嗨 哟,依呀依嘿 哟 哎嗨依 呀哟 哟。
扑鼻(哟) 香 (啰) 哎嗨哎嗨 哟,依呀依嘿 哟 哎嗨依 呀哟 哟。金华火腿 王中 王

酥饼 佛手(哎) 扑 鼻 香(啰嗬 嗬)

我校柳湖校区采写的金华山歌共有《金华是个好地方》《春风吹过八咏楼》《毛主席来到咱双龙（独唱）》等26首，加上由婺城区宣传部副部长沈根新作词、原新狮街道文化站站长王忠芳作曲金华山歌《草根奖引领婺城好风尚》，共有27首金华山歌。我校柳湖校区负责团队把上述27首优秀的金华山歌分为独唱篇、齐唱篇和男女二重唱篇，并邀请各词曲人对其分别加以作曲和记谱，汇集在一起编成《金华山歌选集》（见表2-1），作为《金华本土音乐校本教材（一）》。

表 2-1　《金华山歌选集》

作品名称	词曲人	作品名称	词曲人	作品名称	词曲人
《金华是个好地方》	余辰洪作词王忠芳作曲	《毛主席来到咱双龙（独唱）》	余辰洪作词、作曲	《牧羊对歌》	马骏作词、作曲
《植树人精神好风尚》	叶惠作词、作曲	《毛主席来到咱双龙》（男女二重唱）	朱清、小山作词小山作曲	《我讲神仙在凡间》	马骏作词、作曲

作品名称	词曲人	作品名称	词曲人	作品名称	词曲人
《看谁先当状元郎》		《毛主席来到咱双龙》（男中音独唱）	朱清、小山作词 鲁艺作曲	《草根奖引领婺城新风尚》	沈根新作词 王忠芳作曲
《口唱山歌谢党恩》	马骏作词 王忠芳作曲	《朝夕晚霞一样美》	马骏作词 王忠芳作曲	《两个姑娘洗衣裳》	叶松棋供词 王忠芳记谱
《放牛歌》	马骏作词、作曲	《看谁先当状元郎》	马骏作词 王忠芳作曲	《和谐春风吹金华》	
《今日愚公万万千》	余辰洪作词、作曲	《我与奥运来同行》	潘晨曦作词 王忠芳作曲	《牵牛歌》	
《花农怀念朱老总》	余辰洪作词编曲	《唱唱阿郎的新农村》	马骏作词 王忠芳作曲	《牧童山歌》	
《花农想念朱老总》	余辰洪作词 殳文编曲	《耕田情歌》	余辰洪作词 王忠芳作曲	《牛蛙山歌（之一）》	
《牛蛙山歌（之二）》		《夸社（之一）》		《夸社（之二）》	

三、金华本土音乐课程山歌部分开发的评价

金华山歌是金华地区富有特色的本土音乐形式,我校柳湖校区成立开发小组,深入民间开发金华山歌,并将开发的金华山歌案例按演唱特点分为独唱篇、齐唱篇和男女二重唱篇等各种主题篇的山歌风格。回顾金华山歌开发的过程,不仅艰难,而且也遇到了前所未见的问题。为此,要在得出金华山歌开发启示的基础上,反思金华山歌开发的不足,为后续更好地开发奠定基础。

(一)金华山歌开发的启示

如前所述,金华山歌开发过程中出现了各种问题,尽管对于其中的大部分问题,我校柳湖校区积极采取有效措施解决了,但是仍然存在少数难以解决的难题。通过金华山歌的开发实践,总结出两点启示:第一,金华山歌开发需要多渠道收集信息;第二,金华山

歌开发应开辟多元开发路径。

1.金华山歌开发需要多渠道收集信息

关于金华山歌的开发,既可以通过实地走访民间艺人,也可以采用实地调查取材的方法进行。在收集信息的过程中,应采取分工合作、多元互补的策略,以应对信息偏差和内容不足的问题。对收集来的信息应加以分类整理,课程应结合学生的特点与需要加以编制,并在课程实施中对编制的课程加以反馈与改进。此外,需要建立金华山歌音乐课程资料库。学校要充分完善图书馆的图书、画册、音像资料等软件设施,方便师生利用;同时不断累积音乐艺术的教育资料及各式各样的音乐教案、音响、教具、图片等,建立音乐课程数据库,以便为教学提供多样化选择。建立儿童本土音乐课程资源库,对以金华山歌为代表的本土音乐从多角度、多渠道进行收集、筛选与整理,协调利用各种信息资源,将收集到的金华山歌音乐资源有选择、有计划地吸收到本土音乐儿童课程资源库中,从而丰富金华地区儿童音乐教育资源;搭建金华山歌民间音乐承载的平台,更好地传承优秀的金华山歌音乐文化。

2.金华山歌开发应开辟多元开发路径

基于金华本土山歌音乐课程资源开发的路径主要包括校内山歌课程资源和校外山歌课程资源两种途径。我校柳湖校区对于校外山歌课程资源的开发较好,比较符合学生的学习认知方式,带领学生们亲身感知和体会,丰富了学生们的学习经验,开发效果较好。由于外界的影响因素、老师们对于金华本土山歌文化内涵的理解等原因,到目前为止,校内山歌课程资源的开发形式比较单一;且已开发的山歌仅从形式上有所考虑,缺少对山歌音乐文化的深层挖掘,这直接导致金华山歌开发的内外失衡及金华山歌开发途径的偏差。据此,应加强校内本土山歌文化的建设,加大山歌文化的校本培训,促进校内外双层路径进行山歌的开发。此外,还需组建金华山歌课程资源开发的网络。开发金华山歌音乐课程资源不仅要靠学校和教师、社区和家长,还需要教育行政部门的大力帮助与支持。教育部门应组织营运一个综合型网络,将教育科研部门、行政部门、社区、学校甚至外界教育的媒介相连,形成层层交错的山歌课程资源开发网络,让各级各部门及时关注金华山歌课程资源开发状况,并进行有效指导,促进金华山歌课程资源的开发。

(二)金华山歌开发的不足

随着"非遗保护热"的蔓延,政府对金华山歌的保护和传承做出了很大的贡献,但其保护制度尚不健全。金华山歌吸引了不少媒体的争相报道和持续关注,但在这样一种美好的背后隐藏的却是,金华山歌渐行渐远的苍凉,现有的金华山歌传承者大多年迈,山歌演唱环境日趋缺失,金华山歌开发存在如下不足[①]:

1.金华山歌开发环境与保护制度缺失

改革开放以来,随着人们生活水平的提高,人们的耕作方式发生了变化,开始分田到户,再也没有以前集体上山干活的场景,这样,金华山歌正渐渐失去它的演唱环境与生存环境。同时,机械生产代替大规模群体劳动也在很大程度上影响金华山歌的传承。因此,金华山歌的开发缺乏开发环境,面临着巨大挑战。此外,近些年来,老一辈的山歌手都过世了,现在能原汁原味演唱金华山歌的人越来越少;作为金华山歌唯一传承人的李松贤,早已年迈,而且李松贤之后尚未有传承人。当开发人员采访李松贤时,他指出金华山歌开发与传承具有重大的意义与价值,希望有更多的年轻人来学习金华山歌,让金华山歌能够传承下去。在采访当地村民时发现,有很多村民都没有听说过金华山歌,更不用说会唱金华山歌了。尽管2009年后,金华山歌在一定程度上得到了一些媒体的关注和报道,但我们在做前期准备工作时发现,网上和图书馆有关金

---

① 赵京伟、曾立:《山之回响 音之绝唱——对金华山歌传承现状的调查与思考》,《大众文艺》2012年第22期,第189页。

华山歌的相关资料很少,对金华山歌的专项研究也相对偏少。尽管金华山歌在2009年被列入第二批省级非物质文化遗产,但依然缺乏相应的保护机制。

2.金华山歌课程资源单一

首先,在教材和教具的开发方面,笔者发现我校柳湖校区非常注重结合金华山歌开展校本音乐课程的开发。在校领导的带领与组织下,我校柳湖校区编制了一些金华山歌的教学案例,但是教材中主题设计的音乐活动形式、内容都较单一,对于金华山歌音乐文化的内涵挖掘不够,缺乏对金华山歌艺术所承载的金华文化以及民间风俗的介绍。此外,教材方面有关民俗文化的金华本土音乐课程开发太过薄弱,这在一定程度上影响到小学生对于金华山歌民间文化的传承与发扬。其次,小学音乐课程包含歌唱教学、韵律活动、音乐欣赏、打击乐器演奏、音乐游戏等,但从访谈中得知,教师在自主开发过程中,较多关注金华山歌艺术知识的介绍或者歌唱发声基本动作和音乐的教学,多采用唱歌或律动的音乐教育形式,很少进行金华山歌文化内涵的挖掘,这样,金华山歌这一民间音乐的"民"被剥离了,剩下的是只有音乐形式的物质外壳。这就造成只关注形式而忽略内涵,只表现外在而舍弃内在的境地,在金华本土山歌文化渗透和融合方面还有所不足,不够丰富和全面。因此,我校柳湖校区在金华山歌音乐课程资源开发的内容和形式方面范围窄、程度浅,有待进一步突破。

第二节　金华民歌的开发

与金华山歌的开发相似,金华民歌同样是在特定背景下,基于特定开发过程开发完成的。为此,本书在概述金华民歌开发背景的基础上,阐述金华民歌开发的过程,并对金华民歌开发做出的贡献及遇到的挑战做出评价,以期为后续类似的研究提供借鉴。

一、金华民歌开发的背景

金华民歌作为金华人民劳动文化的象征,口头传唱,短小精悍,种类繁多,历史悠久。为帮助读者更好地了解金华民歌开发的背景,本书在梳理金华民歌的产生和发展的基础上,研究了金华民歌开发的特有价值。

(一)金华民歌的产生与发展

金华民歌是汉族民歌中的一类。汉族民歌历史悠久,它与一切民族的文化一样,产生于人们的社会生活和社会劳动之中。

> 刘安在《淮南子·道应训》中谈到古代的《邪许歌》:
> "今夫举大木者,前呼'邪许',后亦应之。此举重劝力之歌也。"
> 这"邪许"虽可能还只是一种呼号,可是它是适应集体劳动时为协调动作、减轻劳累而发出的有节奏、有音调的声音,这就是最早的民歌——劳动号子的雏形。
> 据《吴越春秋·勾践阴谋外传》所载的《弹歌》诗词正文:"断竹,续竹,飞土,逐宍(古肉字,指食兽)。"①②

《弹歌》无论是内容,还是形式,都是一首反映原始时期狩猎劳动生活的民歌。奴隶社会留传下来的《易经》卦辞、卜辞中有一部分是商代的民歌,如《归妹·上六》:"女承筐,无实;士刲羊,无血。"这是描写男女牧民剪羊毛劳动情景的一首歌。

产生于金华这片热土上、发展生生不息的金华民歌同样源远流长、内蕴深厚、形式多样。金华最早的民歌可追溯到唐代,唐代

---

① ② 江明惇:《汉族民歌概论》,上海文艺出版社1982年版,第1页。

诗人张志和所作《渔歌子》,带有浓郁的金华乡土气息,被认为是当时流传于渔夫们中间的"里巷之曲"。之后,宋代流传的《状元歌》、清代兰溪著名戏剧家李渔所作的《采莲歌》等,无不记载着金华民歌发展的轨迹。中华人民共和国成立以来,金华民歌的发展呈现出繁荣态势,各地民歌活动多姿多样、层出不穷,极大地丰富了金华劳动人民的生活。《李有松》《小弟歌》《韭菜歌》《夸社》等金华民歌多次在"全国音乐周"上演,在浙江省第一、二届"民间音乐舞蹈会演"等国家级、省级比赛和演出活动中获得一、二等奖,这极大地提高了金华民歌的知名度;同时出现了大量优秀的农民歌手,尤其是婺城区竹马乡西宅村的农民歌手方耀生,他将金华山歌唱出金华,唱出浙江,唱响中国,甚至唱到了国外。①

(二)金华民歌开发的价值

金华民歌,是浙江民歌中重要的民间艺术形式,拥有悠久的历史。我校柳湖校区通过本土音乐文化金华民歌校本课程的开发研究及在音乐教育中的传承研究,帮助学生在参与东阳民歌、武义民歌、兰溪畲族对歌的教育活动中消除对民间音乐的偏见,逐步对中国传统音乐文化产生兴趣,进而引导师生建立起文化自信。诚如有学者所指出的:"使学校音乐教育扎根于本土音乐文化的土壤中,并使学生掌握基本的本土音乐文化的知识和技能,发展本土音乐文化艺术想象力和创新创造能力,培养学生积极向上的审美情趣,拓宽学生的音乐视野,从而让学生熟悉和热爱自己家乡的本土音乐文化。"②

通过开发金华民歌,充分挖掘地方的特色民歌文化以及具备

---

① 倪淑萍:《金华民歌的生态现状与保护对策》,《金华职业技术学院学报》2011年第1期,第86—88页。

② 杨群芳:《烟台本土音乐文化在初中音乐教育中传承的研究》,鲁东大学2015年硕士论文,第36页。

继承金华民歌文化的青年艺人,将金华民歌文化继承并发扬光大。开发关于金华民歌的教材用于教学,令学生们通过学习金华民歌,能够欣赏、体验并学唱东阳民歌、武义民歌、兰溪民歌等,感受金华各地民歌的风格特征。通过不同的教学活动,令学生逐渐对家乡民歌文化产生认同感与自豪感,进而产生继承和弘扬优秀地方文化的意愿。

二、金华民歌开发的过程

中华人民共和国成立以后,党和政府十分重视金华民歌的挖掘和整理工作,先后编印了《金华地区民歌选集》《金华民歌》《金华地区民歌选》等著作,其中收录了很多优秀的金华民歌作品。我校柳湖校区也积极响应国家的号召,通过多元途径积极开发金华民歌,金华民歌的开发过程包括三个方面:收集金华民歌案例;创编《咯咯叮》(童声合唱);创作兰溪畲族对歌。

(一)收集金华民歌案例

金华民歌案例的收集工作需要建立在对金华民歌的内涵与特征、历史与发展的充分了解的基础之上,因此,为了收集金华民歌案例,首先应弄清金华民歌的概念与音乐特征,其次要了解金华民歌的收集途径,最后要对收集到的金华民歌案例进行分类与整理。

1. 金华民歌概述

金华民歌是浙江民歌中重要的民间艺术形式,金华民歌拥有悠久的历史,早在唐代就有文字记载,是金华地区人民生活和劳动的反映。金华民歌大致有三大类:第一类是叙事类,以讲述爱情悲剧为主,如《仙妹》《斗牛歌》等;第二类是童谣类,多以花草动物为题材,幽默诙谐,脍炙人口,如《麻雀娘》《一粒星》等;第三类是小曲类,多以抒发感情为主,如《茶山春》《亲家母》等。金华民歌源于社会生活,又反哺于社会生活。金华民歌具有三个基本特征。第一,金华民歌与人民生活紧密相连。因为金华民歌的创作者和传唱者都是金华人民自己。金华人民用唱民歌的形式来表达自身的思想、感情以及对于美好社会生活的向往。第二,金华民歌具有口语化特点。金华民歌采用即兴创作和口头传唱形式,在旧社会,金华民歌的作者掌握文化十分困难,于是在旧曲与新词之间的矛盾之中完成创作并通过传唱加以改编。因此,口语化是金华民歌的重要特征之一。第三,金华民歌篇幅短小质朴、生动灵活。金华民歌曲调平稳、气势缓和,旋律表现平稳,音域不广,通常迂回在五度之内,具有柔和婉转、简明质朴的特点;演唱上很少使用装饰性的润腔;它不求华丽,只求"平中出奇、朴中见色"。① 基于此,金华民歌内容表达十分明确,而且能够保持长久的新鲜感。

2.金华民歌的收集途径

作为金华的本土音乐特色,金华民歌依然保持原汁原味,现存的金华民歌大多是金华民间艺人以金华方言的形式吟唱并传承下来的。现有的文字材料比较少,加上精通金华民歌的艺人大多是年迈之人,早已缺乏文字记载能力。金华方言的精通与否成为金华民歌开发的关键一步。此外,尽管当地有少数地方人士在传承金华民歌,但其身份大多是非音乐人,对金华民歌研究也是断断续续,很难具有系统性。因此,收集金华民歌绝非易事。为了做好民间艺术保护工作,更好地传承金华民歌文化,我校柳湖校区联合新狮街道文化站等部门一起深入民间挖掘、整理、创编金华民歌。我们主要通过如下途径收集金华民歌案例:其一,通过走访金华民间艺人,与民间艺人进行交流,同时采取文字记录、录音、录制视频等多途径收集金华民歌;其二,通过实地调查收集关于金华民歌的现存作品;其三,通过走访新狮街道文化站、罗店区文化站等相关文化部门,了解金华民歌的历史发展,收集金华民歌的现存素材。将

---

① 倪淑萍:《金华山歌的本体分析与艺术特征研究》,《中国音乐(季刊)》2013 年第 1 期,第 204—216 页。

收集到的金华民歌案例进行整理分类,善加保存,为后续进一步研究做好准备。

3.金华民歌的案例

金华民歌,作为金华地区本土音乐的奇葩之一,传唱在金华地区的大街小巷。我校柳湖校区通过走访民间艺人、访问地方文化站等多种途径开发金华民歌。至今,我校柳湖校区已收集的金华民歌案例有:《麻雀娘》《亲家母》《斗牛歌》《李有松》《咯咯叮》《编花灯》《金鹁鸪,银鹁鸪》《十里荷花满湖情》《婺州人山中歌》《花嫁娘》《带手机的山妹子》《茶山春》《火萤虫》《指甲花》《韭菜歌》《撮中指》《报花名》《花采茶》《鲜花歌》《孟姜女》《高高山上》《坐坐爬起》《劝哥》《做将军》《东边日头》《劝赌歌》《十里亭》《花名宝卷》《采茶歌》《青丝鸟》《凤凰飞,麒麟追》。

我校柳湖校区将收集到的金华民歌案例按所属地区分为东阳民歌、武义民歌、兰溪民歌、金华民歌等多种民歌类别,并对金华民歌案例进行整理与分析,改编与汇编。就地区而言,金华民歌的开发大致可以分为四大类:第一类是东阳民歌的开发,第二类是武义民歌的开发,第三类是兰溪畲族对歌的开发,第四类是金华县域民歌的开发。其中,开发的东阳民歌有《火萤虫》《麻雀娘》《亲家母》《指甲花》《韭菜歌》《撮中指》《报花名》《花采茶》《鲜花歌》《孟姜女》;开发的武义民歌有《高高山上》《坐坐爬起》《劝哥》《做将军》《东边日头》《劝赌歌》《十里亭》《花名宝卷》;开发的兰溪民歌有《采茶歌》《青丝鸟》《凤凰飞,麒麟追》;开发的金华县域民歌有《斗牛歌》《李有松》《咯咯叮》《编花灯》《金鹁鸪,银鹁鸪》《十里荷花满湖情》《花嫁娘》《带手机的山妹子》《茶山春》《婺州人山中歌》。如下部分分别为东阳民歌、武义民歌、兰溪民歌和金华县域民歌开发案例的词谱。[1]

---

[1] 以下乐谱选自叶惠、俞苏航:《金华本土音乐教材(上)》,苏州大学出版社 2017 年版。

麻 雀 娘
(东阳民歌)

1=♭B 4/4

中速稍慢

马小妹 唱

吴露生 吴振民 卢士梁 记谱

麻 雀 娘 踩 奢 糠，　 踩 粒 白 米 供 姑 娘。

姑 娘 几 时 来？　 八 月 初 三 来。　 穷 西① 担 担

来？　 馒 头 粽 锞 担 担 来。　 担 来 给 极 个②呢？

担 来 给 大 伯 母。　 大 伯 母 在 那 厅 里 敲 铜 锣。

①穷西:什么。②极个:哪个。

亲 家 母 (节选)
(东阳民歌)

1=G 4/4

中速

马烈商 唱

赵 毅 马 骧 记谱

亲 (啦) 家 母，　 今(哪)日(哪)难 得 来(啊)嬉 嬉 哎，亲 (啦) 家

母。　 红(啊)漆(格)板 凳(呐)坐(啊)坐 记 起①来，亲 (啦)亲 母，……

①坐记起:坐一坐。

东边日头
(五句头)

1=♭E

武义县

中速稍快

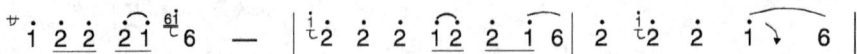

东边(的)日 头　　西边落山去(哦)，小 姐拿饭

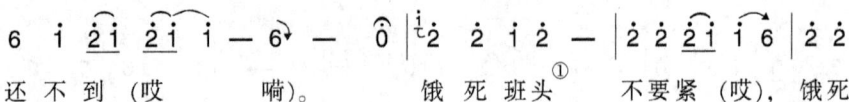

还不到(哎　　嗬)。　　饿死班头① 不要紧(哎)，饿死

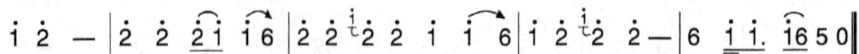

伙计　　要抵命(哦)。抵命 就抵命(哦)，金(格)棺材　银(格)的盖(哦)。

（薛天申、邱德芝记）

① 班头：长工领班。

采茶歌
(东阳民歌)

1=E

兰溪市

中速

[假声演唱]

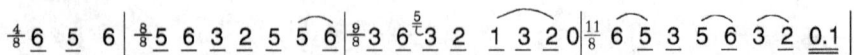

采 茶(哩) 采到南山上(哩)，南 山大(哩)路　　等 贤(哩)郎。(啊)

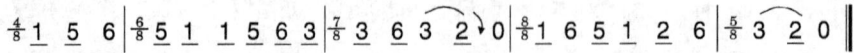

与 郎(哩) 有缘 共 莼采(哩),无(哩)缘　　共 莼采(呀)不(哩) 上。

（雷秋奶唱　马骧、缪杰记）

毛主席来过咱双龙（ 节 选 ）

(男女二重唱)

1=♭B 4/4

金华民歌风

朱清 小山词

小山曲

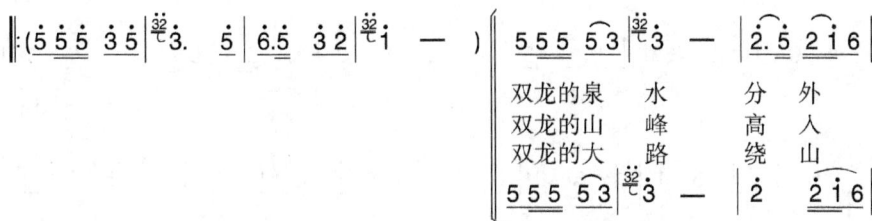

双龙的泉　水　　分　外
双龙的山　峰　　高　入
双龙的大　路　　绕　山

稍快

清，　饮　水　思　源　想　北　京，　毛主席　来过　咱双　龙，
云，　登　上　山　巅　望　北　京，　毛主席　来过　咱双　龙，
岭，　大　路　朝　阳　通　北　京，　毛主席　来过　咱双　龙，

亲手　来把　泉　源　引,亲　手　来　把泉　源　引,　引来　泉源
亲自　登山　观　风　云,亲　自　登　山观　风　云,　巨手　指处
山欢　水笑　人　沸　腾,山　欢　水　笑人　沸　腾,　毛主席　指出

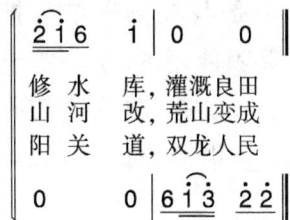

修　水　库,灌溉良田
山　河　改,荒山变成
阳　关　道,双龙人民

李 有 松

(金华民歌)

1=F 轻快 稍自由

童叔韶 编词
杨仲儒 编曲
朱元昊 演唱

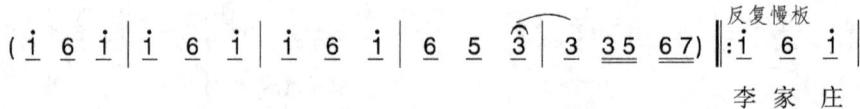

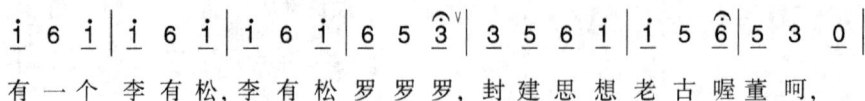

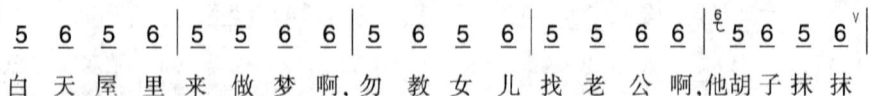

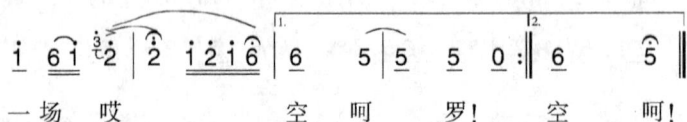

(二)创编《婺风组歌》《咯咯叮》(童声合唱)

原金华市文化局局长王晓明、市音乐家协会主席应兆铭等专家把《斗牛歌》《李有松》《咯咯叮》等10首经典的金华民歌重新谱曲,进行二度创作,形成《婺风组歌(选)》。这10首经典金华民歌合唱曲歌曲优美、声部和谐,非常适合中小学生学唱。于是我校柳湖校区把《婺风组歌》(见表2-2)作为"卜卜丫丫"民谣合唱团使用的《金华本土音乐校本教材(二)》。此外,课题组把王晓明收集整理、应兆铭谱曲创作的《咯咯叮》(童声合唱)(如下谱①所示),用金华话加以传唱,在传唱的过程中不断改进内容的排序和谱曲的编撰。

_____

① 王晓明作词、应兆铭谱曲:《金华市柳湖小学本土音乐校本教材(四):咯咯叮(全谱)》,第7—12页。

表 2-2　《婺风组歌》(选)

作品名称	作品负责人	作品名称	作品负责人
序曲《婺州人山中歌》	王晓明搜集整理、应兆铭曲、樊伦领唱(男声领唱、合唱)	《咯咯叮》	王晓明搜集整理、应兆铭曲、燕燕童演唱组(童声合唱)
《金鹁鸪,银鹁鸪》	王晓明搜集整理、应兆铭曲、吴晓芳领唱(女声领唱、合唱)	《编花灯》	王晓明搜集整理、应兆铭曲、陈盼盼领唱(男女声表演唱)
《斗牛歌》	王晓明搜集整理、应兆铭曲、施红燕领唱(女声领唱、合唱)	《十里荷花满湖情》	王晓明搜集整理、应兆铭曲、吴晓芳领唱(女声小组唱)
《茶山春》	东阳民、东方涛词、应兆铭编曲、金蕾领唱(女声小组唱)	《李有松》	童叔韶编词、杨仲儒编曲、朱元昊演唱(男声独唱)
《花嫁娘》	王晓明搜集整理、应兆铭曲、应新征领唱(男女声合唱)	《带手机的山妹子》	鲁克、杜一民词、应兆铭、朱根富曲、方瑶领唱(女声表演唱)

咯 咯 叮

(童声合唱)

1=F 3/4 2/4

欢快、诙谐地

王晓明　搜集整理
应兆铭　曲

55 60 | 55 60 | 0 0 | 咯 咯 | 叮 0 | (1̇ 3 5 3 21 |
咯咯 叮, 咯咯 叮,

22 30 | 22 30 | 0 0 | 咯 咯 | 叮 0 |
咯咯 叮, 咯咯 叮,

11 20 | 11 20 | 0 0 | 咯 咯 | 叮 0 |
咯咯 叮, 咯咯 叮,

55 60 | 55 60 | 0 0 | 咯 咯 | 叮 0 |
咯咯 叮, 咯咯 叮,

65 66 | 1̇ 6 5 3 21 | 65 66 | 11 21 | 11 21 | 11 21 | 11 21 |

1̇6 53 | 21 65 | 60 1235 | 6 0) ‖: 55 60 | 55 60 | 65 30 |
(两)一颗 星, 咯咯 叮, 两颗 星,

65 30 | 53 20 | 13 20 | 21 60 | 51 60 :‖ 33 2̂3 | 52 3 |
挂油瓶, 油瓶 漏, 好炒 豆, 豆炒 香, 好插 秧。 秧无 肥。 好种 梨,

(低)
11 2̂3 | 21 6 |
秧无 肥。 好种 梨,

33 2̂3 | 52 3 | { 22 23 | 5 — | 5 — | 5 — | 5. 3 |
梨无 核, 种大 栗, 大栗 三层 壳。

66 12 | 2 — | 2 — | 2 — | 2. 3 |

11 2̂3 | 21 6 | 6 0 | 2̇2̇ 2̇1̇ | 6̇6̇ 6̇1̇ | 2̇2̇ 2̇1̇ | 6̇6̇ 6̇1̇ |
梨无 核, 种大 栗, 三层 壳(呀) 三层 壳(呀)三层 壳(呀)三层 壳(呀)

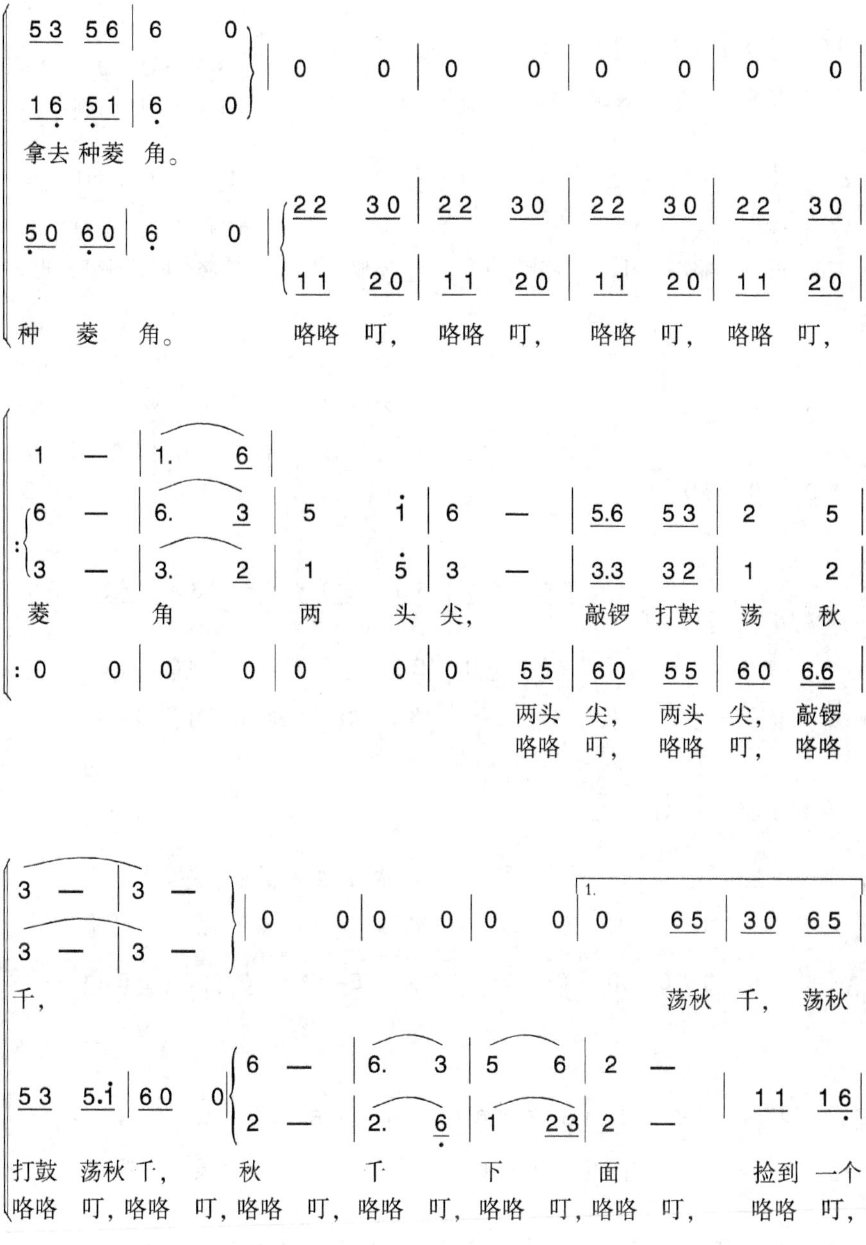
拿去 种菱 角。
种 菱 角。
咯咯 叮， 咯咯 叮， 咯咯 叮， 咯咯 叮，
菱 角 两 头 尖， 敲锣 打鼓 荡 秋
两头 尖， 两头 尖， 敲锣
咯咯 叮， 咯咯 叮， 咯咯
千，
荡秋 千， 荡秋
打鼓 荡秋 千， 秋 千 下 面 捡到 一个
咯咯 叮，咯咯 叮，咯咯 叮，咯咯 叮，咯咯 叮，咯咯 叮， 咯咯 叮，

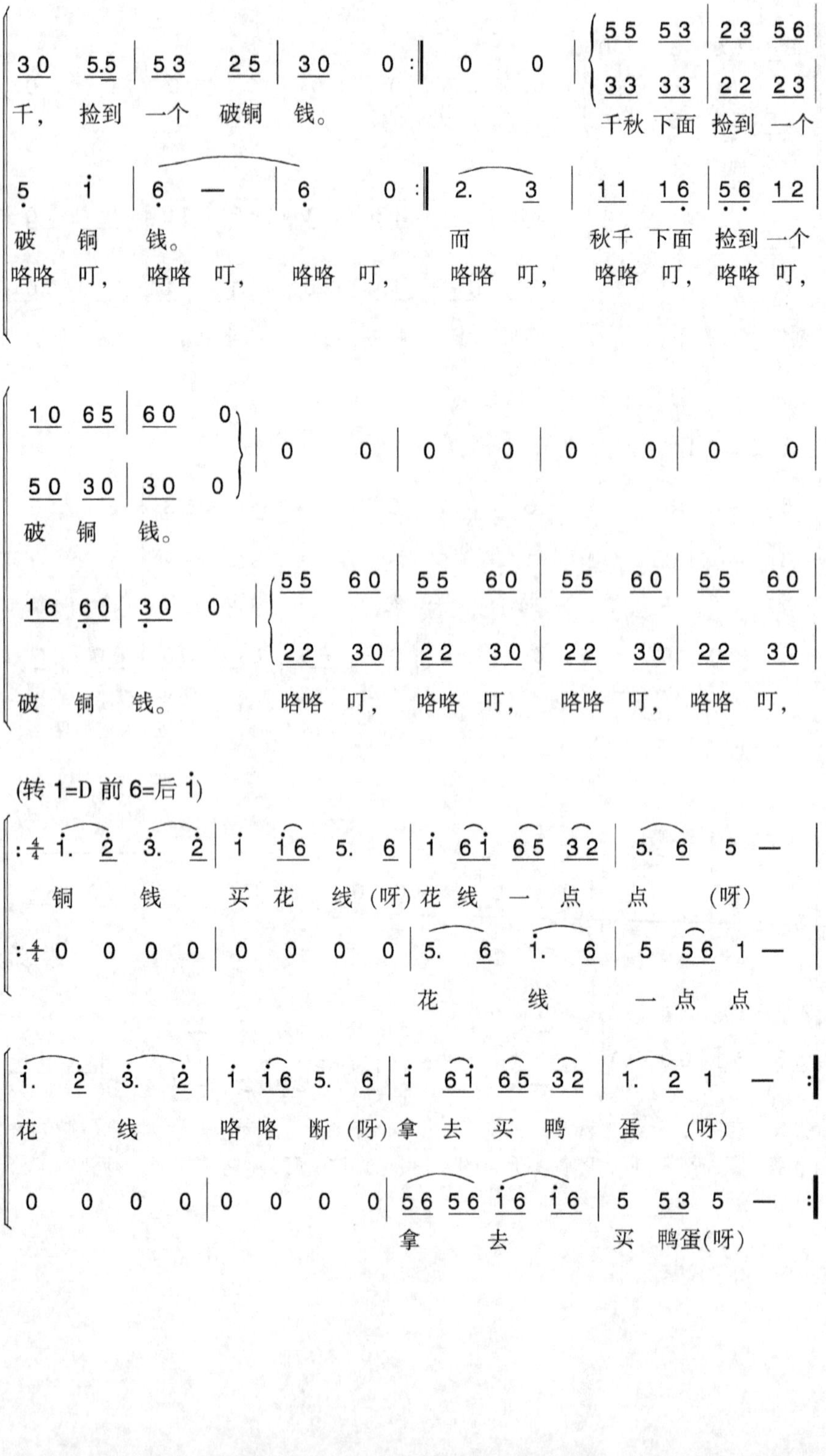
千，捡到 一个 破铜 钱。
千秋 下面 捡到 一个
破 铜 钱。
而 秋千 下面 捡到 一个
咯咯 叮，咯咯 叮，咯咯 叮，咯咯 叮，咯咯 叮，咯咯 叮，
破 铜 钱。
破 铜 钱。
咯咯 叮，咯咯 叮，咯咯 叮，咯咯 叮，
(转 1=D 前 6=后 i)
铜 钱 买 花 线 (呀) 花 线 一 点 点 (呀)
花 线 一 点 点
花 线 咯 咯 断 (呀) 拿 去 买 鸭 蛋 (呀)
拿 去 买 鸭蛋(呀)

（转 1=F）

$\frac{2}{4}$ 55　60｜55　60｜55　60｜55　60｜66　65｜6　(65)｜

22　30｜22　30｜22　30｜22　30｜33　32｜3　(32)｜

咯咯　叮，　咯咯　叮，　咯咯　叮，　咯咯　叮，　鸭蛋　稀稀　臭　(咧)

$\frac{2}{4}$ 11　20｜11　20｜11　20｜11　20｜0　0｜66　65｜

55　60｜55　60｜55　60｜55　60｜0　0｜33　32｜

咯咯　叮，　咯咯　叮，　咯咯　叮，　咯咯　叮，　　　鸭蛋　稀稀

mp

66　65｜6　0｜55　54｜5　(54)｜55　54｜5　(06)｜

33　32｜3　0｜22　21｜2　(21)｜22　21｜2　(03)｜

舅舅　敲黄　狗　(哎哟)黄狗　头生　角，(噢)角上　鸡蛋　壳　(噢)

6　(65)｜66　65｜6　0｜55　54｜5　(54)｜55　54｜

3　(32)｜33　32｜3　0｜22　21｜2　(21)｜22　21｜

臭　(咦)舅舅　敲黄　狗　(哎哟)黄狗　头生　角　(噢)角上　鸡蛋

i i　i 6｜i i　6｜i i　i 6｜i　0‖0　0｜0　0｜0　0｜

55　53｜5　(53)｜55　53｜5　0‖0　0｜0　0｜0　0｜

壳上 一个 洞 (呀) 壳上 一个 洞。　　(真的吗？)

（真的嘎？）

5　(06)｜5　4｜5　6｜i　0‖0　0｜0　0｜0　0｜

2　(03)｜2　1｜2　3｜2　0‖0　0｜0　0｜0　0｜

壳 (噢) 壳 上 一 个 洞，　　　　(噢)

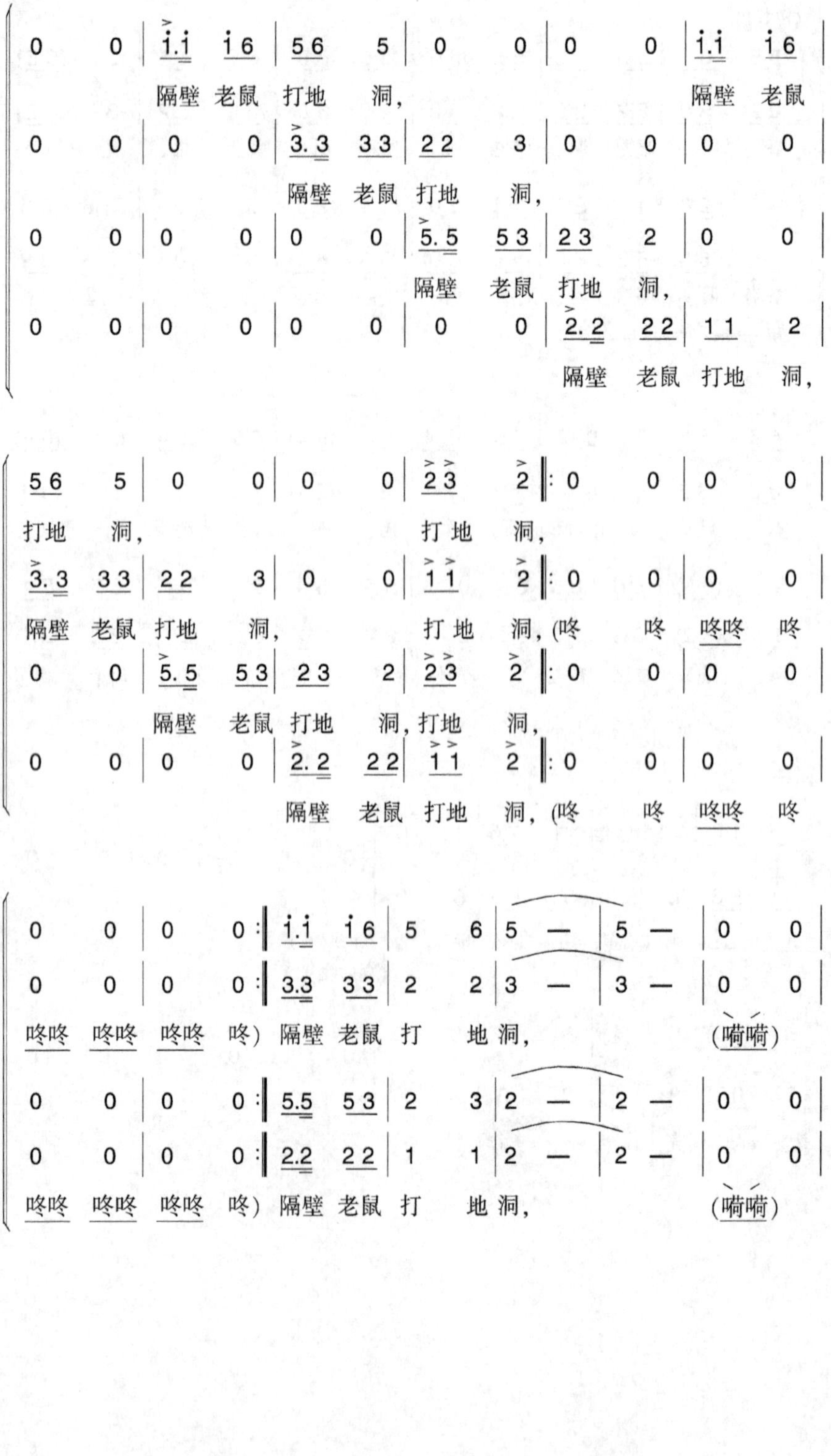
隔壁 老鼠 打地 洞， 隔壁 老鼠
隔壁 老鼠 打地 洞，
隔壁 老鼠 打地 洞，
隔壁 老鼠 打地 洞，
打地 洞， 打 地 洞，
隔壁 老鼠 打地 洞， 打 地 洞，(咚 咚 咚咚 咚
隔壁 老鼠 打地 洞，打地 洞，
隔壁 老鼠 打地 洞，(咚 咚 咚咚 咚
咚咚 咚咚 咚咚 咚) 隔壁 老鼠 打 地 洞， (嘀嘀)
咚咚 咚咚 咚咚 咚) 隔壁 老鼠 打 地 洞， (嘀嘀)

（稍快）

（五线谱/简谱合唱谱，含衬词"咯咯 叮"等）

（三）创作兰溪畲族对歌

兰溪畲族对歌有其特定的内涵、发声方法、旋律特征和歌词特征。

1.兰溪畲族对歌概述

畲族是浙江的主要少数民族，自古就有歌唱的风俗。畲族民歌内容非常丰富，可分为儿歌、历史传说歌、情歌、婚俗歌、劳动歌、小说故事歌、时政歌、杂歌、丧俗歌等九种。每年农历三月初三是畲族"对歌会"，又称"乌饭节"，是畲族最重要的传统节日。这一天，畲民们会以"断头龙"表演、对歌盘歌、炊制乌饭等方式庆祝传统节日。水亭"三月三"畲族风情节，主要有文艺演出、婚俗展演、年俗风情体验、小记者看畲乡、畲乡风族林植树、畲族农耕文化展演等六大主题活动。其中,断头龙表演、畲族对歌、婚俗展演等内容极具民族特色。远客或贵客到要唱歌,唱起来朗朗上口、婉转清丽。畲族婚嫁时,唱歌最多,男女双方各请歌手。男方歌手兼挑礼物者称"赤郎",兼抬轿者称"行郎"。畲族民歌七字一句,四句一首,讲究畲语押韵,不少人能即兴编唱,有的歌手对唱一两夜而不重复。唱歌的形式有独唱、对唱、齐唱,很少伴有动作与器乐。

　　兰溪畲族民歌用畲语歌唱,多数是口头相传(许多歌手不识字),并熟记于心。畲族对歌采用原生态的畲族语言,因此,在收集时由畲族姑娘蓝婷老师亲自在兰溪歌者那里收集素材,将畲族语言翻译成普通话,然后亲自谱曲,才创作而成。如图 2-14 所示,畲族民歌是畲族人民的口头文学,是畲族文化的重要组成部分。畲族只有语言而无文字,只能借助汉字来记录。浙江畲族民歌属于五声调,主要是五个音。浙江的畲族民歌可分为丽水调、景宁调、龙泉调、文城调、瑞安调等。丽水调分布非常广,几乎遍布整个浙江畲族聚居地,因此它是浙江畲族民歌的基础调式。丽水调以商调式为主音,旋律由五个音组成,以商音结尾,落在商音上。兰溪畲族民歌的调式特征采用丽水调。

图 2-1　兰溪畲族对歌教学[1]

---

[1] 引自本人执笔的课题结题报告:《金华本土音乐在教学中的实践与应用研究——以柳湖小学为例》,第 24 页。

2.兰溪畲族对歌的发声方法

兰溪畲族对歌演唱的发声方法与畲族对歌的发声方法相同，有三种：

一是真声，被畲族人民称之为"平讲调"。歌手演唱时音域较低，接近于日常说话。歌唱位置较低、气息较浅、声音集中在口咽腔共振，唱歌的喉头情况与说话的喉头相似，声带肌肉收缩力弱，声带较松弛，并且全体振动，音区较低，声音中、低、高各段位很自然。这种唱法曲调简单，节奏较强，较紧凑，多是一字一音。二是假声，畲族人民称之为"假声唱"。假声是畲族对歌演唱的最大特点，它追求恬静、清秀、质朴。假声是歌手演唱时通过有意识的控制而只使部分声带发生振动，比由整个声带都振动的真声要高一些、柔一些，而且音色有一种晶莹剔透感，很有穿透力，声音效果是高、尖、亮。三是真假声结合，歌手唱歌时充分运用头腔、口咽腔、胸腔共鸣，真假声配合并合理使用。这种唱法由于比假声还有更高的音，所以畲族人民也称之为"放高音"。[①]

这三种唱法中，畲族人民最喜欢用假声，而且对假声的发声十分拿手；用真声歌唱多是年岁大的老人；而真假声结合要求有很高的专业水准，真正掌握者少。畲族歌手擅长二声部重唱，畲族人民称之为"双条落"，在演唱上，带有轮唱性质。

3.兰溪畲族对歌的歌词特征

在某民族或某地区很多民歌中提炼、总结出来具有共性特点的旋律进行方式叫民歌的旋法特征。[②] 兰溪畲族对歌是浙江畲族民歌中的一种，其旋法特征与浙江畲族民歌的相同，即先扬后抑，其歌词特征体现在格式规范、即兴创作，以及古歌的传统性和大量使用衬词上。以《凤凰飞，麒麟追》为例。

---

① 徐颖：《浙江畲族民歌的演唱艺术研究》，中国音乐学院 2014 年硕士论文，第 6 页。
② 同上，第 8 页。

凤凰飞　　麒麟追

1=F　2/4

```
1̣ 6́ 5̣ | 3́2̌1 12̌ | 55 3̌5̌3 | 2̌1 3̌2̌ 0 | 3̌6̌5̌ 3̌ 5 3̀ | 2 0 |
凤 凰    山上   凤 凰 飞啰  封金  山上 嗡    麒啰  麟哩  追,

1̣ 6́ 5̣ | 5̌6 5̌5̌3̌ | 55 3̌5̌3 | 2̌1 3̌2̌ 0 | 5̌6̌5̌ 3̌ 5 3̀ | 2 0 |
凤 凰    狂舞   乌云 散啰  麒麟 高啊 歌      送啰  春哩  辉。

(5̌6̌ 5̌3̌5̌ | 5̌3̌ 2 | 1 6 | 5 5̌6̌ | 6̌1̀ 55 | 3̌5̌3 2̌1 | 3̌2 0 5̌6̌5̌ |
      女:凤 凰    播种  满地 桑啰 麒麟 洒露 哦    天呀

3̌5̌ 3̌ 2 | 0 3̌ 6̌5̌ | 3̌5̌3̌ 2̌1 | 55 6̌1 | 5̌3̌5̌ 3̌2 | 0 5̌6̌ |
空 哩听,      山 川   河流  阳光 照啰 满地 生啰  出    都啰

5̌3̌ 5̌ 3̌ | 2 0 | (5̌6̌ 5̌3̌5̌ | 5̌3̌ 2̌0) | 12̌ 5̌6̌ | 6 12̌ | 55 5 |
是 哩金,        (合) 凤凰 飞啰      麒麟 追啰,

3̌5̌3̌ 2̌1 | 3̌2 0 | 56 5̌3̌5̌ | 53 2 | 3̌5̌3 5̌3 | 5̌1 2̌3̌ | 55 61 |
凤凰 麒呐麟   双啰 双 哩飞,    耀出 啰光 芒通 天  照啰 满地

5̌3̌5̌ 3̌2 | 0 56 | 5̌3̌ 5̌3̌ | 2 0 |
生啰 出    都啰 是 哩金。
```

童 谣

凤凰山上好家园,百鸟朝凤转团团。

只因生个凤凰卵,变作麒麟万代传。

封金山上好田场,三万七亩串心垟。

新开田地免粮税,年年收转谷满仓。

有学者研究指出,浙江畲族对歌的歌词主要有如下特点:

第一,格式的规范性。畲族歌词在词的格式上非常规整,大多体现为七字一句,四句一首,注重押韵。词格就是七言绝句,它有正格平起平收,首句入韵,也就是它的押韵是一二四句押韵,正起的平收,偏起的也是平收,都是首句押韵。

第二,创作的即兴性。畲族歌手不仅仅是歌唱者,更是个词作者。他们必须根据对歌的环境、仪式的场合进行现场演唱,特别是被畲族人民称之为"嘹闲歌""散条歌"的赛智歌,对歌手的即兴要求更难,歌手要根据对方歌词的内容、要求以及气氛的需要,现编现唱。赛智歌,顾名思义,也就是进行智慧比赛,因此,特别受畲族人民欢迎,歌手要机智、幽默,现场气氛十分热闹。赛智歌又有"取笑歌""高手歌""盘问歌""大讲歌""谜语歌""对歌"之分。一般分为男女对歌,先女后男。

第三,衬词的填补性。畲族民歌词的结构规整,但是由于在创作上的即兴性及音乐中乐句结构的不规整性,往往导致了歌词与音乐不同步,因此,往往会出现词曲不同步的现象,而衬词的运用则可以使得乐句完整稳定。衬词在歌曲中往往都是固定的几个感叹词,根据歌曲即兴演唱的需要而进行自然填补。[1]

作为浙江畲族对歌中的一种,兰溪畲族对歌的歌词同样具有上述三个特点,这从《凤凰飞,麒麟追》中可窥见一斑。

---

[1] 徐颖:《浙江畲族民歌的演唱艺术研究》,中国音乐学院 2014 年硕士论文,第 9—10 页。

三、金华本土音乐课程"民歌"开发的评价

金华民歌作为金华地区特色的本土音乐形式,在金华地区广泛传唱。为了传承金华优秀传统民歌文化,我校柳湖校区积极开发金华民歌,将开发的金华民歌案例按不同地区分为东阳民歌、武义民歌和兰溪畲族对歌等以各地地名命名的曲风。我校柳湖校区的金华民歌开发对传统文化的传承做出了贡献,但与此同时,金华本土音乐课程"民歌"的开发也面临着严峻挑战。

(一)金华本土音乐课程"民歌"开发的贡献

金华民歌是金华人民表达喜怒哀乐、审美诉求的文化载体,它与其他各类民间艺术品种互相影响、互相渗透,共同绘制了绚丽的金华非物质文化遗产画卷。金华本土音乐课程"民歌"开发对传统音乐教学的贡献有以下几点。

1. 校内外双层民歌开发途径的使用

金华本土音乐课程"民歌"开发的贡献之一体现在课程开发途径上,课程开发途径主要包括校内金华民歌课程资源开发和校外金华民歌课程资源开发两种途径。我校柳湖校区联合新狮街道文化站、罗店区文化站等部门一起深入民间挖掘、整理金华民歌,力求开发原生态的金华民歌,传承金华民歌文化,为进一步研究提供准备。与此同时,我校柳湖校区大力进行校外民歌课程资源的开发,其目的在于开发出贴近学生的实际生活,抓住学生的学习认知方式的金华民歌;通过对金华民歌的学习,带领学生们亲身感知音乐的旋律和体会金华传统民歌音乐的魅力,并丰富学生们的音乐学习经验。此外,我校柳湖校区还结合本校的实际校情与学生的学习特点于校内开发了与金华民歌课程资源相应的博雅课程,增加了学生的学习机会,给学生以优秀传统音乐文化的陶冶与熏陶。通过校内外双层开发途径的使用,教师们课程开发的主动性得到

了增强,并大大提高了教师的课程开发能力。

2.金华民歌课程开发队伍的壮大

金华本土音乐课程"民歌"开发的贡献之二体现在课程开发的内容上。我校柳湖校区音乐课程开发成员主要由课程领导和骨干教师组成,同时还对外聘请一些课程专家或教育行政人员对课程的整体建构与规划提供指导。这在一定程度上促进了我校柳湖校区初步形成金华民歌课程开发队伍。在金华民歌课程开发队伍的带领下,我校柳湖校区教师之间开始出现互相学习的意愿,同时也形成了专家指引教师前进的新局面。更为可喜的是,在教师相互合作、专家与教师携手共进的影响下,通过学习金华民歌,学生在对金华民歌产生强烈兴趣的同时,他们相互之间也开始出现了角色扮演与跟唱学唱金华民歌的美好学习景象。这样,某种程度上而言,学生群体也成了民歌课程开发队伍中的一分子。

(二)金华本土音乐课程"民歌"开发面临的挑战

在金华民歌收集与作品二次创作过程中,遭遇过各种各样的问题,这些问题使得金华本土音乐课程"民歌"的开发面临挑战。这些挑战主要有如下几个方面。

1.金华民歌现有文字素材偏少

金华民歌作为金华地区特色的音乐形式,有着悠久的历史价值与文化底蕴。然而,我们在收集金华民歌时发现了如下问题:其一,大部分民间艺人都已经年迈,有的甚至没有识字能力,此外,民间艺人录存的民歌作品较多,但主题杂乱。为了收集更多的素材,唯有抓住"口传心授"这根救命稻草,耐心地倾听民间艺人的传唱。但这样收集素材记录量大,又耗时长。为了提高金华民歌素材的收集效率,我校柳湖校区也聘请民间艺人走进校区进行传唱演出。其二,通过实地民间调查收集到的录存的金华山歌作品不多,很多素材都在民间慢慢流失了。从文化站获取的金华民歌作品虽保存

066 / 金华本土音乐课程开发与实施——从无到有的本土研究

良好,但内容不多,这不仅给金华民歌的开发与实施带来巨大挑战,也给金华民歌更好地传承下去亮起了红灯。这样,培养金华民歌的传承者就显得尤为重要。谁是最适合的传承者?我们在探索过程中发现,小学生生性活泼好动,对周围事物充满好奇心,正是金华民歌的最好受众,也是金华民歌最好的传承者。然而,如何将金华民歌引入学校,让金华民歌走进课堂,又以何种组织方式进入学生学习领域,对于我校柳湖校区而言,这些命题既是千载难逢的机遇,也是骑虎难下的挑战。

2.金华民歌课程开发目标不明确

金华民歌课程开发目标定位不够明确。笔者通过直接访谈发现,在我校柳湖校区,教师们普遍认识到金华民歌教育对于儿童发展具有极高的价值,但是老师们对于民歌教育目标的认识存在偏差。由于音乐教师在文化素养、专业理论水平和教学实践、音乐教育理论、教师的职业态度、音乐课程教学评价等方面均存在差异,不同的教师对于音乐教育目标的认识也不同;加之,社会上对金华民歌文化有一定程度的轻视,进一步影响了教师们对金华民歌目标和价值的认知。因此,应当制定总体和阶段性的金华民歌课程开发目标。目标的制定应当考虑我校柳湖校区自身的实际条件与特殊要求,各阶段的具体教学计划与任务,使得金华民歌课程的筛选与获得同金华民歌课程资源的开发过程相适应。目标制定之后,需要确定金华民歌课程资源开发实施的步骤,从而保证金华民歌课程资源的开发计划与课程目标得以实现。在整个过程中还需制定金华民歌课程资源开发的资金预案,能否有合理的课程规划和具体而可操作性的课程目标,以及能否获得课程政策上的保证和支持,这些问题决定了我校柳湖校区未来民歌音乐课程的走向。

第三节　汤溪民谣的开发

汤溪民谣是在特定背景下开发完成的。为此,本书在概述汤溪民谣开发背景的基础上,阐述汤溪民谣开发的过程,并对汤溪民谣开发做出的贡献及遇到的挑战做出评价,为后续类似的研究提供借鉴。

一、汤溪民谣开发的背景

作为汤溪人民在生产、生活斗争中创作的口头文学,汤溪民谣具有悠久的历史和独特的产生背景。为帮助读者更好地了解汤溪民谣开发的背景,本书在梳理汤溪民谣的产生和发展的基础上,呈现汤溪民谣开发的特有价值。

(一)汤溪民谣的产生与发展

汤溪民谣是汤溪人民在生产、生活中创作的口头文学,既是汤溪人民智慧的结晶,又是汤溪传统文化的重要组成部分。多数民谣作品存在于汤溪人民头脑之中,通过口头形式代代相传,部分汤溪民谣以汉字记录的手抄本流传民间,并通过汤溪方言进行传唱。汤溪话是姑蔑古语,在浙江中西部吴语中是一种较特殊的方言,听上去十分接地气,也很亲切。如民谣《老老嬷》就是一首用汤溪方言演唱的民谣,歌词通俗易懂,很煽情,旋律轻缓慢悠,听后回味无穷。然而,这首民谣里面有很多词汇在实际中找不到与之匹配的准确的文字来记录,只能用同音的字取而代之,无法很传神地记录,这无形中为懂汤溪方言的人留下很多想象的空间和回味的余韵。作为土生土长的汤溪人,项益莲老师深入汤溪本地,通过查文献、实地调查等多种方式研究汤溪民谣,将其搬进了课堂,如图 2-2 所示,在她的带领下,学生们爱上了民谣。

图 2-2　汤溪民谣教学①

(二)汤溪民谣开发的价值

汤溪的民谣念起来悦心悦耳,其中一首短短的时令谣就包含着节气、习俗、娱乐、农事和当时的风土人情等诸多内容,用汤溪土话吟咏特别朗朗上口。民谣作品生动有趣,非常适合学生传唱。在一问一答的音乐对唱表演活动中,把那种原汁原味的生活场景再现出来。那标准的汤溪腔调,让人回味了一把浓浓的乡音,感受了浓浓的乡情。民谣作品如《劝酒歌》等,通过音乐作品传播一定的价值观念,对于学生有一定的教育价值。我们通过开发多样化的民谣,并使之服务于教学活动,令学生们在手脑并用学习汤溪民谣的过程中,充分调动自身的多种感官,促进良好思维品质的形成。此外,民谣主要体现了中华民族音乐文化的完整性和多样性,据此,开发汤溪民谣可以培养文化继承人来继承和传播汤溪的传统文化,传承中华民族优秀的地方文化传统。

汤溪民歌民谣文化极具地方特色,很多文化还有待进一步挖掘与收集,汤溪民谣文化对于金华传统文化的继承与发展有着重大的关系,因此具有较高的学术研究价值。基于汤溪民谣本土音

---

① 引自本人执笔的课题结题报告:《金华本土音乐在教学中的实践与应用研究》,第24 页。

乐课程资源的开发,旨在为金华地区本土音乐课程的理论建构提供借鉴。汤溪民谣的开发,对于弥补我国本土音乐课程资源不足,促进金华地区基础教育课程改革和幼儿教育,丰富金华本土音乐课程资源,传承金华传统优秀民谣文化具有价值。充分挖掘汤溪民谣文化内涵及各种价值,有利于促进学生身心的全面、和谐、健康发展;有利于培养学生的民族自尊心、自信心,令其认同自己的民族文化,热爱自己的家乡,提高民族归属感;有利于促进金华周边地区相关文化、教育资源的开发,使金华地区音乐课程资源的开发与利用工作获得广泛的关注与支持。

二、汤溪民谣开发的过程

近些年,我校柳湖校区十分重视汤溪民谣的挖掘和整理工作,先后编印了《汤溪民谣》等金华本土校本教材,其中收录了很多优秀的民谣作品。同时我校柳湖校区还委托汤溪籍教师深入汤溪本地长期收集汤溪民谣,并对收集到的汤溪民谣进行改编与创编。汤溪民谣的开发过程包括两方面:收集汤溪民谣案例;汇编《汤溪民谣》。

(一)收集汤溪民谣案例

汤溪民谣案例的收集,是建立在对汤溪民谣的内涵、汤溪民谣的音乐特征的了解的基础之上的。进行汤溪民谣案例的收集前,首先应弄清汤溪民谣的概念与音乐特征,其次要了解汤溪民谣的收集途径,最后要对收集到的汤溪民谣案例进行分类与整理。

1.汤溪民谣概述

"民谣"是人们用诗歌或顺口溜的形式传达思想、情感、欲望等的一种民间文化形式,不但有趣味性,而且也很押韵。汤溪民谣来自于广大汤溪人民群众,它是民众任意剪取生活中某些片段创造的内容,唱起来既朗朗上口又有其独特的意义,因此得以流传开来。由于汤溪民谣犹如未经雕琢的璞玉,浑然天成,故又有

"天籁"之称。其超越其他任何作品的地方,在于它能够在民众中激起感情的共鸣与愉悦。汤溪民谣饱含着汤溪人民生活的沧海桑田,是"活的社会化石",是一根灵敏的测试时代体温的"温度计"。汤溪民谣不仅反映一定时代的民情民意,能够代表民间广泛的社会舆论,甚至还预示了政治变迁的趋势。故而,它历来又被用来"观风俗,知得失",以民意"补察时政"。重点说来,汤溪民谣,就是汤溪人们反映生活、反映社会的重要表现方式。①

如前所述,汤溪民谣的传播是广泛的,口头传播是其主要传播方式。传播是舆论和社会交往最明显的特点。在传播过程中,汤溪民谣也具有流动性。当考虑同一社会问题时,具有不同价值观和不同兴趣的人会达成共识。从这个意义上说,汤溪民谣可以被大众广泛地传播和接受,也有利于理解它的通俗性,这种流行也是汤溪民谣最基本的特点。汤溪民谣以群众的感情和经历为基础,反映了集体的感情和经历。

2.汤溪民谣的收集路径

作为汤溪音乐的特色,汤溪民谣依然古风长存。现存的汤溪民谣大多是汤溪民间艺人以汤溪方言的形式吟唱并传承下来的。现有的文字材料比较少,加上精通民谣的艺人大多是年迈之人,他们早已缺乏文字记载能力,因此,汤溪方言的精通与否成为民谣研究成功与否的前提条件。此外,尽管当地有少数地方人士在研究汤溪民谣,但其身份大多是非音乐人,因此,收集汤溪民谣,绝非易事。为此,作为地地道道的汤溪人,我校的项老师开始了汤溪民谣的探究之路。其收集汤溪民谣的路径可以分为四类:其一,通过查阅相关文献,了解汤溪民谣的研究现状;其二,通过走访汤溪民间艺人,用汤溪方言与民间艺人进行交流,同时采取文字记录、录音、视频等多途径收集汤溪民谣;其三,以实地调查和间接询问的方式

---

① 陆冬群:《高中历史教堂开发利用历史民谣资源的研究》,浙江师范大学 2010 年硕士论文,第 10—11 页。

收集了少量的关于汤溪民谣的原始资料;其四,通过访问汤溪文化站等相关文化部门,了解汤溪民谣的历史发展,收集相关的汤溪民谣的现存素材。将收集到的关于汤溪民谣的素材进行分类与整合,善加保存,为进一步地开发与研究做好准备。

3.汤溪民谣的案例

如前所述,我校柳湖校区通过查阅文献、走访民间艺人、实地调查与访问相关的文化部门等多渠道收集汤溪民谣案例。目前,我校柳湖校区已收集到的汤溪民谣案例有《孟姜女歌》《三农民歌》《菜歌(36位英雄)》《历代朝廷》《讽刺歌》《生产队出工歌》《送郎歌》《撑排歌》《麻雀挑窝》《敬酒歌》《后悔歌》《哭录歌》《又歌》《嫁十囡歌》《帮人歌》《后悔歌》《劝赌歌》《困难歌》《赌口歌》《敬老歌》《时令歌》《捕仙桥》。汤溪民谣的这些案例根据其内容,其开发可以分为三大类:人物类、事件类和社会现象类。其中,人物类民谣有《孟姜女歌》《三农民歌》《菜歌(36位英雄)》《历代朝廷》《讽刺歌》。事件类民谣有《生产队出工歌》《送郎歌》《撑排歌》《麻雀挑窝》《敬酒歌》《后悔歌》《哭录歌》《又歌》等。社会现象类汤溪民谣有《十嫁囡》《摇一摇》《帮人歌》《后悔歌》《劝赌歌》《困难歌》《赌口歌》《敬老歌》《时令歌》《捕仙桥》。如下为所开发的汤溪人物类民谣、事件类民谣和社会现象类民谣的词:

孟姜女歌[①]

正月里来是新年,家家户户点红灯,
别家丈夫团圆好,孟姜哭夫造长城。
二月里来暖阳阳,双久燕子到南方,
燕子成双又成对,孟姜单独不成双。
三月里来是清明,桃红柳绿百草清,

---

① 引自项益莲整理的《金华市浙师大附小柳湖校区本土音乐校本教材(三):汤溪民谣集》。

别人家里备耕忙,喜良身在造长城。

四月里来养蚕忙,姑嫂二人去采桑,

桑篮挂在桑树上,一把泪来一把桑。

五月里来是端阳,家家户户插秧忙,

人家把秧都插完,孟姜田中草成行。

六月里来热难当,蚊子飞来哄哄响,

宁可叮我千口血,别咬造城万喜良。

七月里来秋风凉,家家户户裁衣裳,

五色衣衫件件有,我家双双是空箱。

八月里来雁门开,孤雁脚下带霜来,

我同孤雁一样苦,好好鸳鸯分两开。

九月里来菊花香,菊花造酒夫妻饮。

敬酒歌①

一杯喜酒敬新娘,乾坤六合配鸳鸯。

父母双亲同偕老,敬重公婆喜满堂。

二杯喜酒敬新娘,二月梨花十里香。

洞房花烛逢好日,生个儿子状元郎。

三杯喜酒敬新娘,三元及第登金榜。

连中三元高高上,指日高升在大堂。

四杯喜酒敬新娘,四位姑娘送闺房。

公婆饮酒福寿长,初开蔷薇满园香。

五杯喜酒敬新娘,五子登科多才郎。

荣祖耀宗振家乡,太白酒醉天下扬。

六杯喜酒敬新娘,六国丞相有才能。

天官赐福坐前堂,利事妈妈在两旁。

----

① 引自项益莲整理的《金华市浙师大附小柳湖校区本土音乐校本教材(三):汤溪民谣集》。

七杯喜酒敬新娘,七枝鲜花红又红。

鸳鸯今日成双配,阵阵秋风夜里凉。

八杯喜酒敬新娘,八月桂花全村香。

亲朋好喜喝寿生酒,挂灯结彩喜洋洋。

九杯喜酒敬新娘,九天仙女送贵子。

满腹文章手里出,福地来子万代香。

十杯喜酒敬新娘,十全十美子满房。

百年好合同偕老,手抱儿孙福寿长。

帮人歌[①]

正月梅花雪里开,　　问你小弟上工值日来,

吃来上工酒拜来上工年,一坐坐的小姐两对面,

问你小弟新年几岁?　小弟讲,我侬新年十八岁,

前世配来好夫妻。　　你小弟二月里问来,

麻车碓会来否,　　　犁粑耕草种田插秧会来否,

小弟讲一般生活都会来。三月桃花开,小弟五更起早。

一只缸半侬高,　　　小姐啊侬托你一拌,

帮你一记,不损骨头不损腰。四月里来小姐肚里有横胎,

问你小姐那里来,　　你侬小弟半夜三更化心财。

五月梅天难过人,　　拍来一块肚兜,

托你小姐来缝一缝,　缝来一对龙一对风,

中央一对鸳鸯戏水中。六月日头如火烧,

叫你小弟大樟树下,　我侬六豆糕会送来,

吃不饱,叫你小弟,　葱花馒头凑凑饱,

七月山东凉帽蛤蟆叫,铁担肚头嘟嘟叫,

小姐帚畚斗会送到,　小弟一担没担起冲冲倒。

---

① 引自项益莲整理的《金华市浙师大附小柳湖校区本土音乐校本教材(三):汤溪民谣集》。

八月桂花满天香，　　　小弟带小姐嬉会场，

小弟啊头一场啥戏名，　秋香妹妹桂花亭，

第二场得道和尚起黑心，白蛇精青蛇精水仙没良心。

九月菊花开，　　　　　小弟一坐坐的小姐脚膝头，

远看一对狮子来抢球，　近看一对轻骨头。

十月摘橘满园香，　　　十一月焙笼焙草花。

十二月桂圆荔枝凑成双，小弟挽挽小姐为去来过年。

(二)汇编《汤溪民谣》

我校项益莲老师将收集来的汤溪民谣素材进行归类和分析，并通过查阅相关文献，了解汤溪民谣文化研究的现状后，将一部分视频进行整理作为教学材料直接用于课堂教学，并对收集的其他录音部分素材进行翻译，整理成文字材料。她以方言的腔调创造旋律，将翻译的文字材料进行记谱和谱曲，创作成文字音乐作品，又将创作的作品在教学班级进行试验教学。根据课堂上学生们的反馈形成反思，针对学生们在学习中出现的问题，对词谱进行深度修改，最后汇编成《金华本土音乐校本教材(三)》中的汤溪民谣部分。另外一首由项益莲老师整理、金华市音乐教研员李思慧改编的《汤溪民谣》在我校柳湖校区"卜卜丫丫"民谣班教唱。

表 2-3　项益莲老师整理的汤溪民谣

负责人		项益莲	
作品名称			
《又歌》	《帮人歌》	《嫁十图歌》	《撑排歌》
《讽刺歌》	《三农民歌》	《送郎歌》	《菜歌(36位英雄)》
《后悔歌》	《捕仙桥》	《赌口歌》	《敬老歌》
《哭录歌》	《敬酒歌》	《麻雀挑窝》	《历代朝廷》
《生产队出工歌》	《时令歌》	《困难歌》	《孟姜女歌》
《劝赌歌》			

汤 溪 民 谣 (节选)

1=G ($\frac{2}{4}$ + $\frac{3}{4}$ + $\frac{4}{4}$)

李思慧　改　编
项盖莲　收集整理

念白:噢,新娘子来啦,我们去对甜糖果吃噢:新娘子,辫子头,问你讨块甜糖果,新娘子,鼻子高,问你讨块鸡仔糕。

间奏 (1̇6 1 3̂5 | 1̇6 1̇6 | 1 — — |

3/4

| 1 2 3.2 | 1 2 1 | 1̇6 1 3̂5 | 1̇6 1 ‖ 1 — 3 | 2 — — | 1 — 6̇ | 1 — — |
铜板 凳 铜板 床 铜丝 铜帘 铜嫁 妆 摇 一 摇 摇 啊摇

| 6̇0 6̇0 | 5̇0 0 5̇ | 6̇3 6̂1̇6̇ | 3̇3̇ 6̇ ‖ 6̇ — 1 | 6̇ — — | 6̇ — 1 | 6̇ — — |
suo suo suo suo 铜丝 铜帘 铜嫁 妆

| 1 — —)

| 6̇ — 1 | 3̂5 3̂2 | 1 — — | 1 — — 3 | 3̂2 | 1 — 3 | 2 — — ᵛ |
摇 到 阿 婆 桥， 外 婆 留 吃 茶，

| 6̇ — 6̇ | 1 3 1̂6̇ | 6̇ — — | 6̇ — — | 1 1 6̇ | 1 — 6̇ | 6̇ — — |

渐慢

| 6̇ — 1 | 3 3̂2 | 1 — ²³₂: ‖ 1 — — | 1 — 6̇3 | 1 — ᵛ6̇3 | 1 — — | 1 — — |
舅 妈 回话得 已 无 茶。

| 3 — 6̇ | 1 1 6̇ | 6̇ — — 4: ‖⁽¹⁾ 6̇ — 6̇: ‖⁽²⁾ 6̇ — 1 | 6̇ — 5̇ | 6̇ — — | 6̇ — — |

| 1 — 3 | 2 — — | 1 — 6̇ | 1 — — 6̇ | — 1 3 5 3̂2 | 1 — — | 1 — — :‖ 3̂ 3 2 |
摇 一 摇 摇 (啊)摇 摇 到外 婆 桥， 外婆

| 6̇ — 1 | 6̇ — — | 6̇ — 1 | 6̇ — — | 6̇ — 6̇ | 1 3 1̂6̇ | 6̇ — — | 6̇ — — | 1 1 6̇ |

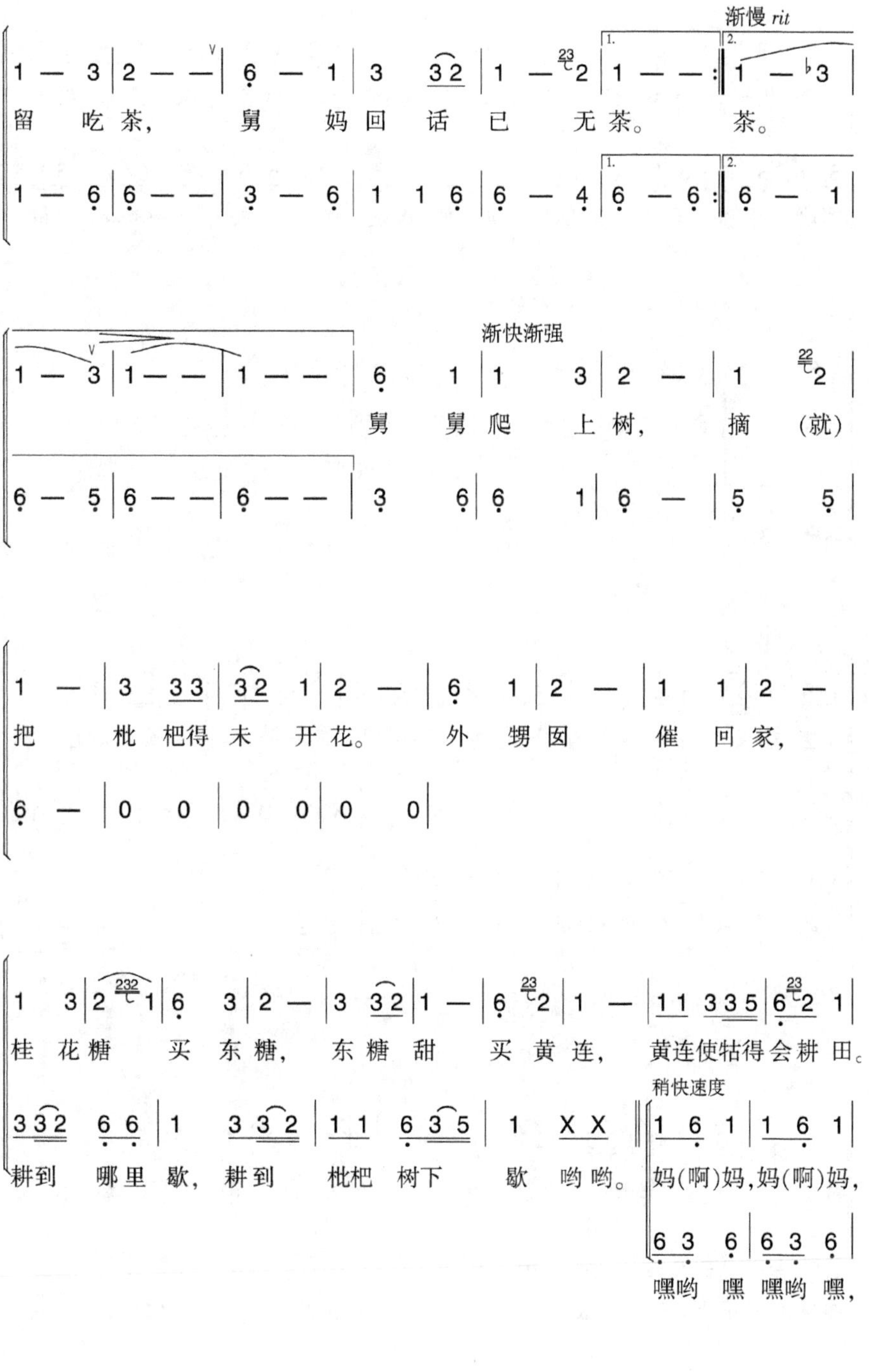
渐慢 rit
留 吃茶， 舅 妈回 话 已 无茶。 茶。
渐快渐强
舅 舅爬 上树， 摘 (就)
把 枇 杷得 未 开 花。 外 甥囡 催 回家，
桂 花糖 买东糖， 东糖 甜 买黄 连， 黄连使牯得会耕 田。
耕到 哪里 歇， 耕到 枇杷 树下 歇 哟 哟。
稍快速度
妈(啊)妈，妈(啊)妈，
嘿哟 嘿 嘿哟 嘿，

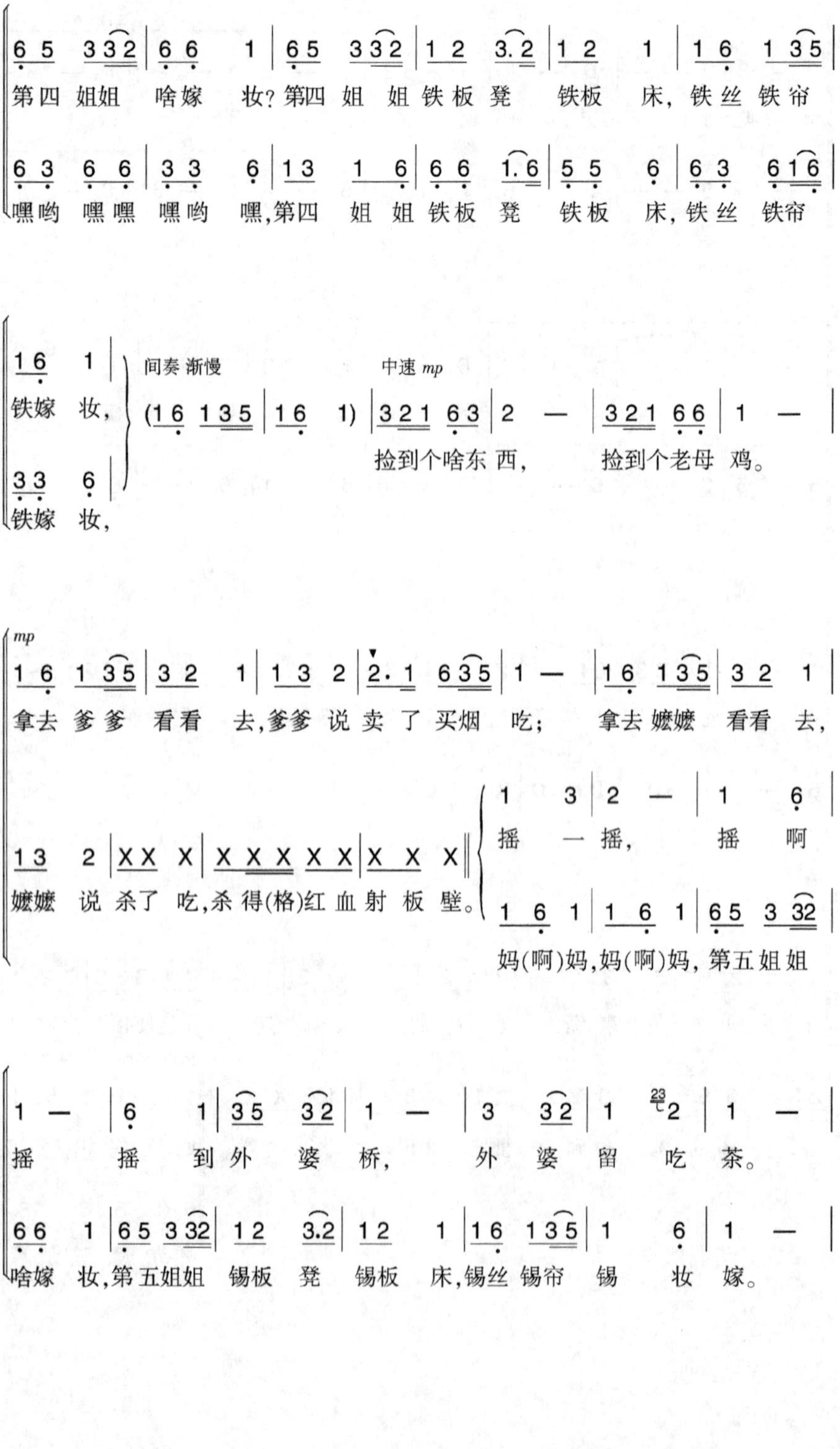
第四姐姐啥嫁妆？第四姐姐铁板凳铁板床，铁丝铁帘
嘿哟嘿嘿嘿哟嘿，第四姐姐铁板凳铁板床，铁丝铁帘
铁嫁妆，
铁嫁妆，
间奏 渐慢
中速 mp
捡到个啥东西，捡到个老母鸡。
mp
拿去爹爹看看去，爹爹说卖了买烟吃；拿去嬷嬷看看去，
嬷嬷说杀了吃，杀得(格)红血射板壁。
摇一摇，摇啊
妈(啊)妈，妈(啊)妈，第五姐姐
摇摇到外婆桥，外婆留吃茶。
啥嫁妆，第五姐姐锡板凳锡板床，锡丝锡帘锡妆嫁。

今白:hò hò 姆妈,我们都嫁得这么好啦。

1 6 1 | 1 6 1 | 6 5 3 3 2 | 6 6 1 |
囡(啊) 囡,囡(啊) 囡,爹娘带契得 好看 板,

6 3 6 | 6 3 6 | 6 3 6 6 | 3 3 6 |
嘿哟 嘿,嘿哟 嘿,嘿哟 嘿哟, 嘿哟 嘿,

1 6 1 | 1 6 1 | 1 6 1 | 1 6 1 |
嘿哟 嘿,嘿哟 嘿,嘿哟 嘿 嘿哟 嘿,

f　　　　　　　　　　　　　　　　*mp*

6 5 3 3 2 | 1 2 3·2 1 2 | 1 | 1 6 | 1 3 5 | 3 3 | 3 3 | 3 3 | 3 3 2 |
姑娘 个指尖 样样 聪明 样样 通,撑起 一个呗 好人 家得 样英 雄呗

1 3 1 6 | 6 6 1·6 5 5 | 6 6 3 | 6 1 6 2 2 | 2 2 | 2 2 | 2 2 |
嘿哟 嘿 哟,样样 聪明 样样 通,嘿哟 嘿嘿哟,嘿哟 嘿哟 嘿哟 嘿哟,

1 6 1 | 1 6 1 | 1 6 1 | 1 6 1 | 1 6 1 | 1 6 1 |
嘿哟 嘿, 嘿哟 嘿,嘿哟 嘿 嘿哟 嘿, 嘿哟 嘿, 嘿哟 嘿,

喊
ff

1 3 2·3 | 1 1 | 1 ‖
自英雄 自威 风。

6 1 2·1 | 6 6 | 6 ‖
自英雄 自威 风。

1 6 1 | 6 6 | 1 ‖
自英雄 自威 风。

三、金华本土音乐课程"汤溪民谣"开发的评价

汤溪民谣作为汤溪特色的本土音乐形式,在汤溪乃至整个金华地区广为流传。我校委托汤溪籍的教师深入汤溪开发汤溪民谣,将收集到的汤溪民谣整理分类、汇编与开发,为更好地传承汤溪民谣传统文化做出了贡献。当然,在开发汤溪民谣的过程中也遇到不少挑战,这些挑战有时甚至会阻碍整个开发过程的进行。

(一)金华本土音乐课程"汤溪民谣"开发的贡献

金华本土音乐课程"汤溪民谣"开发的突出贡献主要有如下两点:

1. 混合式课程开发模式的采用

金华本土音乐课程"汤溪民谣"的开发采用的是混合式开发模式。这种模式又体现在两个方面。一是教师自主收集整理。由项老师整理、金华市音乐教研员李思慧改编的《汤溪民谣》在我校柳湖校区"卜卜丫丫"民谣班教唱,供学生们学习。另还把王晓明局长整理歌词、应兆铭馆长作曲的《咯咯叮》和《汤溪民谣》全谱整理好并打印成册,作为"卜卜丫丫"民谣合唱团使用的《金华本土音乐校本教材(四)》。我校柳湖校区还开发了活力周五课程——《博雅懂艺篇:民谣合唱团》。另一种是合作开发模式,对浙师大附属小学项老师等收集来的汤溪民谣素材进行归类和分析,并通过查阅相关文献,了解金华民谣文化研究的现状,再将素材经过整理、翻译、记谱、谱曲,创作成音乐作品,再经课堂实践后整理汇编。

2. 汤溪民谣校本教材的创编

金华本土音乐课程"汤溪民谣"的开发体现在课程开发内容上,主要是通过收集、筛选、整理本土汤溪民谣素材,并在这些素材的基础上加以改编与创编。结合我校柳湖校区的实际情况与学生的学习需要,将这些优秀的汤溪民谣作品汇集在一起编成了适合

我校柳湖校区使用的汤溪民谣集,并以此为底本开发了《金华本土音乐校本教材(三)》,以及作为山歌民谣合唱团使用的《金华本土音乐校本教材(四)》。这些教材为金华本土音乐课程"汤溪民谣"的实施,提供了教学工具,为我校柳湖校区教师实施本土音乐课程指明了方向。此外,汤溪民谣本土音乐课程的开发,为金华地区本土音乐课程的理论建构提供了借鉴,对于弥补我国本土音乐课程资源的不足,促进金华地区基础教育课程改革和幼儿教育改革,丰富金华本土音乐课程资源,传承金华传统优秀民谣文化具有突出贡献。

(二)金华本土音乐课程"汤溪民谣"开发的挑战

金华本土音乐课程"汤溪民谣"的开发主要面临着三方面的挑战:

1."汤溪民谣"课程开发力量不足

"汤溪民谣"课程开发力量不足,主要表现有二。

首先,"汤溪民谣"课程开发资金不足,我校柳湖校区各项开发活动都受到经济条件的制约与影响。金华属于三线城市,其经济发展水平较杭州、宁波等地相对落后,政府对义务教育的经费投入相对不高。然而,课程资源的开发是一个连续的、需要不断补充、消耗的持续的过程。因此,学校课程资源开发的成本与实际支出很难达到平衡。要实现我校柳湖校区"汤溪民谣"校本课程资源的开发,不能仅仅依靠上级主管部门的专项拨款,还应当争取拓宽资金来源渠道,在校区内部建立多方筹措资金的机制。学校既可以与上级主管部门保持密切的联系,确保沟通的有效性,争取获得上级部门的经费支持,也可以动员家长和社会人士等多元力量参与到学校的日常管理中来,成立家校合作委员会,拓宽课程资源开发的资金来源。显然,在汤溪民谣的开发资金问题上,学校的作为与否至关重要。

其次,汤溪民谣课程开发团队不足。汤溪民谣的开发主要由我校柳湖校区项益莲老师一人负责,原因之一是汤溪民谣的内容来自于地方方言,而我校柳湖校区熟悉汤溪方言的老师不多。除了此问题外,在汤溪民谣收集与作品改编的过程中,我们还发现了如下困难:第一,大部分民间艺人年事已高,日常起居很有规律,讲究清静,因此,收集素材邀约较难,耗时长;第二,调查收集到的录存的金华山歌作品很少,大部分都是口头传唱;第三,从文化站获取的金华民谣作品也为数不多。从这些方面可以看出,汤溪民谣的开发需要有开发团队的支持。团队成员既可以是上级主管部门,也可以是家长、学校、社区以及社会各界人士等多元力量。在多方力量当中,学校的力量起到非常重要的作用。"学校可以充分利用自身的优势,发挥义务教育优越地的辐射作用,积极宣传课程资源开发的教育价值和社会意义。让家长和社区人士明确认识到学校汤溪民谣音乐课程开发的价值与意义。"①然而,如何充分合理利用好社区内已有的资源,包括所在社区的文化馆、歌舞剧团、体育设施、文化村落和自然环境等一切可利用的资源和环境,充分发挥这些资源和环境应有的价值与作用,对于学校而言则是很大的挑战。

2.汤溪民谣课程开发内容不完善且单一

汤溪民谣课程开发在内容上的挑战主要表现在如下方面:

首先,"汤溪民谣"校本课程内容不完善。校本课程是与普适性的国家课程、地方课程相对的课程形式,它强调学校拥有课程决策权这一基本前提,其自主的课程开发所产生的结果需要符合学校实际和小学生的需要。我校柳湖校区虽开发了一系列校本音乐教材,但教材的系统性还不完善。究其原因主要有三:第一,我校柳湖校区进行汤溪民谣校本课程开发的课程决策权是不彻底的,这在一定程度上受制于上级相关部门放权与否;第二,汤溪民谣校

---

① 赵洁:《幼儿园民间音乐课程资源开发研究——以安徽安撒省花鼓灯艺术为例》,西南大学 2013 年硕士论文,第 83—85 页。

本课程实质上是一个以学校为基地进行汤溪民谣课程开发的开放民主的决策过程,即由校长、教师、课程专家、学生及家长和社区人士共同参与学校课程计划的制定、实施和评价等活动,而我校柳湖校区在汤溪民谣开发团队建设上很不成熟,这样的决策过程未能真正推行;第三,在汤溪民谣校本课程开发的过程中,教师应当是主动参与的,而最终的决策应当交给所有参与教育经验综合开发的所有成员共同决定。我校柳湖校区开发汤溪民谣课程的成员较少,因此,少数教师自行制定的汤溪民谣校本课程显然是不完整的。基于此,"学校在开发本土音乐校本课程时要综合考虑校长、教师、课程专家及家长等多方面人士的意见和建议。此外,在开发过程中,要真正做到以尊重儿童的天性为本,从自身的特点出发,建立一套有特色的本土音乐校本课程体系"。[①] 换而言之,汤溪民谣校本课程应结合学生的特点与需要加以编制,并在课程实施中对编制的课程加以反馈与改进。

其次,汤溪民谣教材的主题设计内容单一。在音乐课程专家的建议与上级主管部门的带领与组织下,我校柳湖校区教师编制了一些汤溪民谣的教学案例,但是教材中主题设计的音乐活动形式、内容较单一。我校柳湖校区就教师的课程研发情况对研发教师展开了访谈,从访谈中得知,教师在自主开发的过程中,较多关注汤溪民谣艺术知识的介绍或歌唱发声基本动作和音乐的教学,对汤溪民谣文化内涵的挖掘不够,缺乏对汤溪民谣艺术所承载的金华文化以及民间风俗的介绍,这直接反映了我校柳湖校区在关于民俗文化的金华本土音乐课程开发与教材研发方面的薄弱现状。汤溪民谣这一民间音乐的"民"被剥离了,剩下的是只有音乐形式的物质外壳,这就造成只关注形式而忽略内涵,只表现外在而舍弃内在的状况。可见,我校柳湖校区在"汤溪民谣"音乐课程资

---

① 赵洁:《幼儿园民间音乐课程资源开发研究——以安徽安撤省花鼓灯艺术为例》,西南大学 2013 年硕士论文,第 83—85 页。

源开发的内容方面范围窄、程度浅，在金华本土民谣文化渗透和融合方面还有所欠缺，有待进一步突破。此外，民谣文化的渗透之困难也与教师自身对于课程文化的理解息息相关。教师自身对于民谣文化理解的不足可以通过校本培训加以提升，然而，如何基于学生的认知发展水平将民谣文化渗透到民谣课程开发与实施的过程中，以及进行基于传统民谣音乐课程文化的校本培训，则是学校需要重新加以审视的问题。

第三章　金华本土音乐课程
"民间戏曲"的开发

　　戏曲是中国传统戏剧的统称,包含了文学、音乐、舞蹈、美术、武术、杂技等众多内容。"戏曲"一词最早出现在元人陶宗仪的《南村辍耕录》中,当时指的是宋元杂剧。近代学者王国维扩大了戏曲的范围,使之成为包括宋元南戏、元明清杂剧、明清传奇以及京剧和所有地方戏在内的传统戏剧的统称。传统民间戏曲,不仅具备戏曲用歌舞形式演绎故事的基本特征,还体现了各个地方的民间特色,是民间文化的缩影。民间戏曲的加入,丰富了我国戏曲的内容,使中国戏曲呈现百花齐放的繁荣景象。金华地区在长期的发展中孕育了多种民间戏曲,其中最古老的民间戏曲是婺剧。婺剧是浙江第二大地方剧种,也是金华地区优秀传统文化的重要组成部分,经过发展和传承,金华各县市地区又衍生出高腔、昆腔、乱弹、徽戏、滩簧、时调六种声腔,每个声腔都有各自代表性的主奏乐器,不同器乐在长期发展实践中形成了独具特色的器乐曲。然而,在全球化和现代化的背景下,传统婺剧和婺剧器乐传承遭遇困境,必须创新传统婺剧和婺剧器乐的传承形式,扩大婺剧和婺剧器乐的传播范围。我校柳湖校区利用艺术特色学校的优势,以婺剧和婺剧器乐为主要载体,多渠道、多形式开发金华本土音乐课程"民间戏曲",是传承传统民间戏曲的新形式,对我国传承传统文化、培养师生音乐素养、建设校园文化等方面具有深远的意义。

第一节　金华本土音乐课程"婺剧"的开发

婺剧是金华主要的戏曲形式,因发源于浙江金华,俗称"金华戏",又因金华在历史上俗称婺州,所以又称其为"婺剧"。婺剧是金华最古老的戏曲,已有 400 多年的历史,素有"徽戏的正宗、京戏的祖宗、南戏的活化石"之美誉。早在 1959 年,著名京剧表演艺术家梅兰芳对婺剧做出了很高的赞誉,他指出:"京剧的前身是徽戏,京剧要寻自己的祖宗,看来还要到徽剧中去找。"①婺剧作为中国戏曲的一个地方剧种,不仅体现了金华地区人民的艺术追求和审美情趣,还包含了浓厚的婺文化,是婺文化的典型代表。然而在新时代,由于受到生活方式转变和多元文化的影响,婺剧的市场萎缩,传统戏剧保护工作迫在眉睫。2008 年 6 月,婺剧被列入第二批国家级非物质文化遗产名录传统戏剧类(项目编号 IV-110),②各地方、各界应该加大对传统婺剧的保护和传承力度。保护和传承传统婺剧文化,开发以婺剧为题材的本土音乐课程,这不仅是弘扬、传承地方优秀民族文化的重要举措,有利于走出婺剧传承困境,又是落实《义务教育音乐课程标准(2011 年版)》的重要途径,还对我校柳湖校区师生具有独特的文化教育价值。

一、金华本土音乐课程"婺剧"开发的背景

我校柳湖校区金华本土音乐课程"婺剧"的开发是应对婺剧传承和发展现实困境之需,开发金华本土音乐课程"婺剧"作为传承婺剧的新方式,具有重要的文化教育价值。

---

① 王向阳:《戏剧的钟摆》,浙江大学出版社 2010 版,第 162 页。
② 《第二批国家级非物质文化遗产名录》。

(一)婺剧传承与发展的现实困境

在新时代背景下,面对多方冲击,金华本土婺剧传承遭遇重重困境,如婺剧市场萎缩、内容陈旧、传承人减少等,上述现实困境使婺剧传承举步维艰。

1.全球化和现代化的冲击

婺剧是一朵古老的艺术奇葩,它以其优美的旋律,古老淳朴、强烈粗犷的艺术特点,深受广大观众的喜爱。然而,20 世纪 80 年代以来,全球化全方位渗透到经济、政治、文化等领域,成为世界格局与社会发展的基本特征。伴随着全球化而来的是西方价值观的渗透,这影响着中国当代民众的思维方式和生活方式,在此背景下,传统婺剧赖以生存的社会土壤和人文环境面临着前所未有的剧变与挑战,婺剧市场萎缩。同时,在现代化视野下,人们的传统习惯和生活方式发生了巨大改变,由于在传统与现代的互相冲突中未能及时构建新型的生态系统,婺剧传承的文化裂痕或断层,婺剧观众呈现严重老龄化倾向,年轻观众很少有机会接触到婺剧文化。

有研究对金华市本级 16 处婺剧剧团演出点的 1000 位观众进行问卷调查,研究结果表明:50 岁以上的观众群体占比高达74.7%,而 14—39 岁的观众群体占比仅为 11.9%,呈现明显的观众断层现象。[①] 研究者在调研中发现,14 岁以下的群体极少占座观看婺剧,一般跟随长辈或同龄人在戏台周边玩耍。可见,婺剧观众群体存在严重的老龄化倾向,青年或年龄较小的群体,由于缺乏婺剧文化的熏陶,不具备婺剧观赏的能力。针对如何促进婺剧传承,39 岁以下的调查样本中,有 39 人认为应该创新婺剧发展的载体,占 39 岁以下样本总数的 81.39%。[②] 因此,在全球化和现代化

---

① ②　章军杰:《多元文化格局下婺剧传承与发展研究》,山东大学 2014 年硕士论文。

的背景下,必须创新婺剧传承方式,给传统婺剧文化传承创造新的土壤,拓展婺剧传承的空间。

2.传统婺剧缺乏创新

婺剧是一门古老的戏曲形式,距今已经有400多年的发展历史,在不断发展过程中,衍生出了多种腔调和剧目,不同的婺剧剧目是不同时代人们社会生活方式和艺术审美追求的反映。新时代,由于传统婺剧赖以生存的社会土壤和人文环境面临挑战,传统婺剧面临挑战,主要体现在三方面:①在婺剧内容方面,传统婺剧内容陈旧,是旧时代文化生活的反映,较少融入新时代元素,不符合新时代人们的艺术追求和审美情趣;②在婺剧的表演者和婺剧观众方面,目前进行婺剧表演的多数是婺剧老艺术家,其观众也多数是年长者,这一现象继续发展下去将导致婺剧因缺乏传承人而失传;③在婺剧表演形式方面,传统婺剧在面具、服装、道具和舞台效果上都较为简陋,较少将现代媒体技术与传统艺术结合,难以展现一场试听效果俱佳的艺术盛宴。综上所述,需要在婺剧传承人中加入新鲜血液,培养年轻一代婺剧传承人,在婺剧内容中加入时代元素,创新婺剧表演形式,营造良好的视听效果。

(二)金华本土音乐课程"婺剧"开发的文化教育价值

金华本土音乐课程"婺剧"的开发既是落实我国有关课程改革政策的重要举措,又有其独特的文化教育价值。

1.开发金华本土音乐课程是落实我国课程改革政策的重要举措

进入21世纪后,我国课程改革政策倡导开发地方课程、校本课程,这为金华本土音乐课程开发指明了方向。2001年,教育部在《基础教育课程改革纲要(试行)》中明确提出"实行国家、地方、学校三级课程管理政策",并积极鼓励学校"充分利用地方的各种课程资源,结合本校的传统和优势,学生的兴趣和需要,合理开发或选用适合本校的课程资源。"①《全日制义务教育音乐课程标准（实验稿）》进一步对音乐课程教材编写提出了新的要求："根据《标准》编写的教材占教材总量的80％—85％，地方、学校教材占教材总量的15％—20％。地方和学校音乐教育应结合当地人文地理和民族文化传统，开发具有地区、民族和学校特色的音乐课程资源。"②这些政策文本为各地、各校开发本土音乐课程提供了政策依据；反之，金华本土音乐课程的开发有助于探索落实政策文本的新途径。

2. 开发金华本土婺剧课程有其特有的文化教育价值

婺剧是金华地区富有地域特色的地方剧种，具有"历史悠久流域广泛、古老浑朴保存原态、剧目繁多题材育人、声腔多变曲牌丰富、表演细腻唱腔优美、服饰鲜艳脸谱夸张、文戏武做武戏文演"的鲜明特色。③ 婺剧的剧情、人物、道具、音韵、台词，乃至表演场所、表演方式、表演氛围等都渗透了重要的文化教育因素。具体表现为：①开发以婺剧为题材的本土音乐课程，为学生创造欣赏和感受婺剧剧目机会，学生通过聆听和观看婺剧剧目，了解当地人民的风土人情、价值判断、审美趣味、生活理念等重要的文化内容；②婺剧承载着礼文化和诗文化传统，学生通过欣赏和感受婺剧的独特艺术品格，有助于他们在面对粗鄙文化侵蚀时保持清醒和文化自觉意识；③在学生中弘扬、传承婺剧文化，是凝聚地域文化向心力的重要手段，有助于学生在各种形式的婺剧体验活动中，提高对婺剧的兴趣，建立民族身份认同感；④在小学生中开发本土婺剧课程，是一种新型的婺剧传承方式，兼具传统性与时代性，有助于满足学生的特点和学习需要、提升学生的文化自觉意识、推动构建健康向

---

① 中华人民共和国教育部：《教育部关于印发〈基础教育课程改革纲要（试行）〉的通知》，http://www.moe.gov.cn/srcsite/A26/jcj_kcjcgh/200106/t20010608_167343.html，2018年1月21日。

② 王安国、吴斌：《全日制义务教育音乐课程标准（实验稿）解读》，北京师范大学出版社2002年版，第171页。

③ 引自《金华市教育局婺剧知识读本（试用版）》。

上的校园文化氛围。

我校柳湖校区深知拓宽婺剧传播范围,营造传统婺剧发展空间,以更现代、更时尚、更个性的文化形象满足小学生的需求,对小学生成长和婺剧传承具有深远的文化教育价值。

二、金华本土音乐课程"婺剧"开发的过程

2008 年,金华市教育局、浙江省婺剧团联合举办了"婺剧进校园"活动,在此背景下,我校柳湖校区积极开展以婺剧为载体的本土音乐课程开发工作。我校柳湖校区本土音乐课程"婺剧"开发以资源导向型取向为主,在充分利用已有的丰富的婺剧研究资源的基础上,结合我校柳湖校区学生的特点,开发学生喜闻乐见的本土音乐课程。在我校柳湖校区开发本土婺剧课程之前,婺剧促进委员会、各大婺剧团已经开展了各项婺剧弘扬、传承工作,取得了不小的成效,但开发本土婺剧课程是一次新的实验,需要各方参与,不断积累经验。综观整个本土婺剧课程开发过程,大致经历以下几个阶段。

(一)与专家合作收集婺剧音乐素材

婺剧是一个剧目丰富、取材广泛的剧种,收集难度大。面对婺剧收集遭遇的困境,我校柳湖校区成立婺剧课程开发小组,与校外婺剧专家合作开展了两个阶段的开发工作,取得了显著的成效。

1. 与专家合作收集婺剧音乐素材的动因

如前所述,婺剧是一个收集难度极大的剧种。一方面,婺剧的剧目丰富多彩,据 20 世纪 50 年代初统计,能演的大戏有 390 个,小戏 400 余个,[1]分布在金华的各个地区,仅凭我校柳湖校区力量难以收集到齐全的婺剧剧目;另一方面,婺剧的剧目取材广泛,既

---

① 高燕:《金华民俗文化读本》,浙江工商大学出版社 2016 年版,第 78 页。

有反映古代历史、政治、战争的题材，也有表现人民丰富多彩的生活类题材，难以从众多题材的婺剧剧目中，筛选出适合我校柳湖校区学生的婺剧剧目。总之，婺剧是一个内涵繁杂而又富有地域特色的地方剧种，它的形成经历了漫长的演变过程，对婺剧进行研究需要研究者具备较高的音乐素养。婺剧收集者不仅需要了解婺剧的起源发展，而且需要热爱婺剧，对婺剧具有独特的审美意识，精通婺剧的表演艺术；只有这样，才有可能在类目繁杂的婺剧剧目中，针对不同群体筛选出不同的婺剧剧目。

　　在类目繁杂、分布广泛的婺剧剧目中，我校柳湖校区在婺剧音乐素材收集方面缺乏专业的教师，收集效果甚微，未能收集到大量满足我校柳湖校区学生发展需要的婺剧作品。针对此问题，我校柳湖校区音乐组教师召开了会议寻求婺剧收集出路。会议认为，婺剧音乐素材收集工作难度较大，花费较多的人力、物力资源，需要各方力量形成合力展开收集工作。为此，我校柳湖校区成立专门的婺剧课程开发研究小组，并本着"走出去"的理念，与校外专业的婺剧教师合作收集婺剧音乐素材。

　　2.与专家合作收集婺剧音乐素材的过程

　　因为我校柳湖校区的优势资源条件，我们有幸与浙江婺剧团进行了关于金华本土音乐课程"婺剧"开发的合作。浙江婺剧团是婺剧传承的领头羊，在婺剧整理和创新方面做出了卓越的贡献。2006年12月，为了传承婺剧，浙江省婺剧促进会正式成立。省婺剧促进会下有浙江婺剧团、建德婺剧团、东阳婺剧团、金华市婺剧团、江山市婺剧团、兰溪市婺剧团、义乌市婺剧团、金华市艺术学校、衢州市婺剧团、义乌婺剧联谊会等多个会员单位。其中，浙江婺剧团自剧团建立以来，一直着手抢救、发掘婺剧传统遗产，收集整理了800多个大小剧目和3000余首唱腔、曲牌及婺剧独有的传统脸谱和服装图样，使大量珍贵艺术资料得到保存。同时创作、改编、整理、演出了《黄金印》《送米记》《三请梨花》《雪里梅》《断桥》

《僧尼会》等许多优秀剧目。浙江婺剧团在 1988 年被评为浙江省文化厅一级剧团,为了更好地开展婺剧剧目收集工作,我校柳湖校区婺剧教研小组与婺剧专家合作收集婺剧剧目,具体过程如下。

首先,浙江省婺剧团的老师吴淑娟和周跃英对我校柳湖校区婺剧教研组老师进行了为期两周的培训。培训中介绍了婺剧的起源与发展,通过老师们的介绍,我校柳湖校区研究组的老师们了解到婺剧不仅是一个古老且生命力旺盛的大剧种,同时也是一个内涵繁杂且富有地域特色的地方剧种,所以欣赏婺剧必须具备良好的音乐素养。接着,吴淑娟老师通过家喻户晓的婺剧选段《断桥》为我校柳湖校区婺剧教研组的老师们讲解了婺剧的赏析方法。传承婺剧音乐,第一要了解婺剧的声腔,共有高腔、昆腔、乱弹、徽戏、滩簧、时调等六种腔调,婺剧《断桥》则是用兰溪、浦江、衢州等滩簧来唱的;第二要了解婺剧在表演时的艺术特色,婺剧讲究"武戏文做,文戏武做,"即所谓"武戏慢慢来,文戏踩破台。"《断桥》虽是一部文戏,但白素贞和小青的"蛇步"和一连串的舞蹈身段,许仙的"吊毛""飞跪""抢背""飞扑虎"等跌扑功夫,都要求演员具有惊人的特技和非凡的武功;第三要学会结合时代的特点以及听众的需求,对传统婺剧剧目进行筛选,并加以创新,将传统婺剧打造成兼具传统与现代特点的视听盛宴。

其次,在初步培训之后,我们在中华人民共和国成立后两次大规模的婺剧汇编整理工作的基础上展开了婺剧收集工作。中华人民共和国成立后,金华共开展了两次大规模的婺剧汇编整理工作。第一次是 1953 年,金华专区成立"金华婺剧改进委员会"(1959 年改名为金华地区戏曲联合会),对婺剧传统剧目进行系统调查、统计、整理和改编,并发动老艺人"吐老戏、献古本、唱曲调、奏牌子",统计了 860 余出剧目和 120 余个曲牌。第二次省市文化部门及婺剧团体在"文革"前婺剧资料汇编整理的基础上,对婺剧剧目、婺剧音乐、婺剧脸谱、婺剧服饰等进行了大规模的全面收集整理,形成了婺剧"五百多个大小剧目"的通行说法,并搜集绘制了较为全面的婺剧脸谱和服装纹样。[①] 两次大规模的婺剧汇编整理工作,为后期有关婺剧研究留下了宝贵的财富。在已有的系统化整理的基础上,在浙江省婺剧团的帮助下,教研组老师通过文献研究法,查阅金华市图书馆馆藏,通过手录和拍照等形式收集了楼敦传等剧作家创作的大量婺剧剧目与唱段,留下了珍贵的手抄本存档。

(二)遵循适宜性原则筛选婺剧音乐素材

有学者指出,"通过原则规范人们的行为,是正确行动的根据、尺度和准则,课程开发与利用不能任意而行,需要一定的原则来规范"。[②] 小学生婺剧课程资源选择,必须遵循适宜性的原则,具体说来有以下几点。

第一,婺剧课程的选择应该符合小学生的兴趣需要。兴趣是个体对客体的选择性态度,小学生的年龄特征决定了兴趣是直接支配他们学习的最大内在动力。有了兴趣就有了参与活动的愿望和积极的态度。因此,小学生的兴趣需要是筛选学生课程资源不可忽视的因素。婺剧教研组的老师们通过对小学生的抽样访谈,结合日常的教学经验,发现强烈夸张、载歌载舞、满台有戏的表演更能引起学生的兴趣,学生能够通过鲜明的舞台形象把握人物喜怒哀乐以及各种复杂、细腻的感情。

第二,所选择的婺剧课程资源应该与小学生已有的学习经验和身心发展水平相适应。在为期一个多月的收集工作中,我们收集了种类繁多的婺剧剧目和片段,有生动别致的喜剧《漆匠嫁女》《打灶分家》《牡丹对课》,有令人捧腹大笑的闹剧《火烧子都》《桃园三结义》,有让人感叹不已的悲剧《三家绝》,更有别开生面的《三请

---

① 金华市艺术研究所:《中国婺剧史》,中国戏剧出版社 2006 年版,第 180—187 页。
② 刘旭东、张宁娟、马丽:《校本课程与课程资源开发》,中国人事出版社 2003 年版,第 142 页。

梨花》《伯牙碎琴》《巡营》《百寿图》等,其内容之丰富,形式之多样,令人喟叹。但与此同时,我们也发现,传统婺剧中一些婺剧剧目和片段情节沉闷,与学生的生活经验不符,学生对其没有兴趣;也有一些婺剧剧目和片段超出了小学生的理解范围,如传统婺剧中,一些涉及男女之间伟大爱情或相思之情表达的内容过于成人化,超出了小学生的认识范畴,不利于小学生的身心正常发展。有鉴于此,面对如此博大精深、包罗万象的艺术形式,遵循适宜性原则筛选所收集的婺剧剧目和片段就显得尤为重要;除了筛选外,必要时还需要根据学生特点和课程对其中不合理的内容加以改编。

经过将近半个月的筛选工作,教研组老师和浙江省婺剧团专家们共同筛选出《牡丹对课》《我祖上本也是簪缨之家》《樊梨花守寒江统领三军》《一对紫燕双双飞》《断桥》《巡营》等 23 个婺剧剧目和片段。如经典婺剧《三请梨花》中最有难度的片段《樊梨花守寒江统领三军》[1],唱段高亢激昂、振奋人心,演绎过程中富有变化,符合小学生的兴趣需要,深得小学生喜欢。另外,婺剧唱词中也展现了一个忠烈、勇武的守寒江统领三军的樊梨花形象。这个白日里演阵练兵,到晚来查哨巡营,其破西番、复疆土建立功勋的勇武的形象,激励着一代又一代人的爱国情怀。将《三请梨花》片段《樊梨花守寒江统领三军》作为金华本土音乐课程的素材,符合小学生的身心发展需要,有利于在充满豪情与气度的唱段中,培养小学生的爱国情怀。

---

[1]　引自《金华市教育局婺剧知识读本(试用版)》。

樊梨花守寒江统领三军

选自《三请梨花》樊梨花[生旦]选

1=C

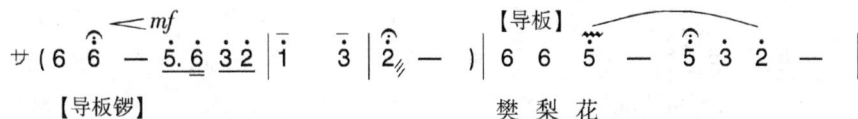

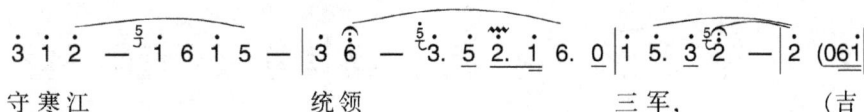

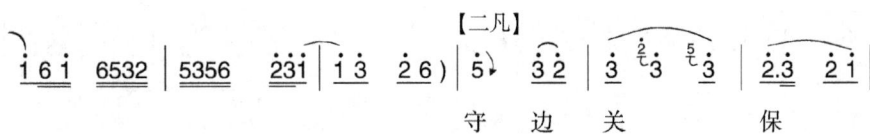

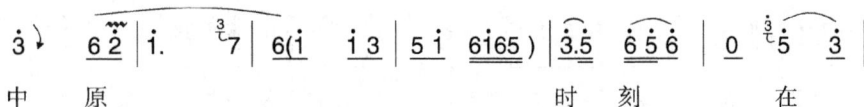

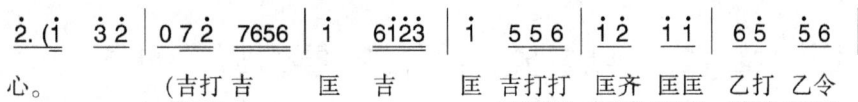

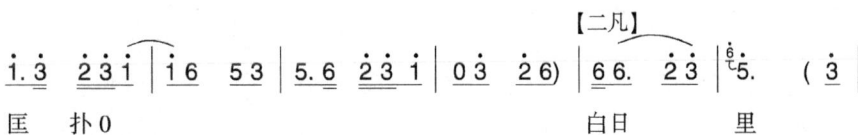

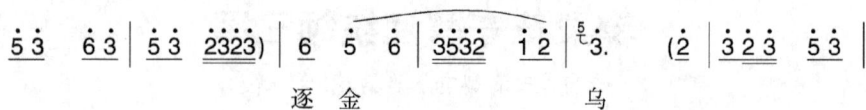

逐 金　　　　　　乌

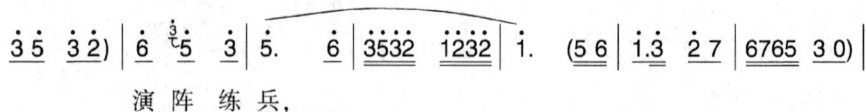

演 阵 练 兵，

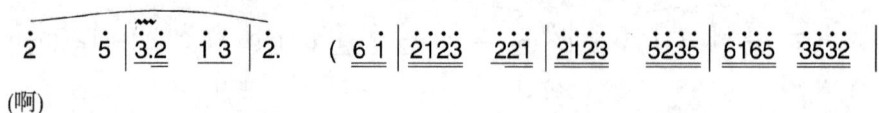

(啊)

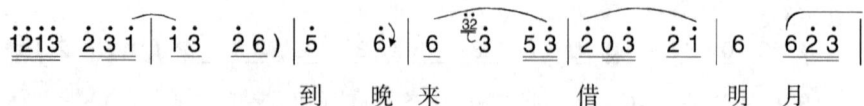

到 晚 来　　借　明 月

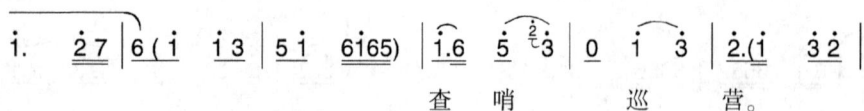

查 哨　巡 营。

【大跳锣】

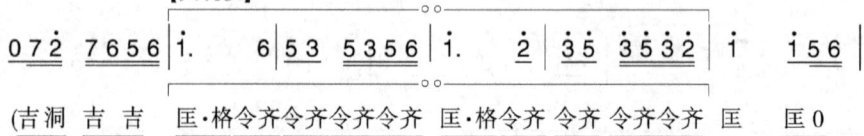

(吉洞 吉 吉　匡·格令齐令齐令齐令齐　匡·格令齐 令齐 令齐令齐 匡　匡 0

【二凡】

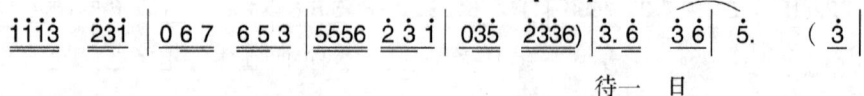

待一 日

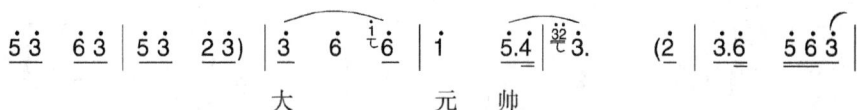

大　　　元　帅

发来　将　令，

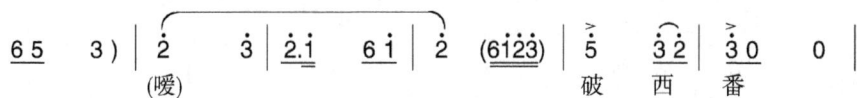

(噯)　　　　　　破　西　番

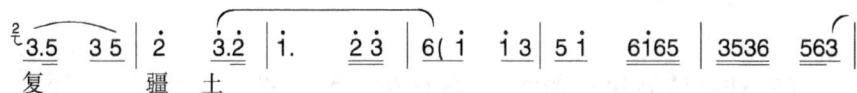

复　　疆　土

【五虎将】

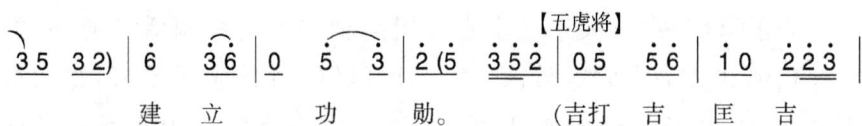

建立　功　勋。　　(吉打 吉 匡 吉

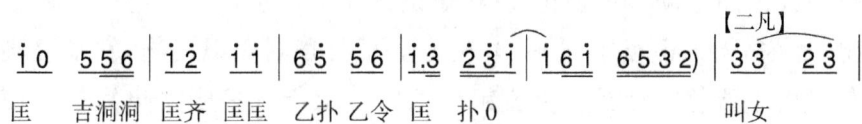

匡 吉洞洞 匡齐 匡匡 乙扑 乙令 匡 扑0　　　　叫女

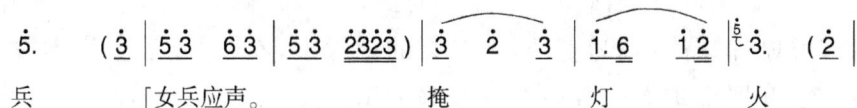

兵　　[女兵应声。　掩　灯　　火

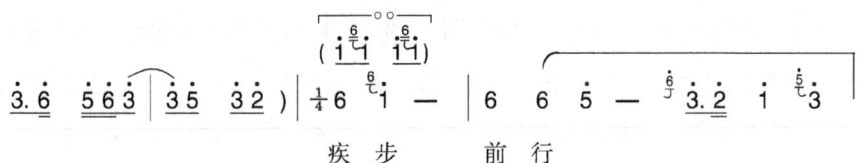

疾　步　前　行

(musical notation — 简谱)

【流水】

【一字锣】　（匡　令匡　乙齐　匡齐　匡）　月　色　下　看　山

【渐慢】

河　　　　　　　　　　　分　外　清　明。

（匡　齐齐　匡）

（三）以《婺剧知识读本》为基础汇编本土音乐教材

　　为了落实我省《关于在全省开展高雅艺术进校园活动通知》的精神和中共金华市委宣传部《关于开展婺剧进校园活动》通知的具体要求，从 2008 年下半年开始，金华市在市直各大中小学校开展婺剧进校园活动，并编印《婺剧知识读本》作为中小学生的课外读物。[①]《婺剧知识读本》是一本较为全面的婺剧知识读物，它是婺剧专家集体智慧的结晶。婺剧组专家以传承传统婺剧文化为根本使命，以中小学生身心发展特点为指导编印了该读物，对广大中小学校开展婺剧进校园活动具有指导意义。我校柳湖校区教研组老师以《婺剧知识读本》为基础，在专家的指导下，本着"以学生为本"的理念，开展金华本土音乐教材汇编工作。

　　在浙江省婺剧团吴淑娟、周跃英等专家的指导帮助下，笔者和蒋玲玲老师汇编了《金华婺剧作品选》，作为浙江师范大学附属小学（原柳湖小学）的《金华本土音乐校本教材（六）》，供婺剧班使用。该婺剧作品选由两部分构成，第一部分是《婺剧知识读本》中的 3

---

① 引自《金华市教育局婺剧知识读本（试用版）》。

首著名唱段,即《我祖上本也是簪缨之家》《樊梨花守寒江统领三军》《一对紫燕双双飞》;第二部分是由我校柳湖校区婺剧教研组教师与婺剧团专家合作筛选的《牡丹对课》等 4 首唱段。两部分皆选自婺剧著名唱段,如《樊梨花守寒江统领三军》选自著名唱段《三请梨花》,《一对紫燕双双飞》选自《百寿图》,二者结合可以让我校柳湖校区学生在著名的婺剧唱段中,通过忽而慷慨激昂忽而婉转悠扬的唱腔,感受婺剧唱腔的多变;通过"武戏文做,文戏武做"的表演,感受婺剧表演的精髓;通过征战沙场、贺喜拜寿的故事题材,感受婺剧寓意的丰富。该婺剧作品选的编印既能丰富我校柳湖校区学生的校园文化生活,又有利于传承中华传统文化的精髓。

另外,我校柳湖校区还请婺剧团周跃英、吴淑娟等老师把关,帮助教研组老师结合教学经验,将筛选的婺剧选段编入《金华本土音乐教材》。其中婺剧视频《巡营》以及《我爹娘请上受一拜》《问起状元他是谁》等 10 个教学选段编入《金华本土音乐教材(上)》[①],10 个教学选段覆盖了高腔、昆腔、滩簧、时调四种声腔;婺剧视频《断桥》以及《风吹杨柳条条细》等 4 个教学选段编入《金华本土音乐教材(下)》[②],作为《金华本土音乐教材(上)》的补充。

三、金华本土音乐课程"婺剧"开发的评价

采用合作开发模式完成的金华本土音乐课程"婺剧"的开发,促进了金华市"婺剧进校园"活动的落实,对传统婺剧文化传承做出了巨大贡献。与此同时,本土音乐课程"婺剧"开发的过程中也面临着诸多挑战。

(一)金华本土音乐课程"婺剧"开发的贡献

金华本土音乐课程"婺剧"开发的卓越贡献主要体现如下:

---

① 叶惠、俞苏航:《金华本土音乐教材(上)》,苏州大学出版社 2017 年版,第 70—84 页。
② 同上,第 71—77 页。

1. 在课程开发方式方面的贡献

在课程开发方式上，金华本土音乐课程"婺剧"开发采用的是合作开发模式。这种模式体现在两方面：一方面是我校柳湖校区教研组老师和浙江省婺剧团婺剧专家的合作，这种合作为我校柳湖校区婺剧教研组提供了专业的婺剧知识指导，让我校柳湖校区教师对婺剧的历史渊源、表演艺术、传承技巧等有了全局了解；另一方面是我校柳湖校区婺剧教研组教师之间的合作，教研组教师相互取长补短，将传统婺剧知识与小学音乐课程建立联系，开发金华本土婺剧音乐课程，提高了教师的课程开发能力，实现了教师的多方发展，为后续金华本土音乐课程开发提供了具有示范意义的指导模式。

2. 在课程开发内容方面的贡献

在课程开发内容上，通过收集、筛选、整理本土婺剧素材，汇编了浙江师范大学附属小学《金华本土音乐校本教材（六）》——《金华婺剧作品选》，为《金华本土音乐教材》加入了婺剧的元素，丰富了《金华本土音乐教材》的内容，也为金华本土音乐课程"婺剧"的实施，提供了教学教材，为我校柳湖校区教师实施本土音乐课程提供了行动指南。另外，编写《金华本土音乐教材》是贯彻落实党中央、国务院和省部委系列方针政策的生动体现。将金华本土优秀传统婺剧文化作为教学资源，彰显着"普及民间音乐，弘扬传统文化"的主旨理念，填补了浙江省非物质文化遗产传承课程资源建设的空白，为师生提供了实践样本。

（二）金华本土音乐课程"婺剧"开发的挑战

金华本土音乐课程"婺剧"的开发，需要构建一个开发共同体，该共同体由教师、学校、学校管理者、家长、专家以及其他利益相关者组成。从我校柳湖校区进行的金华本土音乐课程"婺剧"开发来看，其挑战主要来自共同体内部：①部分教师和家长对本土音乐课程"婺剧"开发目标的认识存在偏差,老师、家长们更注重儿童音乐技能掌握的熟练程度及是否可以顺利进行婺剧表演,忽视儿童身心发展的隐性内容,如儿童情感、个性、社会性等方面的内容;②婺剧课程开发遭到一些教师和家长的抵制,尽管"婺剧进校园"活动是金华市传承传统婺剧大力倡导的活动,该活动实施前已征得共同体成员的同意,但本土婺剧课程开发过程中出现了许多新问题,如开发本土婺剧课程需要投入较多的时间,由于学校本身事务繁杂,教师很难挤出时间进行本土音乐课程开发,同时,由于对婺剧缺乏正确的认识,认为婺剧都是由一些民间老艺术家在演绎,婺剧的内容和演绎形式不适合小学生,不能呈现一种美的感受,所以大多家长不支持孩子学习婺剧。上述问题的凸显,使得金华本土音乐课程"婺剧"开发遭遇重重挑战。

第二节 金华本土音乐课程"婺剧器乐"的开发

婺剧在中国戏曲中的重要地位是基于婺剧的多声腔及其留存的完整性,婺剧有高腔、昆腔、乱弹、徽戏、滩簧、时调六种不同的声腔,每个声腔都各有其代表性的主奏乐器,如婺剧乱弹的主奏乐器是笛子和板胡,笛子用的是曲笛,板胡用大竹筒的中音板胡;徽戏的乐器以笛和唢呐为主,并以徽胡伴奏,与京剧的徽胡比较,徽戏的徽胡则以刚柔并济为其演奏风格;滩簧的主奏乐器为高胡或二胡以及三弦、扬琴、琵琶等弹拨乐器,接近于江南丝竹细腻柔和、同步加花的演奏风格。婺剧的六大声腔中,将不同乐器组合起来,能演绎上千首器乐曲。婺剧器乐曲在长期的实践演出中逐渐形成了一套较为完整、统一的婺剧曲牌。婺剧的演奏艺术不仅包括演奏技艺、演奏风格、演奏内容,还包括作为器物形态的乐器、乐队编制等内容,器乐伴奏与唱腔演唱是融为一体的。其中,婺剧器乐的伴奏音乐是婺剧绚丽多姿的唱腔音乐艺术之重要组成部分,同时,婺剧伴奏艺术水平高低是决定演员演唱成败的关键因素。目前传统婺剧器乐的传承方式主要以口传心授为主,口传心授的传授方式虽然有很多优势,但在信息时代背景下,仅靠单一的传承方式,显然无法走出婺剧器乐发展的困境,必须将口传心授的传习形式,逐渐发展为书本传承、乐本传承、民间传承、学校传承、舞台传承、网络传承、音像制品传承等多样化的传承模式。[①] 尤其是在学校传承中,应利用我校柳湖校区"艺术特色学校"称号的优势,通过将婺剧器乐引进校园,开发本土婺剧器乐课程,可以发挥我校柳湖校区学生的优势,给传统婺剧器乐注入新的生命力。

一、金华本土音乐课程"婺剧器乐"开发的背景

促进我校柳湖校区本土音乐课程"婺剧器乐"开发的间接原因是认识到由于西洋乐器的传入,我国传统婺剧器乐的特有价值遭到忽视;直接原因是单一的器乐传授方式让传统婺剧器乐价值的彰显遭遇重重困境。我校柳湖校区充分利用艺术特色学校的优势以及器乐演奏的丰富经验,开发金华本土婺剧器乐课程,有利于将演奏乐器与本土文化相结合,提升婺剧器乐的地位,推动传统婺剧器乐发展走出困境。

(一)传统婺剧器乐的特有价值

从乐器学理论考察,传统婺剧器乐包含乐器演奏技能及器乐组合方式这两种重要的构成因素。乐器演奏技能及器乐组合方式是婺剧音乐的物质承载者,是影响婺剧唱腔风格和特色的重要构成因素,同时婺剧乐器演奏又是器乐组合方式的表演基础。[②] 具体而言,婺剧器乐在整个婺剧表演中发挥着重要作用,婺剧器乐全程

---

① 黄志豪:《民间乐器多样性的保护与开发——谈京族独弦琴的"活态传承"》,《中国音乐》2009 年第 3 期,第 47—50 页。

② 黄路:《吉祥花台——婺剧"闹台"曲〈花头台〉研究》,浙江师范大学 2015 年硕士论文。

参与婺剧表演,主要体现在:开场的闹台音乐;场上的人物出入、表演做打,提示唱调、托腔伴唱,剧情转折、场面变换;戏后"送客"等。按其内容可分为"婺剧闹台音乐""婺剧做介音乐""婺剧伴奏音乐"三部分;根据其场面表演形式,又可将"婺剧闹台音乐"与"婺剧做介音乐"称为纯音乐形式的器乐音乐,而"婺剧伴奏音乐"则是以器乐与唱腔相结合的伴奏音乐形式,其中包括托腔音乐和过门音乐两种。以上三种形式的婺剧器乐在婺剧文武场中发挥着重要的作用。通过婺剧闹台音乐既可以向观众展示主奏乐器的演奏技巧,又可以展示整个婺剧戏班的整体水平。婺剧做介音乐通常是演员表演做打动作时使用的器乐,分为"行弦""曲牌""锣鼓经"三类。行弦可以在唱的过程中加花反复延长抖落音或句落音,让旋律保持延续性;曲牌在演出中可以配合特定的戏曲场面,起到渲染气氛、描绘场景的作用;锣鼓经则以锣鼓音色浑厚、风格粗犷豪放的特点,可以在低沉、婉转、凄凉、悲惨的境界中,传达出复杂、细致的情感,在强烈、高亢、激昂、雄壮的场面中衬托出惊心动魄的气氛;锣鼓经的使用可以很好地衬托婺剧的气氛,带动观众的情绪状态。伴奏器乐的职能是多方面的,包括对念、做、唱、打等表演的伴奏及烘托剧情、渲染气氛等。婺剧伴奏音乐也可分成"启唱""过门""托腔"等音乐形式,不同音乐形式有不同功能。"启唱"音乐能够烘托戏曲的情绪、描绘戏曲的意境,激发表演者进入角色、构成表演者与听众之间感情上的桥梁;"过门"音乐具有规定调高、唱速,承上启下,渲染情绪,加强唱段连贯性的过渡桥梁作用;"托腔"音乐的加入可以让婺剧音乐独具风格。

综上所述,婺剧器乐贯穿整个婺剧表演,在整个婺剧表演中具有独特的价值功能,婺剧器乐曲可以通过不同的婺剧器乐组合来渲染气氛,给观众打造一场美轮美奂的听觉盛宴。但在婺剧传承中,婺剧器乐的功能却常常被忽视,因此需要挖掘婺剧器乐的价值,发挥婺剧器乐的音乐功能。

(二)传统婺剧器乐的发展困境

如前段所述,尽管婺剧器乐在整个婺剧表演中发挥着重要的作用,在婺剧的不断发展中也出现了一首又一首婺剧器乐曲。但是,随着时代的变迁,婺剧器乐发展遭遇重重困境。首先表现在婺剧传承方式上,中国的传统婺剧器乐制作方法和演奏技巧大多依靠口头形式创造、使用和沿袭,口对口的传授方法,可以传授书面语言难以表达的音乐神韵,但在音乐市场化的背景下,这样的传授方式已无法满足观众日益变化的需求。另外,在全球化背景下,中国的音乐教育工作者们为了顺应时代发展潮流,很自然选择了西方的教育模式,很多西洋乐器进入中国市场,使得传统婺剧器乐赖以生存的本土土壤不复存在,很多优秀的婺剧器乐种类随着老一辈传承人的逝去,渐渐消失在我们的视野中。加之有关婺剧器乐的研究大多停留在婺剧器乐曲牌的整理及对相关伴奏器乐进行的概括性介绍上,没有充分挖掘婺剧器乐的独特价值;更令人痛心的是,部分婺剧器乐表演在整个婺剧伴奏中已经失传,如婺剧的"送客"音乐,很多婺剧表演已省略该环节。

在传统婺剧器乐自身发展和西洋器乐影响的双重困境下,传统婺剧器乐的传承与创新需要更大的发展空间,才能发挥传统婺剧器乐的独特作用;同时,传统婺剧器乐的传承方式需要不断创新,通过文本传承、音频传承以及、网络传播、走进学校等形式,让更多的人接触婺剧器乐,挖掘新一代婺剧器乐传承人。

(三)艺术特色学校的课程开发优势

在校内外专家指导下,我校柳湖校区在艺术领域取得了多项成就,尤其是在艺术特色项目"器乐"方面的成就,为"婺剧器乐"课程开发创造了良好的条件。我校柳湖校区于2003年创办,创办之初,学校发展底子薄、生源少。在各级领导与专家的关心支持下,全校老师锐意进取、勇于创新,学校发展渐入正轨,于 2005 年挂牌成立了"婺城区少儿文化艺术学校",成为金华市本级唯一一所少儿文化艺术学校,我校柳湖校区从此走上了有特色的艺术教育探索之路。此后,我校柳湖校区一直致力于探索实施一种能给学生更多发展潜力的、富有人文内涵的艺术特长教育,在探索中我校柳湖校区开创了"博雅"艺术教育的品牌,并获得了多项艺术荣誉。此外,凭借艺术特色项目"器乐",我校柳湖校区被评为浙江省第三批"艺术教育特色学校"①,并在"首届中国当代特色学校推选活动"中经过层层推荐、评审,被授予"中国当代百强特色学校"及"全国百强特色十佳示范学校"称号,是我省唯一一所入选"全国百强特色十佳示范"的小学。

多年的艺术特色办学思路,为我校柳湖校区开发本土"婺剧器乐"课程创造了得天独厚的优势条件。秉持"文艺双飞,特色立校"的办学宗旨,我校柳湖校区为每位孩子创造从小触摸音乐的机会。2006 年上半年,我校柳湖校区成立了金华市第一支教师民乐队,在校长倪军健的带领下,全校老师齐上阵,请专家每周来校给教师上课。在校园中常常能够看到名师的身影,如浙江省特级教师、全国优秀美术教师胡延巨,中国书法家协会会员何晓云,省舞蹈协会会员、民间舞十级教师孙盈,浙江省武术队原队员、全运会武术亚军赵革等。校内音乐教师和校外器乐专家共同合作有利于我校柳湖校区开发金华本土婺剧器乐课程,发挥我校柳湖校区艺术特色学校的优势,让每位学习器乐的孩子都能用器乐演绎自己家乡的文化艺术。

---

① 中共浙江省委教育工作委员会浙江省教育厅.第三批浙江省艺术特色学校名单公示[EB/OL].(2011-01-12).[2018-01-26]http://www.zjedu.gov.cn/news/17772.html.

二、金华本土音乐课程"婺剧器乐"开发的过程

与金华本土音乐课程"婺剧"开发类似,我校柳湖校区金华本土音乐课程"婺剧器乐"的开发依托金华市婺剧传承工作收集、整编的婺剧资源,由教师对其中的婺剧器乐部分进行进一步收集整理,遵循适宜性原则,针对我校柳湖校区的实际情况与小学生的特点,对传统婺剧器乐进行课程化开发。

(一)以传承经典为目标收集婺剧器乐曲牌

婺剧的六大声腔包括上千首器乐曲,婺剧器乐在长期的演出中相容互用,混为一体,并在长期的实践演出中逐渐形成了一套较为完整、统一的婺剧器乐曲牌。[①] 著名婺剧器乐家施维在其著作《婺剧器乐》中对我国婺剧器乐的曲牌进行了系统的整理,全书分为三个部分,包括婺剧常用锣鼓谱、婺剧唢呐曲牌选、婺剧丝竹曲牌选。[②] 其中不少婺剧器乐曲牌,在长期流传中变成耳熟能详的经典之作,开发金华音乐"婺剧器乐"课程,需要对经典曲牌进行进一步的收集与开发。

我校柳湖校区婺剧教研组老师访问金华市图书馆,查阅了书籍《婺剧器乐》,通过拍照的形式记录收藏在其中的婺剧唢呐曲牌选《倒春雷》《倒水龙》和婺剧丝竹曲牌选《花头台》,在此基础上,由教师分工合作将婺剧曲牌眷录下来,以供进一步开发之用。

(二)遵循适宜性原则改编传统婺剧器乐曲

本章第一节已论及适宜性原则的两层内涵,即课程开发必须符合小学生的兴趣需要,同时需要与小学生的已有学习经验和身心发展水平相适应。改编传统婺剧器乐,同样需要遵循适宜性原

---

① 黄路:《吉祥花台——婺剧"闹台"曲〈花头台〉研究》,浙江师范大学 2015 年硕士论文。
② 施维:《婺剧器乐》,中国文联出版社 2007 年版,第 78、127 页。

则,具体而言有以下几点。①在音乐选择方面,需要考虑器乐节奏是否清晰、明快,是否符合小学生的年龄特点。同时,在对音乐进行改编时,需要考虑乐句之间或乐段之间是否存在比较明显的差异,可以适当增加一些比较鲜明的、有规律的对比因素,引发小学生的兴趣。②在婺剧乐器的选择方面,需要考虑两方面因素:一方面,选择乐器时,必须考虑乐器的音色,因音色动听的乐器较易引起小学生的兴趣。另一方面,需要考虑乐器的大小以及乐器的演奏方式,并考虑其是否适合学生运动能力的发展,如传统婺剧器乐表演中的牛角器乐造型较大,小学生由于力度不够,操作、运用十分困难,在对传统器乐曲进行改编的时候,则需要对其进行更换;③在不同乐器组合方面,乐器的组合应该考虑到不同乐器的音色变化,使整个曲子具有和谐美,同时还要考虑曲子的节奏变化,应适应小学生的年龄特点,便于小学生及时做出反应,相互之间配合完成演出。④在婺剧器乐表演时间方面,需要考虑婺剧器乐曲是否适合小学生舞台演奏。传统婺剧器乐表演时间较长,不适合小学生参赛表演,在对其进行改编时,需要严格把控婺剧器乐表演节目的时间,将其控制在 5 分钟左右。

充分考虑以上因素,我校柳湖校区邀请国家二级演员、浙江省婺剧团黄小锋老师在遵循适宜性原则的基础上,对传统婺剧器乐曲《花头台》《打岔调》进行重新作曲,将其改编成简短有趣、适合小学生演奏的少儿版的《新闹花台》《打岔调》。其中,传统婺剧器乐《打岔调》被简化成由包括笛子、唢呐、扬琴、琵琶、古筝 5 种乐器演奏的器乐曲,各段主奏乐器不同,富有变化。将传统婺剧折子戏《拾玉镯》,改编成民间婺剧器乐《恋·传承》,寓意全校师生对传统婺剧器乐的美好愿望"相恋婺剧,传承传统婺剧器乐"。将婺剧器乐曲《闹花台》改编成了集丝弦、吹管、锣鼓于一体的婺剧器乐曲,由唢呐、徽胡、二胡、中胡、曲笛、梆笛、琵琶、中阮、扬琴、古筝、小锣等 11 种乐器演奏,并充分彰显各自的功能,既有优雅抒情的部分,又有热烈欢腾的段落，粗细并陈、跌宕起伏、色彩对比鲜明，表达了传统婺剧器乐曲丰富的内容和感情。如下选取《新闹花台》[①]的片段，充分遵循了适宜性原则，热烈欢腾、富有变化的段落符合小学生的兴趣特点，采用的乐器适合小学生运动能力发展。此外，《新闹花台》给手持不同乐器的小学生创造了合作演绎的机会，不同乐器的碰撞组合可以让小学生通过课程学习学会合作演出，领略器乐的和谐美。

《新闹花台》
(婺剧器乐)

---

① 选自《金华市浙师大附属小学本土音乐校本教材(七)：婺剧器乐〈新闹花台〉》。

《新闹花台》

(婺剧器乐)

1=D　徽胡

《新闹花台》

(婺剧器乐)

1=D 曲笛D 闷5

《新闹花台》

(婺剧器乐)

1=D 梆笛 G 闷2

（三）编写合作性演奏的婺剧器乐校本教材

合作性演奏是指学生在器乐演奏中，为了完成共同的演奏任务，有明确任务分工的互助性演奏。这种有组织、有目标的合作演奏，旨在培养学生的团结合作意识，有利于学生控制自己的演奏速度、力度等。课堂乐器与生俱来的特点决定了其生命力在于表现力，而非演奏技巧。课堂上最具表现力的演奏莫过于合作（合奏）了，据此，在编写金华本土音乐校本教材时，必须遵循合作价值重于技巧价值的原则。目前市面上音乐教材虽然不少，甚至有器乐专用教材，还有散落在音乐教科书中的器乐曲目，但现有的器乐教材无法在进行循序渐进的技能学习的同时提供丰富的审美体验，真正符合小学阶段器乐课堂教学需要的教材非常缺乏。此外，一些器乐专家编写的专用教材则大多脱离音乐教科书内容和学生生活实际，且往往忽略了课堂乐器教学最有生命力的重要教学形式——合奏教学。① 传承婺剧器乐合奏，改变以往"口传心授"的传播方式，开发可供反复使用的、具有收藏价值的金华本土音乐校本教材，可以使通过手写记载流传的传统婺剧器乐曲在学生中获得有效传承。

基于合作演奏的要求，笔者和浙江省婺剧团的黄小锋老师将婺剧器乐《新闹花台》分谱编订，再将整个谱子合订，组成《金华本土音乐校本教材（七）》，并于 2016 年 10 月 8 日编订成册。该本土音乐校本教材将多个分谱组成一个全谱，展现了多种器乐组合的合奏民乐曲。按照同样的方法，将婺剧器乐《打岔调》编成《金华本土音乐校本教材（八）》，供婺剧器乐班教学使用。在黄小锋老师的帮助下，我们还将著名教学选曲《花头台》《倒春雷》和《倒水龙》编入《金华本土音乐教材（下）》②第二单元第一课，将曲目配合"导读材料""直观体验""学习演唱""知识链接""课外实践"五个学习板块，供广大教师教学使用。

三、金华本土音乐课程"婺剧器乐"开发的评价

通过改编传统婺剧器乐、开发婺剧器乐校本教材，我校柳湖校区在此领域的努力为后续校本教材开发做出了一定贡献。与此同时，通过婺剧器乐的开发，我校柳湖校区也遭遇了教师课程开发专业水平不佳、经费不足等困境，这些困境为我校柳湖校区未来的研究提出了新课题。

（一）金华本土音乐课程"婺剧器乐"开发的贡献

我校柳湖校区通过研发婺剧器乐校本教材等多种举措开发的本土音乐课程"婺剧器乐"，在本土音乐课程、学生发展等方面发挥

---

① 陈云峰：《中小学音乐课堂呼唤器乐校本教材》，《基础教育研究》2009 年第 15 期，第 59—60 页。

② 叶惠、俞苏航：《金华本土音乐教材（下）》，苏州大学出版社 2017 年版，第 35—48 页。

了重要作用,这对今后本土音乐校本课程开发具有借鉴意义。

1. 婺剧器乐校本教材的开发有助于本土音乐课程的实施

在本土音乐课程"婺剧器乐"开发过程中,我校柳湖校区教师与校外专家合作编写了婺剧器乐校本教材。专家们研究概括了器乐校本教材建设的基本策略,即"选""编""变""创"四字策略[①],我校柳湖校区婺剧器乐校本教材开发遵循了此策略,同时充分考虑课堂器乐教学的特点与我校柳湖校区学生的发展特点,选取学生易于接收、便于集体教学的素材,作为校本教材开发的基础。在选取素材后,根据学生的年龄特点与兴趣需要,对传统婺剧器乐曲进行改编。改编过程秉持发展性和审美性,一方面将收集的曲目改成符合学生兴趣的简短、欢快的曲目,加入合作演奏的元素,便于不同特点的学生合作演奏,培养学生的社会性,提高学生的音乐素养;另一方面,改编的曲目必须具有和谐美,让学生在演奏过程中获得愉悦体验。基于上述努力,我校柳湖校区将收集的婺剧器乐曲目与改编后的婺剧器乐曲目,按照校本教材的结构编入教材。编写的婺剧器乐校本教材由曲目加"导读材料""直观体验""学习演唱""知识链接""课外实践"五个学习板块组成。为了使校本器乐教材更具亲和力和生命力,便于教师根据我校柳湖校区实际需要丰富本土音乐课程的开发,教师在后续开发中可以根据需要加入新曲目。

通过四字策略创编的婺剧器乐校本教材,不仅是我校柳湖校区领导和教师为了开发适合小学生学习的本土音乐课程"婺剧器乐"所作出的共同努力,而且也是将地方婺剧器乐与小学音乐教学建立联系的一次尝试。这样的努力和尝试有助于将婺剧器乐学习与小学音乐及其他义务教育音乐课程标准领域学习融为一体,拉近校本教材与正式教材的距离,在此过程中真正落实我国的三级

---

① 陈云峰:《中小学音乐课堂呼唤器乐校本教材》,《基础教育研究》2009 年第 15 期,第59—60 页。

课程管理政策。

2.金华本土音乐课程"婺剧器乐"的开发促进了学生的发展

《义务教育音乐课程标准(2011年版)》中明确指出,弘扬民族音乐是义务教育音乐课程基本理念的重要内容,各校"应将我国各民族优秀传统音乐作为音乐教学的重要内容"[①]。我校柳湖校区开发金华本土"婺剧器乐"课程是在教学实践中落实上述理念的重要举措,该理念对我校柳湖校区学生发展具有重要影响。首先,传统婺剧器乐是金华地区具有代表性的地方特色,创新传统婺剧器乐的传承方式,将传统婺剧器乐引入校园,开发本土婺剧器乐课程,有利于增强我校柳湖校区师生的地方文化意识,弘扬、传承地方优秀文化。其次,传统婺剧器乐种类繁多,包括板鼓、夹板、大堂鼓、先锋、曲笛、徽胡、板胡、小唢呐、大唢呐、大锣、小锣、大钹、次钹等,通过与多样化传统婺剧乐器接触,可以拓宽我校柳湖校区学生的视野,加深我校柳湖校区学生对祖国博大精深的传统婺剧器乐文化的理解,并通过不断练习,提升学生使用传统婺剧器乐的能力。另外,在富有变化的婺剧器乐演奏中,可以提升小学生手、脑、眼并用的能力,运动协调能力,与他人合作演奏的能力,进而提高学生的音乐综合素养,丰富学生的音乐生活。

(二)金华本土音乐课程"婺剧器乐"开发面临的困境

金华本土音乐课程"婺剧器乐"的开发过程中,遭遇的最大困难是教师经验与开发经费问题,这些困境为后续课程开发提出了新课题。

1.我校柳湖校区教师本土音乐课程开发的专业水平不佳

对教师来说,本土婺剧器乐课程开发是一种机遇,更是一种挑战。施良方在其著作《课程理论:课程的基础、原理与问题》中指

---

① 中华人民共和国教育部:《义务教育音乐课程标准(2011年版)》,北京师范大学出版社2011年版,第4页。

出:"课程的变革,从某种意义上说,不仅仅是变革教学内容和方法,而且是变革人。"①在传统课程开发过程中,缺乏教师的积极主动参与,教师只是被动执行课程计划和课程方案,而本土婺剧器乐课程开发把教师放在了显著的位置,对教师的专业水平提出了更高要求,即教师需要具备本土音乐课程开发意识和开发实践能力,才可能胜任本土音乐课程开发的任务。杜萍指出:"受原苏联教育学的影响,对大多数教师而言,在教师职前教育中所学习的是无课程的教育学,教师缺乏课程开发的知识技能。"②我校柳湖校区教师受传统课程观的影响较大,缺乏课程开发知识,本土音乐课程开发经验不足。究其原因,主要有二:第一,由于教师自身工作比较繁忙,没时间和精力去学习课程开发的基础知识,也不太重视与课程开发相关的教育教学理论知识的学习;第二,缺乏专家的指导。因此,金华本土音乐课程"婺剧器乐"开发给教师专业发展提出了新的课题,即要重视教师课程开发能力的培养,提高教师资料收集能力和"婺剧器乐"课程资源开发利用能力,应通过教师培训丰富教师课程开发知识准备,并多开展本校教师之间及与专家之间的交流,提高教师的"婺剧器乐"课程开发能力。

2. 本土音乐课程开发的经费不足

由于婺剧器乐种类多样,开发过程中既需要投入大量的材料费,又需要很多人力成本,需要经费支持。我校柳湖校区作为一所公办学校,这方面的经费非常有限,亟待政府在弘扬、传承传统婺剧器乐的同时,在财政上予以支持,加大对本土器乐课程开发的投入力度,让我校柳湖校区在开发金华本土器乐课程的过程中既有专业支持,又有一定的财政支持。只有这样,"婺剧器乐"课程的开发才有可能得以持续推进。

---

① 施良方:《课程理论:课程的基础、原理与问题》,教育科学出版社 1996 年版,第135 页。

② 杜萍:《校本课程开发:辩护与批判》,《教育发展研究》1999 年第 11 期,第 32—36 页。

第四章　金华本土音乐课程
"民间曲艺"的开发

曲艺,是中华民族各种说唱艺术的统称。曲艺是由民间口头文学和歌唱艺术经过长期发展演变形成的一种独特的艺术形式,是以"口语说唱"来叙述故事、塑造人物、表达感情、反映生活的表演艺术门类。[①] 早在古代,当时的民间故事、讲笑话、宫廷表演中就含有曲艺的成分了。到了唐代,说话技艺和歌唱技艺兴盛起来,自此,曲艺作为一种独立的艺术形式开始形成。随后,曲艺在历史发展进程中日臻成熟,形成了众多曲艺品种。根据调查统计,目前仍然存在并活跃于中国民间的曲艺品种约有 400 个。[②] 曲艺是中国最具民族特点和民间意味的表演艺术形式,各地在不断发展中都形成了独具特色的民间曲艺,如扬州清曲、温州鼓词、山东快书、萍乡春锣、四川金钱板、徐州琴书、云南扬琴、东北二人转、宁波走书、凤阳花鼓等。文化底蕴丰厚的金华,也在不断发展中形成了多种民间曲艺,遍及全市各地,主要有道情、花鼓、鼓词、铜钱棍、小锣书、琴锣说唱等,其中以金华道情流传最广、影响最大。此外,兰溪滩簧、金华宝卷、永康鼓词、浦江琴锣说唱等也作为当地知名的曲艺品种得到了较好的传承和保护,成为金华优秀文化遗产。这些民间曲艺虽然各具地方特色,但作为优秀民间曲艺的重要组成部分,都具备民间曲艺的艺术特征:①民间曲艺语言生动活泼、简练

---

① 杨和平:《民间曲艺》,学苑出版社 2015 年版,前言第 1 页。
② 同上,前言第 2 页。

精辟、易于上口;②民间曲艺演员一人分饰多角,通过说、唱的形式把各种人物、故事表演给听众,简便易行;③曲目、书目内容短小精悍,曲艺演员可以根据生活自己创作、自己表演等。此外,民间曲艺作为中国传统文化的重要组成部分,具有重要的文化教育价值,一方面可以通过曲艺唱词塑造学生人格,培养优秀品质;另一方面,可以传承传统曲艺,使学生掌握古老曲艺的说、唱技巧,提高学生的音乐素养。然而,随着时代的发展,民间曲艺发展面临重重困境,这些困境表现为忽视曲艺文化自身的历史价值、人文价值及当下传承的延续性,无视传承规律过度开发。因此,面对内忧外患,我们必须创新民间曲艺的传承方式,让民间曲艺走进校园,开发与民间曲艺有关的本土音乐课程,给民间曲艺注入新的活力。金华道情和永康鼓词作为民间曲艺的重要组成部分,都曾列入非物质文化遗产保护名录。我校柳湖校区利用现有研究,从开发"金华道情"和"永康鼓词"音乐课程入手,开展民间曲艺课程的开发工作。

第一节　金华本土音乐课程"金华道情"的开发

道情又称道琴,是我国曲艺的一个类别,发源于唐代的《承天》《九真》等道曲。南宋始用渔鼓、简板伴奏,故又称道情渔鼓。至清代,道情同各地民间音乐结合形成了同源异流的多种形式,如陕北道情、江西道情、湖北渔鼓、四川竹琴等。金华地区则在不断发展中,形成了一种说白加唱的叙事曲艺——金华道情。金华道情又因说唱地方新闻故事,被称为劝世文或唱新闻,它与杭州小锣书、宁波走书、绍兴莲花落、温州鼓词合称为浙江省五大地方曲种。相传明朝末期,道情就传入金华,那时的民间艺人把衙门案件、社会新闻、民间重大事件编成道情演唱,发展至今道情曲目仅流传在金华城区及周边乡村的就有 40 多本,包括金华八县的有近 100 歌曲目。[①] 从明末到 20 世纪五六十年代这 300 多年的历史中,金华道情一直是金华民众喜闻乐见的娱乐节目。金华道情丰富的曲调、通俗易懂的唱词,丰富了人们的精神生活,陶冶了人们的情操,是金华地区人民智慧的结晶,是传统社会生活的缩影。然而,随着时代变迁和现代社会的发展,金华道情发展遭遇困境。一方面,由于受到现代媒体的冲击,多元化的现代娱乐形式取代传统道情,加上社会商业化的影响,道情传习者急剧减少;另一方面,受到表演形式僵化、传播途径单一和受众群体萎缩等多方面因素的限制,传统道情渐渐失去往昔的优势和风采。2008 年 6 月,金华道情被列入第二批国家级非物质文化遗产名录曲艺类(项目编号 V-78),[②]由相关部门提供资金进行道情资料的整理,加强对传承人的保护。保护金华道情,需要把道情引入校园,让道情走进课堂。我校柳湖校区肩负使命,多渠道、多形式开发金华本土音乐课程"金华道情",让金华道情走进课堂,让学生接触传统民间曲艺,结合时代特点创新金华道情表现形式,让金华道情在新时代重新焕发生命力。

一、金华本土音乐课程"金华道情"开发的背景

我校柳湖校区金华本土音乐课程"金华道情"开发的直接背景是金华道情传承遭遇多重困境,使金华道情的保护和发展举步维艰。开发金华本土音乐课程"金华道情"是创新婺剧传承方式的重要举措,具有重要的文化教育价值。

(一)金华道情传承面临的困境

金华道情传承面临的困境包括现代媒体的冲击、社会商业化

---

① 陈雷施、夏徐艳:《风雨"道情"人——金华道情传承人现状调查与保护对策》,《非物质文化遗产研究集刊》2011 年第 0 期,第 224—238 页。

② 《第二批国家级非物质文化遗产名录》。

的影响、金华道情自身缺乏创新。面对金华道情传承遭遇的重重困境,急需寻找新的传承方式,让金华道情重新焕发活力。

1.现代媒体的冲击

金华道情是旧时代盲艺人艰难生存状况的写照,也是时代的产物。在交通阻塞、信息封闭的年代,道情充当信息传播的媒介,是旧时代士农工商、村夫民妇接受教化、享受艺术的主要来源。在抗日战争时期,金华道情是新文人唤醒民众的号角;在中华人民共和国成立后,在党和政府的关怀下,金华道情继续为我国经济建设呐喊,成为社会底层民众生活的主要娱乐方式。随着信息时代的到来,人们无须借助道情这一古老的传播手段,就能获取丰富多样的信息;同时,电视和网络的普及使民众能够更快、更直观地获取音视频信息,并获得娱乐享受。特别是年轻一代,作为现代媒体的主要使用对象,大多通过新媒体获取各种信息,以丰富自己的业余生活,较少有机会领略道情的艺术魅力。据了解,中华人民共和国成立前,金华小码头有很多道情的忠实听众聚集,而如今随着人们生活水平的提高和文化生活的丰富,道情的市场越来越小,只是偶尔在节庆活动中,才能看到道情艺人展露身手。从那个娱乐活动单一稀少、信息滞后的年代到如今娱乐活动丰富多彩、信息传播迅速的时代,道情这一老技艺面临失去鼎盛时期的光环、渐渐淡出人们视野的危险。

2.社会商业化发展的影响

"道情文化"被不少学者认为是一种"乞丐文化",其演唱者大多患有疾病,他们多是迫于生计、为了养家糊口而走上这条道路的。[①] 著名的道情传承人朱顺根老先生就是通过走村串户和茶馆的道情表演维持生计和照顾家庭的。改革开放后,我国经济发展迅速,人民的生活水平逐渐提高,原先迫于生计走上道情演唱道路

---

① 陈雷施、夏徐艳:《风雨"道情"人——金华道情传承人现状调查与保护对策》,《非物质文化遗产研究集刊》2011年第0期,第224—238页。

的艺人数量日趋减少,中途放弃道情的也大有人在,其中大多数艺人选择经商等谋生手段。朱顺根的大徒弟刘师傅就在改革开放后下海经商,平时仅将道情作为一种爱好而进行表演。同时,在商业化的影响下,年轻一代难以接触到金华道情,使金华道情观众呈现明显的老龄化趋势,研究表明,目前金华道情的观众群年龄大多集中在 60—90 岁的年龄段。[①] 由此看来,金华道情传承人的延续岌岌可危。

3.道情的唱词缺少创新

金华道情是金华人民自己创造的文化,交融在人们日常的生活劳作之中,带有强烈的乡土气息和生活气息,它与广大群众的感情联系与生俱来,富有旺盛的生命力。然而,由于缺乏制度化管理,传统道情自由发展,其中不乏唱词内容狭窄,带有封建迷信思想的曲目,这些曲目禁锢着人们的思想,不利于人们的身心发展。另外,随着社会的进步、人们观念的改变,人民群众日益追求更高的精神文化生活需求,传统道情内容多是旧时代人们生活的写照,未能在不断发展中加入时代元素,演变成既具有地方风味又切合时代主题的说唱音乐。金华道情在不断发展中因为缺乏创新,逐渐失去了昔日的风采,人们对其关注度降低。

(二)金华本土音乐课程"金华道情"开发的教育价值

面对金华道情传承遭遇的困境,我校柳湖校区开发的金华本土音乐课程"金华道情"发挥了重要的作用:通过多种活动形式,让学生接触曲调各异的金华道情,提高了学生的曲艺素养;在原有曲调上创新道情的唱词,与学生的现有生活建立联系,给传统道情注入新的活力,培养了学生的创造力;同时通过课程学习,弘扬了民间道情文化。

---

① 陈雷施、夏徐艳:《风雨"道情"人——金华道情传承人现状调查与保护对策》,《非物质文化遗产研究集刊》2011 年第 0 期,第 224—238 页。

1. 提高学生的曲艺素养

金华道情是一种曲调多样的民间曲艺,学习金华道情可以提高学生的曲艺素养。金华道情的基本曲调为"道情调",但各地有不同的版式与风格,且称谓有别,如金华附近有"迭板""中板""慢板""混合板"等。此外,金华地区的道情还有辅助曲调,即"宫灯调"。金华道情的曲体结构为"起""迭""落",除某些摊头按照上下句反复吟唱外,长篇都是这种结构。唱调结构变化多,有"一上一下""二上一下""三上一下"等。金华本土音乐课程"金华道情"的开发,可以引导学生进行正式和非正式的学习活动,学生们在专业老师指导下进行不断练习,逐渐体会并领悟金华道情的多种曲调以及变化多样的唱调结构,进而提升自身的曲艺素养。

2. 培养学生的创造性

金华道情是一种与生活紧密相关的曲艺形式,本土音乐课程《金华道情》的开发可以让学生在生活中寻找创作灵感,培养学生的创造性。金华道情唱本内容多样,取材多来源于当时的民间生活,主要有几个方面:①历代艺人用钱从官府衙门中购买案牍,自行编唱;②清代至民国初年发生在金华周边地区的社会新闻、乡村故事;③学习外来曲目;④改编书籍中的故事,如《三言二拍》等。金华道情是时代的产物,是金华地区人民生活的真实写照,开发金华本土音乐课程"金华道情",引导学生通过课程学习发现金华道情唱本内容的秘诀,关注身边的生活,按照金华道情"摊头"和"正本"的词本形式,结合时代特点及自身的兴趣,编创情节跌宕起伏的故事,培养学生的创造性。

3. 弘扬民间道情文化

金华道情不仅是一种曲艺形式,同时也反映了金华地区不同时代的政治、经济、文化及民俗、语言、美学观点等,是几代曲艺人的心血结晶和地方文化精髓,可以说在道情"小文化"中体现出的是地方"大文化"。几代曲艺人在不断积累中创建了丰富的金华道情艺术宝库,从全省 30 多个曲种乃至全国数百个民间曲艺种类看,在一个地区范围内,像金华道情这样有如此多,以发生在当地的故事编唱的曲目,实属罕见。然而,由于历史、社会的诸多原因,当今学生接触更多的是西方或欧洲的音乐体系,对传统音乐甚至自己家乡的本土乐曲了解甚少。本土音乐课程"金华道情"的开发,让金华道情走进校园、走进课堂、走向舞台,为弘扬民间道情文化开拓了新空间。

二、金华本土音乐课程"金华道情"开发的过程

我校柳湖校区本土音乐课程"金华道情"开发以目标取向型为主,将实现学校音乐教育课程目标作为本土音乐课程"金华道情"开发的主要出发点,开发与学生生活相适应的本土音乐课程。我校柳湖校区在开发金华道情音乐课程之前,浙江省著名曲艺家章竹林老师已经开展了系统的道情作品收集、整理工作。在章老师的工作基础之上,我校柳湖校区结合小学生的特点与发展需要,与专家合作收集、筛选、创编、整编道情曲目,开发本土音乐课程"金华道情"。综观整个"金华道情"课程开发过程,大致经历以下几个阶段。

(一)访问曲艺家、收集金华道情课程资源

金华道情传统曲目有 300 余支,是一个种类繁多的艺术宝库。传统曲目中大多是激励人们积极向上的"劝世文",但由于道情市场自由化发展,其中也有些反映了封建迷信思想或与学生身心发展水平不相适应的作品,这些作品不利于学生心理健康成长。据此,在开发本土音乐课程"金华道情"时,需要综合考虑多种因素,并在收集素材过程中参考专业人员的意见。有鉴于此,我校柳湖校区特拜访了原金华市曲艺家协会主席、现中国曲艺家协会会员、婺城区文化馆研究馆员章竹林老师,请他为我校柳湖校区金华道

情作品收集和筛选工作提供指导。

　　章老师在金华道情研究方面具有很高的造诣,在与章老师的谈话中,我们了解到,他深入农村 33 年,捕捉农民语言,体察农民情感,创作了 170 多万字的作品,并出版了《章竹林曲艺作品选》,为金华曲艺界增添了一笔宝贵的财富。听取章老师自身的经历后,我们对金华道情这一民间文化有了更真实的了解。随后,章老师向我们介绍了金华道情的传统曲目,并耐心指导我校柳湖校区教师开展传统曲目查阅工作。通过文献查阅,我们了解到金华道情的传统曲目分摊头和正本(短篇和中长篇)两类。摊头篇幅短小,与弹词的开篇相似,有《二十四节气》《大仙拜年》《十二月名花》和现代的《祖国名山》等;正本篇幅较长,有四百多部,包括《孟姜女》《武松》及现代的《红色姐妹》等,这些曲目的故事内容都创作于清代。最后,章老师还向我们介绍了他自己创作的诸多曲目。章老师深入农村,创作了众多群众喜闻乐见的作品。这些作品内容健康向上,满足群众的需求,符合社会主义核心价值观,给人一种积极的力量。因此,我校柳湖校区教师在拜访中摘抄了章老师的许多作品,如《火车上的小报童》《火腿飘香》《金华茶花图》等,作为金华本土音乐课程"金华道情"开发的素材。

(二)遵循生活性原则、筛选"金华道情"课程资源

　　生活性原则是指是指课程开发应回归学生的生活,从学生生活的周围环境中汲取养料,选择与学生生活相关的内容,并回归学生的生活、服务于学生的生活,其实质是"从生活中来,到生活中去"。教育现象学家胡塞尔认为:"生活世界是丰富多彩的人们的实践活动之综合,这个世界与我们的经验、情感、需要、动机联系在一起。"[①]这个世界是"个人与各个群体生活于其中的现实的、具体

---

① 　刘放桐:《新编现代西方哲学》,人民出版社 2000 年版,第 325—326 页。

经验的环境。"①杜威也认为,"学校必须呈现现在的生活,即对于儿童说来是真实而生机勃勃的生活。像他在家庭里,在邻里间,在运动场上所经历的生活那样。""学校科目相互联系的真正中心不是科学,不是文学,不是历史,不是地理,而是儿童本身的社会活动。"②我国的新课程标准同样注重教学内容与教学方法的"生活性",提倡学习对生活有用的知识,努力将教学内容贴近学生的实际生活,提升学生的生活品位,帮助学生树立正确积极的人生观和世界观。③ 胡塞尔和杜威的哲学思想以及新课标为我校柳湖校区"金华道情"课程资源的开发利用,提供了哲学基础和方向指引。因此,我校柳湖校区遵循生活性原则开发本土音乐课程"金华道情",具体过程如下。

我校柳湖校区本土音乐"金华道情"课程资源按照"从生活中来,到生活中去"的原则筛选,"从生活中来"是指生活是教育的出发点,筛选的金华道情作品应该从小学生能够感知和体验到的周围环境和经验世界中选择;"到生活中去"是指为小学生创造机会和条件让他们走进最真实的环境当中去感知和体验,最终服务于自己的生活。民间道情资源的开发绝不仅仅是唤醒学生已有的生活经验,也不只是将传统艺术形式照搬到学校,在开发筛选的过程中应该让学生走入真实的生活场景中,去感知和去体验。在选取课程资源过程中,我校柳湖校区教师带领学生走进民间,走到专业道情曲艺人身边,感受最淳朴、最自然的道情表演,在亲身体验之后,与教师共同筛选课程资源。我校柳湖校区学生在教师的指导下,纷纷从自己亲身经历、体验的生活中汲取养料,选择与自己的

① 郑三元:《回归儿童的生活世界:一个天真的梦想》,《学前教育研究》2002年第1期,第11—13页。
② 约翰·杜威:《学校与社会·明日之学校》,人民教育出版社2005年版,第6页。
③ 冯庆峰、刁燕飞:《新课堂的三个基本原则》,《中国科教创新导刊》2013年第3期,第172—173页。

生活、兴趣相关的作品。通过上述过程,最终我们筛选出了大量学生喜欢的、与生活相关的道情作品。

(三)用身边故事创编金华道情《学习"草根"楷模好榜样》

课程创编应"以学生为中心",满足学生多样化的需求,本土音乐课程的创编同时还要兼顾本土性和时代性,创编既有地方特色,又有现代特点的作品。具体而言,开发供学校使用的金华道情作品,应按照传统道情曲目的词本形式,并结合时代性,从学生现存生活世界出发,以学生能感知的、经验的、实实在在的生活为着眼点,选取与学生经验、情感、动机、需要相联系的内容,创编篇幅短小的摊头或者篇幅较长的正本。为此,我校柳湖校区邀请《金华道情》编著者之一、婺城区文化馆章晓华老师,以与学生学习经验相关的教师为主要创作对象,创编了金华道情《学习"草根"楷模好榜样》[①](见案例4-1)。该作品从学生实实在在的生活出发,为我们介绍了二十八年如一日扎根山区的小学教师赖济芳的故事,呼吁学生向楷模学习,向楷模致敬。整个作品,运用了唱、白、表三种形式,中间还加入了快板、慢板打节奏,唱词押韵、通俗易懂、朗朗上口,能够引起学生的强烈共鸣。

案例4-1 道情《学习"草根"楷模好榜样》

学习"草根"楷模好榜样

婺城区文化馆章晓华

唱:婺江之滨北山下,

　　柳湖小学美如画,

　　婺城举办"草根"奖,

　　草根人物传佳话,

---

① 选自《金华市浙师大附属小学本土音乐校本教材(五):金华道情选集》。

先进事迹人人夸，

处处盛开文明花。

我给模范戴红花，

白：(戴花去啰——哦——)

乐得我心里(咯)开了花。

表：所有获得"草根"奖的爷爷奶奶、大伯大婶、叔叔阿姨、哥哥姐姐们，今天我们在美丽的北山下为您们欢呼，歌唱。您们是我们的榜样，我们在这里先给您们敬礼了，向楷模学习，向楷模致敬。

现在，我们要来讲讲一直关心着我们山区留守儿童的小学教师赖济芳。

唱：婺城区，塔石乡，

小学教师赖济芳，

二十八年如一日，

不怕累(咯)扎根山区志如钢，

走遍三十九个村，

要把困难学生帮，

条条山路留脚印，

行行足迹都闪光。

你看她把留守儿童心中装，

星期天(咯)忙得双脚没停过。

走访留守儿童家，

进过山里弯里弯，

为了争取助学金，

哪怕累得双腿酸。
一颗爱心多真诚，
家乡把她当亲人，
她的手机是热线，
真情手机连亲情。

唱:(快板)赖老师工作不平凡，
留守儿童记心坎，
每年寒假暑假前，
到处联系不怕烦，
请来省里大学生，
假期活动就开展。

为了山区贫困生，
忙前忙后心操碎，
联系助学好单位，
晟元集团,施乐会，
杭州上城治安一大队，
《小强热线》也到位，
都来宣传,帮扶又结队。

白:赖老师,您是我们的好老师,更是我们的好妈妈。
老师妈妈——我们爱您——

唱:(慢板)说起我们婺城区的"草根"奖，
获奖者，
个个都是好榜样，
好呀好榜样，

　　鲜艳红花绑手上，

　　献给你呀，

　　先进事迹传四方。

（四）合作汇编本土音乐教材

　　著名曲艺家章竹林具有丰富的编书经验，曾与章晓华、吴琅云、金兴盛四人在 2014 年出版了《金华道情》一书，该书介绍了金华道情的历史、人文背景、地方特色、艺人奇事、经典曲目等内容，成为浙江省非物质文化遗产代表作丛书。[①] 我校柳湖校区教师在章老师的指导下展开了本土音乐教材汇编工作。章老师指出，汇编本土音乐校本教材，不仅需要整理适合学生的优秀传统曲目，而且需要通过讲述传统曲艺的历史渊源，向学生讲述一个关于本土音乐的故事。在章老师的指导下，我校柳湖校区汇编了《金华道情选》，作为《金华本土音乐校本教材（五）》。该书第一部分通过金华道情历史源流、表演特点、人文价值、传承人物与传统曲目等，带领同学们走进金华道情的世界，了解了本土音乐的历史传统；第二部分根据我校柳湖校区学生需要，在章竹林老师出版的《章竹林曲艺作品选》中选取了《火车上的小报童》《果盆碗勺交响乐》《金华茶花囡》等 9 首曲目，供我校柳湖校区师生使用。另外，我们还将金华道情表演视频《田鸡天上飞》和 2 个教学选段按照《金华本土音乐教材（上）》[②]中的课程框架，分为 5 个板块编入金华本土音乐教材（上）第五单元第二课，通过浅显易懂的文字、拓展知识的链接、深厚历史的典故、丰富多彩的图片、典型的曲例等，为广大师生提供了实践样本。

---

① 　章晓华、吴琅云、章竹林：《金华道情》，浙江摄影出版社 2014 年版，第 1—5 页。

② 　叶惠、俞苏航：《金华本土音乐教材（上）》，苏州大学出版社 2017 年版，第 94—101 页。

三、金华本土音乐课程"金华道情"开发的评价

作为金华本土音乐课程开发的一部分,金华道情的开发为本土音乐课程资源开发积累了广泛的经验,为学生提供了适合的、鲜活的音乐作品。与此同时,开发过程中也存在学生主体参与度不够等缺陷,需要进一步完善。

(一)金华本土音乐课程"金华道情"开发的贡献

我校柳湖校区金华本土音乐课程"金华道情"的开发充分考虑了学生的需要以及时代的发展特点,对我校柳湖校区学生发展做出了重要的贡献,对我校柳湖校区进一步开发的本土音乐校本课程具有重要的参考价值。

1.选择适合学生的道情音乐课程资源

对民族文化、地方文化价值的强调是建立在对民族文化、地方文化认知、理解、尊重的基础上的。在中心与边缘、现代与传统的冲突中,人类的确应保护和发扬民族、地方文化中的优秀成分,以文化的丰富多彩,使这个世界充满生机。[①] 金华道情课程资源所承载的民俗文化与学生生活有较远的距离,如果不加筛选,让学生直接面对内容繁杂的金华道情资源,学生们可能面对的是落后的习俗以及与现在社会不符的价值观念。为了避免产生这样的冲突,我校柳湖校区集齐多方力量取其精华,去其糟粕,用批判的眼光检验过去的经验,从而把真实的、鲜活的、符合学生兴趣、适合学生发展的民间道情曲目展现在学生面前,让学生通过道情课程学习获得愉悦的体验,传承民间优秀文化。

2.编创符合时代的新道情音乐课程资源

《义务教育音乐课程标准(2011年版)》指出:"创造是艺术乃至

---

① 孟凡丽:《多元文化背景中地方课程开发研究》,西北师范大学 2003 年硕士论文。

整个社会历史发展的根本动力,创造是音乐艺术的教育功能和价值的重要体现,音乐创造因其强烈而清晰的个性特征而充满魅力。"①新课改背景下的小学音乐教育,"创造"是一大特色。只有提供创新性的音乐作品,才能培养学生的创造性。在金华本土音乐课程"金华道情"开发过程中,我校柳湖校区邀请专家将发生在学生周围的草根人物事迹,编创成金华道情曲目,作为我校柳湖校区师生的课程资源。《学习"草根"楷模好榜样》的创编过程中着重学生内心主观世界的感知和对外在客观环境的观察与体悟,亦即以学生的所见、所闻、所感和所思创作贴近学生生活的道情故事。《学习"草根"楷模好榜样》的编创成功,为今后创新金华道情传承形式积累了新的经验,即编创符合时代的新金华道情故事,作为本土音乐课程资源。编创过程中,一方面要从学生现实生活取材,与学生有关的家庭生活、学校生活、个人事件、社会事件都可以作为道情的取材对象;另一方面,故事立意要新颖有趣、具有教育意义,通过道情故事帮学生树立正确的社会主义核心价值观。

(二)金华本土音乐课程"金华道情"开发的不足

我校柳湖校区金华本土音乐课程"金华道情"开发的主要不足是学生没有参与课程的开发。学生参与课程是指"学生通过介入课程决策、参与课程开发与实施、重构课程等活动表达课程权利的一种意识和行为。"②学生参与金华本土音乐课程"金华道情"开发,具有重大意义。第一,有利于推进课程实施的进程。学生参与课程开发,能够使学生建立对金华道情音乐课程实施的归属感,这有利于学生理解和支持"金华道情"音乐课程实施,并且在课程实施

---

① 中华人民共和国教育部:《义务教育音乐课程标准(2011年版)》,北京师范大学出版社2011年版。

② 吴支奎:《学生课程参与:一个亟待关注的问题》,《教育科学》2009年第2期,第30—33页。

中更加主动,从而有助于推动课程实施走向成功。第二,有利于彰显学生的地位。学生参与课程开发的实质是权利共享,是学校课程决策民主化的重要体现,有利于学生的发展。第三,有利于学生自身的发展,改善学习状态。学生参与课程开发有利于学生转变被动的学习方式,端正学习态度。

纵观我校柳湖校区本土音乐课程"金华道情"开发过程中主要以教师参与为主,课程开发的素材收集、筛选、创编、汇编环节仅考虑到学生的需要,但缺乏学生的身影,不利于发挥学生的主体地位。在今后的本土音乐课程开发过程中应该树立学生的权利意识,唤醒学生的主体意识,为学生参与课程开发创造条件,让学生的主观能动性与本土音乐艺术的创造性更完美地结合,让每一个学生创编自己心中的金华道情曲艺。具体而言,首先,教师应该为学生创设"自由、和谐、宽松、合作"的氛围,消除学生的心理障碍,在自由的环境中丰富自己的想象力;其次,教师应该拓展自己的教学内容,使教学内容更加贴近学生的生活,更加具有感召力,这样才能使学生顺利找到生活中的原型,进而激发学生的曲艺创编灵感,使学生的音乐情感在更广阔的天地中得到更充分的释放。教师还要不断丰富学生获得信息的渠道,带领学生走进民间,走到道情曲艺人身边,让学生能够积极主动地收集资料、编创曲艺作品。

第二节　金华本土音乐课程"永康鼓词"的开发

永康鼓词是一个极具民族特色和地方特色的民间曲艺项目,主要分布在永康,流行于武义、缙云、磐安等周边地区。因鼓词艺人多为盲人,故人们将永康鼓词称为瞽词、盲词;又因鼓词以唱为主,人们又称之为"唱词""唱公事"。永康鼓词始于何时、源于何处,尚无史典可考。据永康民间鼓词艺人传说,永康鼓词源于商代京城国舅古仁编写的劝世歌,后来,鼓词说唱几经变化流传于民间。另有一种说法是,永康鼓词源于宋代的鼓子词。大约在明代中后期,鼓子词从临安(杭州)传到永康一带。后来,永康鼓子词演唱艺人的先行传播者将鼓子词从北方话说唱改造成永康方言说唱,自此定名为"永康鼓词"。① 永康鼓词为单口说唱、艺人多角的口头艺术,用纯正的永康方言演唱;其演唱一般分悲调、喜调、怒调、水平调四种,以唱为主、说为辅。唱词无一定规律,多为长短句,少数为整段七字句,以方言押韵,有较长拖音,唱中夹白,似唱非唱,似白非白,唱本通俗易懂,情节曲折,诙谐有趣。"永康鼓词"演唱时没有特定服饰,演出皆着日常服装,服装款式因时代的变化而变化。说唱鼓词时使用的道具很简单,只用一只鼓盆(俗称鼓板)、一根鼓棒(俗称鼓箸)、一副竹板,作为伴奏打击乐器。作为国家级非物质文化遗产的永康鼓词,其内容大多为精忠报国、除暴安良、伸张正义、惩恶扬善、扶危济困等传统故事,故事情节曲折离奇,用唱、念、夹白等艺术手段,诠释了忠孝节义、礼义廉耻为主旨的传统文化和道德规范,弘扬中华民族的传统美德。受现代文化的影响,永康鼓词正面临着传承人减少、社会地位下降等冲击。2011年5月,经国务院批准,永康鼓词入选第三批国家级非物质文化遗产名录,并不断加大对永康鼓词的保护力度。开发金华本土音乐课程"永康鼓词",构建永康鼓词资源库,不仅有助于学生了解自己的家乡,亲近家乡的乡土艺术,为永康鼓词的传承做出努力,而且利于传承中华民族的传统美德。

一、金华本土音乐课程"永康鼓词"开发的背景

永康鼓词作为一门用方言演唱的曲艺形式在发展中遭遇重重困境,但作为一门古老的民间曲艺形式,对学生的发展具有独特的教育价值,因此面对永康鼓词面临失传的困境,必须通过独特的形

---

① 童文贤:《永康鼓词》,《浙江档案》2016年第12期,第32—33页。

式开发金华本土音乐课程"永康鼓词",让这一古老的曲艺形式得以保存。

(一)金华本土音乐"永康鼓词"的发展困境

在信息闭塞时代,永康鼓词曾一度是人们喜闻乐见的曲艺形式,如今发展却面临多重困境,传承人急剧减少、社会地位下降,使得新生一代接触传统曲艺形式的机会越来越少,急需创新传统永康鼓词的传承形式,弘扬传统曲艺文化。

1.永康鼓词传承人急剧减少

永康鼓词最兴盛的时代为清代民初,据说当时的曲艺鼓词艺人中,知名者就有130多人;到了20世纪80年代,知名的也还有60多人。如今人们的生活水平提高了,以鼓词演绎为生的民间艺人急剧减少,迄今在永康市只剩下五六位老艺人有演出,并且年龄都过了60。同时,随着信息技术的日新月异,人们获取信息的渠道更加多元,娱乐方式和手段不断增多,随着西方音乐形式的引入,越来越多的人选择欣赏西方音乐会、学习西方音乐,加上永康鼓词表演减少,人们较少有机会接触到永康鼓词,仅剩下一些年纪较大的中老年人还在特殊表演场合听永康鼓词。[1] 如果没有新鲜血液加入永康鼓词欣赏和学习行列,那么,至少有着200年历史的艺术形式,就会面临着人走艺亡的危险。

2.永康鼓词的社会地位下降

在信息闭塞、娱乐形式缺乏的年代,永康鼓词一直是人们喜闻乐见的曲艺形式,这为当时精神生活极其匮乏的民众带去快乐,并满足当时民间礼俗的大量需求。如今,随着社会经济和科技快速发展,人们的生活水平不断提高,可供选择的娱乐方式如电视、电脑、网络等日益多元,客观上严重挤压着永康鼓词的生存和发展空

---

[1] 陈睿睿:《永康鼓词的艺术形态及生存现状考述》,中国艺术研究院2009年硕士论文。

间,令永康鼓词在人们社会生活中的地位一再下降。加之为数不多的民俗演出活动本身形式单一,多以"唱香山"的形式出现,这容易让当下的民众对原本意蕴丰富的鼓词产生误解,即仅认为它是过去流传民间的一种封建礼俗活动,由此,永康鼓词失去了原有的社会地位。

(二)金华本土音乐课程"永康鼓词"开发的教育价值

在小学开发永康鼓词课程,有着重要的教育价值。永康鼓词是古老的民间曲艺品种,它比温州鼓词产生更早,至今尚保存着原始的风貌,有较高的研究价值。首先,永康鼓词是一门具有较高艺术价值的民间曲艺形式,永康鼓词鼓板丰富,唱腔独特多样,唱词通俗易懂,讲求押韵,且大多运用永康民间的俗语、谚语、诗文警句,修辞上大多运用对偶、双关、夸张、重叠等,善用语气词、感叹词渲染气氛。开发永康鼓词,可以让小学生在课程学习中接触到这种唱词通俗而又极具特点的艺术形式,体验永康鼓词的唱腔、唱词、修辞形式等多种创作技巧,有利于小学生在传统艺术体验中提升自身的音乐素养。其次,永康鼓词一门演唱内容丰富且充满正义的民间曲艺形式,它的演唱内容不仅是传统的小说和戏曲,而且也有民间精忠报国、除暴安良、伸张正义、惩恶扬善、扶危济困的传统故事,还有自编自创的永康本土的人物故事、时事新闻、民间典故。开发永康鼓词有利于小学生了解内容丰富的永康鼓词,并在学习永康鼓词内容的基础上,将生活通过鼓词的形式展现出来,创新永康鼓词,提升小学生的创造力。

二、金华本土音乐课程"永康鼓词"开发的过程

"永康鼓词"课程开发难度大,一方面,永康鼓词是一门极具民族特色和地方特色的民间曲艺项目,用纯正的永康方言演唱;另一方面,历史上永康鼓词多由盲人说唱,盲人间流传的曲本均无文字

资料,全凭师徒口耳相传,或是艺人们通过师承或听别人说书了解故事的内容梗概,演出时自己即兴演绎和加工,并在演出中不断完善和提高。因一直以来永康鼓词的艺人以盲人居多,由此形成同名节目曲本内容大同小异的现象,这为我校柳湖校区永康鼓词音乐课程开发增添了不少难度,为此,我校柳湖校区在初步筛选的基础上,初步建立了永康鼓词资源库。

(一)遵循标准遴选永康鼓词

永康鼓词传习至今,已留下了大量曲目,但曲目的质量却良莠不齐,其中不少曲目包含封建迷信思想,不适合小学生学习。在众多的鼓词中,如何为小学生选择好鼓词成为永康鼓词课程开发的重点。在遴选金华鼓词时,我校柳湖校区教研组教师跳出了选择的三个误区,遵循了遴选的三个标准。三个误区分别是:第一,只要是传统的鼓词,都是对学生有益的;第二,只要是传统的鼓词,都是对学生有害的;第三,只要是传统的鼓词,一定要多多益善。遴选永康鼓词的三个标准为:第一,好的鼓词必须通俗易懂,符合小学生的年龄特点和兴趣需要;第二,好的鼓词必须思想健康,内容积极向上,给学生积极的力量,对学生的价值观起到引领作用;第三,好的鼓词应该富有故事情节,吸引学生的注意力。

通过以上标准,我们在 121 首传统永康鼓词节目中遴选了《五女拜寿》《百鸟图》《双结义》《双孝义》《赠银记》《买书记》《绣书服》等 20 首传统曲目,在 27 首新编永康鼓词节目中遴选了《南泥湾》《安全用电》《勤俭办社》《庆丰收》等 8 首现代曲目(见表 4-1)。

表 4-1　收集的永康鼓词一览表

传统曲目			
1	《两度梅》	11	《白纸扇》
2	《宝衣》	12	《双结义》
3	《四元庄》	13	《双孝义》

续　表

传统曲目			
4	《五爪袍》	14	《赠银记》
5	《五女拜寿》	15	《买书记》
6	《六美图》	16	《绣书服》
7	《七妹征西》	17	《雕龙扇》
8	《八宝穿身镜》	18	《宝莲灯》
9	《九龙镯》	19	《征东》
10	《白鸟图》	20	《碧玉蝶花》
新编曲目			
1	《南泥湾》	5	《安全用电》
2	《勤俭办社》	6	《庆丰收》
3	《破除迷信》	7	《小心火烛宣传》
4	《兴修水利》	8	《黄金龙》

（二）构建永康鼓词资源库

永康鼓词资源库是指在学校中建立的供教师和学生使用的永康鼓词电子文档。我校柳湖校区利用互联网平台,将优秀的永康鼓词收集、汇总、并上传至云平台,该平台可以在不断收集中随时扩充资源库的内容。构建永康鼓词资源库,从学生角度看,可以拓宽学生的视野,增长学生的见识,激发学生对鼓词学习的兴趣。从教师角度看,教师之间可以相互共享收集到的道情资源,根据需要及时提取。我校柳湖校区构建的永康鼓词资源库分四部分,即传统曲目、现代曲目、创编曲目和教学案例,目前只收集了传统曲目和现代曲目,其中教学案例和创编曲目有待在今后的实施中进一步完善。

三、金华本土音乐课程"永康鼓词"开发的评价

我校柳湖校区利用互联网技术,构建了永康鼓词资源库,这是

在互联网背景下弘扬、传承永康鼓词的新形式。与此同时,我校柳湖校区在永康鼓词开发过程中还存在资源库素材不够体系化、网络技术利用方式单一等问题。

(一)金华本土音乐课程"永康鼓词"开发的贡献

伴随着人类进入"互联网＋"时代,人们的学习和生活方式发生了巨大变化,如果缺乏与互联网的互联互通,那么,极有可能会被时代淘汰。我校柳湖校区及时抓住新的时代趋势,充分利用互联网技术,搭建网络平台,开发永康鼓词课程资源。通过这样的探索,我校柳湖校区发现了在互联网背景下弘扬、传承永康鼓词的新形式。我校柳湖校区深知课程资源与课程有着十分密切的关系,没有课程资源就没有课程,课程必须以课程资源作为前提。[①] 因此,我校柳湖校区在金华本土音乐课程"永康鼓词"开发过程中,利用互联网机制,构建永康鼓词资源库,实现了校内资源共享,提高了资源的利用效率。同时,还在后续开发中不断更新网络资源库的内容,持续充实、丰富永康鼓词资源宝库。

(二)金华本土音乐课程"永康鼓词"开发的不足

永康鼓词开发的不足有二。其一,素材内容单一。前述已指出,永康鼓词是通过纯正地方方言进行演唱的,需要由懂永康当地方言的老师进行开发;加之,历史上永康鼓词多由盲人说唱,盲人间流传的曲本均无文字资料,全凭师徒口耳相传,由此导致收集过程中收集到的曲目较少,稀少的曲目很难为永康鼓词资源库提供丰富的素材,这样,永康鼓词资源库的建设不够体系化的问题也就在预料中了。其二,利用网络技术建设永康鼓词资源库的方式单一,即只利用了百度云平台。从"互联网＋"时代推进的进展看,学校可以利用的网络技术非常多元。

---

① 吴刚平:《课程资源的理论构想》,《教育研究》2001 年第 9 期,第 59 页。

学校可以利用多种网络资源,构建课程资源开发的网络智能系统。如利用学校网站,学校网站中可以开设本土音乐专栏,按照不同的模块将金华地区本土课程资源放入学校网站,可以拓展课程资源的传播范围,提高资源的利用效率;搭建微信公众平台,依托手机、平板等移动媒介,将永康鼓词资源模块化,进行每日或每周推送。模块化的方式有利于资源的管理和搜索,教师、学生、家长、社会各界人士都可以利用手机、平板等媒介,有利于解决课程资源开发中出现的信息更新滞后、信息孤岛、资源重复利用、资源浪费等问题。通过微信公众号的建立,搭建起课程资源与学生、教师之间的桥梁,有利于解决当前课程资源开发中急需解决的问题。

　　总之,"互联网+"背景给学校课程资源开发工作带来了新的机遇和挑战。"互联网+"和课程资源开发相结合不能一蹴而就,在此过程中,会遇到许多前所未有的困难,我校柳湖校区应该根据自身发展实际,充分利用大数据系统,从点滴做起,逐步发展,实现课程资源全方位、多元化开发。

第五章　金华本土音乐课程在
小学校园中的实施

　　如何加强本土音乐的传承与发展早已引起音乐教育界的关注,早在 20 世纪 90 年代中期召开的全国第六届国民音乐教育改革研讨会就提出了"以中华文化为母语的音乐教育"[①],其后,中国音乐教育协会会长谢嘉辛在 2001 年撰写的《寻找家乡的歌》中提出要"让每一个学生都会唱自己家乡的歌"[②]。由此可见,把本土音乐融入小学音乐教育是何等重要。正所谓"一方水土养一方人",不同地区孕育了属于自己的本土音乐。金华市历史悠久,人杰地灵。金华的民间曲艺与地方戏曲,曾是士农工商与村夫民妇享受娱乐以及接受教化的主要来源,是一笔不可忽视的财富。在教育政策的积极支持下,浙江省金华市诸多小学将金华本土音乐引进校园,其中我校柳湖校区取得的成绩尤为突出。金华本土音乐进校园的活动主要以课外音乐活动的方式进行,进校园的组织形式多样,如山歌民谣合唱团、婺剧器乐民乐团等,丰富了小学生的课外生活,激发了小学生对金华本土音乐的兴趣。与此同时,金华本土音乐进校园活动取得了明显的成效,小学校园中本土音乐氛围十分浓厚,小学教师和学生的本土音乐素养得到较好的提升。

---

① 王耀华:《根,深扎于中华文化的土壤——中华文化为母语的音乐教育》,《乐府新声(沈阳音乐学院学报)》1996 年第 1 期,第 29—35 页。

② 谢嘉幸:《寻找家乡的歌——音乐教育的现代化观念之三》,《中国音乐教育》2001年第 11 期,第 38—40,44 页。

第一节　金华本土音乐进校园的动因

本土音乐作为本土文化体系的重要构成要素和特定地域文化的生态景观,兼有传授知识、传承风俗礼仪、促进社会交往等社会功能,发挥着对本土人民广泛而持久的教化作用,显示出不可代替的重要价值。[①] 重视本土音乐教育是遵循文化生态发展的必然要求,小学音乐教育在音乐文化多样性的保护与发展中起着不可忽视的作用。金华本土音乐进入小学校园正是顺应了音乐多样性发展的需求,它不仅是传承传统文化的必然选择,而且是促进学生全面发展的重要方式。此外,本土音乐进校园也是小学校园文化建设的重要组成部分,为小学生营造了丰富且独具特色的音乐学习氛围。

一、传承我国传统文化的需要

我国传统文化具有博大精深、兼容并包的特点,且有非常丰富的内在价值。金华本土音乐是金华当地传统文化的重要载体,也是传统文化的组成部分。我国传统文化的传承离不开对本土音乐的学习与推广。置身信息时代,金华本土音乐的发展现状令人忧虑,急需采取措施应对这种状况。

(一)我国传统文化的意涵

我国拥有悠久的历史和灿烂的文化,这是许多国家无法比拟的。近代以来,研究中国传统文化的学者不在少数,各种文献书籍层出不穷,对传统文化的解释更有诸多版本。尽管对于我国传统

---

① 柴世敏:《本土音乐进课堂研究的意义探讨》,《音乐时空》2014年第23期,第98——106页。

文化的内涵,至今尚无一个准确的定义,但不可否认的是,传统文化是抽象的,同时也是具体的,需要载体来承载。我们所要传承的传统文化主要是精神层面的、以思想文化为主导的内容和范畴。

提及中国传统文化,我们首先联想到的就是"博大精深,兼容并包",由此可见传统文化的丰富与复杂。从已有研究看,从内容、功能、范围、特征等方面阐述传统文化内涵的研究数不胜数,这对我们进一步理解中国传统文化有重要意义。中国传统文化底蕴深厚,包括思想观念、政治制度、社会伦理以及丰富的物质财富。以思想观念为例,杨翰卿、李保林认为,中国传统文化具有积极意义和当代价值,主要有以下两个方面:

> 其一,体现和表达民族精神的内容。如"天下兴亡,匹夫有责"的忧患意识和爱国主义;"兴利除弊"的改革精神;重民贵民的民本思想;"自强不息",不畏强暴,不怕困难的独立自主、自力更生、吃苦耐劳精神;注重和谐的"和合"思想;"厚德载物"的宽容精神和关于吸收异质文化的"会通精神";等等。其二,扬善抑恶,注重人格和道德修养的伦理精神和人生价值观念。如"己所不欲,勿施于人"的"仁爱"精神;"勿以恶小而为之,勿以善小而不为"的律己观念;"三军可夺帅,匹夫不可夺志"的人格思想;"杀身成仁"、无私奉献、"以天下为己任"的重气节和大公无私的人生价值观念;"立己立人,达己达人"的重道德精神;等等。①

从这些内容可知,我国传统文化中包含着的积极向上的思想精神,都应当得到传承与发扬。

---

① 杨翰卿、李保林:《论中国传统文化的当代转换》,《中国社会科学》1999 年第 1 期,第 80—89 页。

　　传统文化是抽象的,同时也是具体的。金华本土音乐是传承传统文化的重要载体,也是传统文化的组成部分。不可否认的是,文化是看不见摸不到的,但是身处其中的我们却时时刻刻能够感受到的。比如,中国文化讲究对称与平衡,这从最简单的中国结就能够看出。再如,中国自古便主张"以和为贵",最典型的就是我国的外交政策。优秀的传统文化不是如流星一般,在历史的上空划过便销声匿迹,而是如星辰般亘古不变。中国传统文化所蕴藏的理想精神、思想观念、社会伦理和治理规范等内容时刻影响着今天的我们,为我们建设一种全新的文化提供历史背景和历史资源。传统文化源自人民的日常生活,与广大群众的生活息息相关,并潜移默化地影响人们。文化是民族的血脉,是人们的精神家园。目前,中国传统文化已走出国门,让更多的人了解和学习中国文化,同时,国内也开始重视中国传统文化的传承。

　　我们所要传承的传统文化主要是精神层面的、以思想文化为主导的内容和范畴。笔者认为传统文化是经过历史的锤炼而世代流传的,来源于人民的日常生活又潜移默化地影响着社会发展。古建筑是传统文化,民俗风情是传统文化,制造工艺也是传统文化。正所谓"形而上者谓之道",中国优秀传统文化,就是中华民族长期发展过程中形成的,有着积极的历史作用,至今具有重要价值的思想文化。然而我国在传统文化的传承方面还存在一定的短板,需要进一步努力。文化必然是依附某种载体而流传的,或民俗风情或建筑工艺,这些都蕴含着传统文化。而本土音乐作为传统文化的重要载体之一,它的传承与发展更是无法忽视。本土音乐是一个地区、民族根据自己的母语、民俗、民风所创作出的一种娱乐性音乐,它融合了该地区、该民族所特有的发展历程、思想表达等,是一个地区人民思想的表达,因此本土音乐的继承与发展对于传统文化的传承有重要意义。[1]

(二)传承传统文化的困境

在文化学的层面上,传承是一个使用频率很高的词语,传承往往和文化相连,对于优秀传统文化而言,传承是它代代保留至今的唯一方式。[2] 文化的传承不是一蹴而就的,而是一个长期发展的过程。传承了五千年的传统文化,随着时代的进步,其发展也面临着诸多困难,主要有以下三种。

1. 人民传承传统文化意识淡薄

我国传统文化正面临困境,许多优秀文化流失,人们传承传统文化的意识较为淡薄。一方面,全球化的进一步发展加深了世界各国间的联系,这使以欧美国家为主导的资本主义现代文化冲击中国的传统文化。西方价值观和文化体系在与我国的交往中不断向中国渗透,我们的日常生活中充满了资本主义现代文化的气息。在这种环境下,许多中国人开始越来越疏远自己的民族文化,甚至漠视传统文化,传统与现代之间的关联开始断裂。还有一些中国人开始对传统文化中的思想观念、核心价值观等开始产生怀疑甚至反感,以至于开始出现文化混乱、道德冷漠等现象。例如,现在的年轻人大多喜欢庆祝美国的圣诞节或万圣节,而对于我国的一些传统节日了解较少。由此可见,中国传统文化受到外来文化的冲击,部分中国人在上述背景下逐渐疏远本国的传统文化。另一方面,由于缺少传统文化传承的意识,许多中国传统文化在传承的过程中流失,甚至被其他国家盗用并进行歪曲诠释,对其进行改造包装,赋予本民族和国家的含义与价值理念,最终成为他们国家和

---

[1] 刘顺:《从温州鼓词生存现状谈本土音乐的传承与发展》,《音乐探索》2011 年第 1 期,第 13—15、33 页。

[2] 董成雄:《中国优秀传统文化的系统解读和传承建构》,华侨大学 2016 年硕士论文。

民族的文化产物。最典型的例子就是韩国比中国人更热爱学习中国文化,甚至抢先将中华民族的端午节、中秋节等传统民族节日申报世界非物质文化遗产。

2.传统文化传承人才的缺失

传统文化之所以能够从古至今源远流长,其中最重要的原因就是传人的存在。在文化传承过程中,人才起着不可替代的重要作用。但是,随着时代的发展,传承传统文化的人才逐渐变少。以2010年乡镇文化站情况为例,全国共有从业人员为73920人,平均每站2.24人,其中,专职人员39588人,平均每站1人,在全国34121个乡镇文化站中,14503个没有专职人员,占乡镇文化站总数的32.14%,也就是说,近1/3的乡镇文化站没有专职工作人员[①]。由此可见,传统文化传承人才的缺失现象已经很严重了。传统文化传承最重要的就是传人了,然而许多传统文化的传承出现了青黄不接的局面,即老一辈传人逐渐消失,而新一代传人还没有培养起来。由于缺少良好的传承环境、宣传力度不够、教育功利化和现实主义等原因,中国传统文化专业人才的培养陷入困境。此外,已有的与传统文化相关领域的从业者出现了不同程度的流失,包括古典戏剧、特色建筑、民间工艺、民风民俗、衣冠服饰、音乐饮食等。

3.传统文化教育的忽视

要实现对传统文化的有效传承,基础教育是非常重要的途径。然而,较长一段时期内,小学教育陷入功利主义的旋涡不能自拔,传统文化教育处于边缘化的地位。传统文化教育被边缘化的原因有二:其一,传统文化内容本身缺乏合理的筛选,传统文化的形式单一,传统文化师资队伍薄弱。其二,小学教育课程体系中对传统文化相关的课程重视不够,由此导致"人文修养""社会道德""国家

---

① 《"十五"以来全国群众文化业发展情况分析——中华人民共和国文化部》,http://www.360doc.com/content/11/0930/16/3405412_152435830.shtml。

责任"等被当作可有可无、无足轻重的修饰;在小学课堂教学中,师生更多的关注与知识学习和考试相关的内容,对于传统文化方面极少涉及。

(三)本土音乐教育对传承我国传统文化的意义

前文曾提及文化是抽象的,也是具体的。换句话说,文化的传承需要借助载体来实现。本土音乐是某个民族或区域文化的重要组成部分,本土音乐的学习是传承传统文化的重要方式之一。将本土音乐引进小学校园,不仅有利于传统文化的推广,而且也有利于培养小学生维护传统文化的意识。

金华本土音乐来自当地人民的日常生活,是传承传统文化的重要载体。金华人杰地灵,人文荟萃,传统音乐文化源远流长,资源十分丰富。金华本土音乐世代相传、具有地方民族特色;它源于生活,与本地人民的生活经验密切相关,有令人喜闻乐见的形式。婺剧、山歌、道情、浦江乱弹、畲族对歌、黄大仙道教音乐、永康鼓词等一大批的金华本土音乐先后被列入省级或国家级非物质文化遗产代表性项目名录。这些已被列入非物质文化遗产代表作名录的项目可以说是民族的记忆、精神的家园,具有很高的艺术价值。[①]以汤溪民谣为例,《劝赌歌》表达了一位母亲对走入歧途的儿子的劝诫;《敬老歌》则传递着中华民族尊敬老人的优秀传统。这些民谣山歌都与金华人的生活密切联系,同时又蕴含着中国传统文化的精髓。由此可见,金华本土音乐是传承传统文化的重要载体,是传承传统文化不可或缺的部分。本土音乐是音乐的重要表现形式,也是传统文化的重要载体。对本土音乐的研究,对非物质文化遗产的保护与传统文化的传承有着重要而积极的作用。[②] 从某种

---

① 叶惠、俞苏航:《金华本土音乐教材(上)》,苏州大学出版社 2017 年版,第 117 页。
② 张伟慧:《本土音乐与中学课堂教学传承研究》,《才智》2014 年第 12 期,第 182 页。

角度而言,本土音乐的发展就像整个传统文化发展的缩影,它折射出中华民族悠久的历史画面,正是中国传统文化丰厚的底蕴与特殊的精神内涵才造就了本土音乐的独特魅力。同时,本土音乐也给中国的传统文化注入了新鲜血液,使之更具有音乐的线条、音乐的精神与音乐的内涵。

本土音乐的学习是传承传统文化的重要方式之一。孩子是民族的未来和希望,小学本土音乐教育是传承传统文化的重要基石。2017年初,中共中央办公厅、国务院办公厅印发《关于实施中华优秀传统文化传承发展工程的意见》(以下简称《意见》),要求各地区各部门结合实际认真贯彻落实。《意见》中明确指出:"文化是民族的血脉,是人民的精神家园。文化自信是更基本、更深沉、更持久的力量。中华文化独一无二的理念、智慧、气度、神韵,增添了中国人民和中华民族内心深处的自信和自豪。"[①]在新时代,流传千年且光辉灿烂的中国传统文化更应该得到传承。本土音乐是民间艺术的重要形式,也是小学音乐教育与教学的重要构成。本土音乐源于民间,流传于乡土与村落,虽难登大雅之堂,但对满足人们的业余文化生活和陶冶个体的情操,有着不可或缺的重要作用。此外,小学生学习金华本土音乐有利于培养小学生的音乐情操和积极向上的生活态度,这也是培养本土音乐接班人的重要方式。

金华本土音乐进入小学校园,既可以有效推广传统文化,又可以培养小学生的文化保护意识。在当前的小学教育中,本土音乐发展趋势不容乐观。尽管我国小学课堂中都有音乐课程,且其中必然包括地方音乐,但是授课内容中涵盖的本土音乐非常有限。加之本土音乐带着传统的标志,在未能有效转型、改变人们看法的情况下,不可避免会被人打上过时、老土的标签,从而导致其传承生态环境进一步恶化。这也导致小学生对本土音乐的了解越来

---

① 新华社:《关于实施中华优秀传统文化传承发展工程的意见》,http://www.gov.cn/zhengce/2017-01/25/content_5163472.htm,2018 年 1 月 28 日。

粗浅,对于本土音乐本身不重视。作为未来的希望,小学生对于本土音乐学习的不重视,使得本土音乐文化难以得到有效传播和传承。据此,本土音乐进校园可以使小学生亲身体会本土音乐的魅力,感受其中蕴含的传统文化,提高小学生对于传统文化的认同感。只有感同身受才能够提高小学生的文化保护意识,促进传统文化的进一步传承。

二、学生全面发展的需要

小学生的全面发展指小学生在德智体美劳等方面的整体发展。小学本土音乐教学是促进学生全面发展的重要组成部分,教师和学校应当给予充分的重视。目前,小学教育中在培养小学生全面发展的方面有诸多不足,面对这种情况,教师与家长应当一起努力,引导小学生全面发展。

(一)学生全面发展的意涵

著名的教育家夸美纽斯较早论及学生的全面发展,他在《大教学论》一书中表达了"泛智论"思想,即"将一切事物教给一切人"。这不仅强调了教育对象的广泛性,也体现了学生应当全面发展的要求。此后,有学者认为,以学生全面发展为本,包括两层含义:一是以学生的个性为本,学校教育不应像花匠摆弄盆景那样,按自己的意愿去修剪学生;二是以全面发展为本,教育是有目的、有计划、有组织的培养人的活动,不应让学生像野花那样"自然成长"。①"发展"是指个体身体、生理、心理、行为方面的发育、成长、分化、成熟、变化的过程。小学生发展是指小学生的全面、健康、和谐、可持续发展,这里的发展既包括知识、技能方面的发展,也包括过程、方法方面的发展;既包括情感、态度、价值观方面的发展,也包括形成

---

① 蔡克勇:《以学生全面发展为本——一个重要的教育理念及教育改革》,《高等教育研究》2000 年第 5 期,第 11—15 页。

健全的人格等方面的发展。小学生的全面发展是在德、智、体、美、劳方面全面和谐发展,全面发展教育由德育、智育、体育、美育以及劳动技术组成。[①] 在小学教育教学中,教师要把握好"五育"间的关系,促进小学生的全面发展。

音乐最大的意义在于,它能够纯粹地展现人的灵魂,是陶冶小学生情操以及提升小学生文化素养的重要方式。小学音乐教学是促进学生全面发展的重要方式,通过将本土音乐引进校园,可以让小学生感受当地的风俗人情,提高小学生的文化鉴赏能力,进而培养小学生的文化素养。金华本土音乐进入小学校园符合小学生全面发展的需要,是小学教育发展的必然要求。

（二）小学生全面发展的困境

随着小学教育的不断进步,人们逐渐意识到培养小学生全面发展的重要性。《教育大辞典》对基础教育是这样定义的:"基础教育是对国民实施基本文化知识的教育,是提高公民的基本素质的教育。也是为继续升学或就业培训打好基础的教育。一般指小学教育,有的包括初中教育。"[②]由此可见,基础教育阶段对于学生一生的成长至关重要。

当前,小学生全面发展面临着多重困境。首先,学校过于注重教育的功利价值,表现为过度关注小学生的分数。尽管随着我国基础教育改革的不断深入,小学阶段的改革取得较大的成效,但是由于传统应试教育观念根深蒂固,不少小学仍然将成绩作为衡量学生发展的重要方式。这使得小学教师和学生在学校的课程中不由自主地偏向文化知识的学习,忽视小学生全面发展的需求。其次,主副科区别对待严重。从小学课程表上,小学阶段的课程是丰

---

① 王晶晶:《关于促进小学生全面发展的几点思考》,《山西青年》2016年第15页,第74—75页。

② 顾明远:《教育大辞典》,上海教育出版社1998年版,第627—628页。

富多样的,但学校对主副科目的态度明显不同,有些小学的音乐课甚至被语文、数学等所谓的主科所占据。再次,小学教师队伍建设较为薄弱。教师是学校教育的重要组成部分,小学教师的质量在很大程度上影响着小学教育的质量。以小学音乐教师为例,有些小学尽管有专职的音乐教师,但小学音乐课程的开设比较随意;有些偏远地区的小学甚至没有音乐教师,往往由其他科目的教师兼职。第三,家长对小学生全面发展的忽视。小学生的身心都处于成长和发展阶段,很多方面都不够成熟,因此教师和家长的积极引导极为重要。小学生家长的文化水平参差不齐,部分家长不能够意识到培养小学生全面发展的重要性,在日常学习和生活中也不能够做出有效的指导。以上诸多因素导致了小学生全面发展受限,这需要学校、教师、家长共同努力,促使小学生全面发展。

(三)金华本土音乐学习对小学生发展的价值

小学本土音乐教学是美育的重要组成部分,是实施素质教育的重要内容和有效途径。本土音乐教学是以音乐艺术为手段、在小学生参与音乐实践活动中进行的,这种教学可以在无形中积极地促进人的思想道德、科学文化、身体健康、审美能力、劳动技能等素质的全面发展。

对于小学生全面发展而言,金华本土音乐进校园有如下意义。首先,本土音乐进校园是对小学生实施审美教育的重要途径。金华本土音乐进校园是小学音乐教育的重要组成部分,在本土音乐教学活动中,教师指导小学生通过丰富多彩、形式多样的学习活动,感受、体验、创造、表现音乐,从而实现音乐审美教育的目标。其次,本土音乐进校园能够培养学生对音乐学习的兴趣。音乐学习兴趣是指人们对音乐或音乐学习活动所表现出来的积极、热情的态度,及进而产生认识和探究音乐的心理倾向。学校组织的合唱队、管弦乐队、民族乐队、舞蹈队、文艺会演、音乐创作小组等活动形式,有助于提升小学生的本土音乐学习兴趣。大凡在自身指引下加入课外音乐小组的小学生,在活动开展过程中,始终能保持一种对本土音乐学习的积极心态和愉悦的身心体验,这样的心态和体验能为促进小学生的全面和谐发展及建立正确的生活态度和人生观打下重要基础。最后,本土音乐进校园可以丰富学生的课余文化生活。小学生的健康成长,除了学习丰富的科学文化知识外,还需要具有较高的艺术修养。音乐课外学习活动既有助于小学生放松身心,使其心身得到健康、和谐、全面发展,又能活跃小学校园文化生活,营造良好的人文氛围,满足学生丰富多彩的精神需要。

三、校园文化建设的需要

学校是小学生除了家庭之外的重要成长场所,良好的小学校园文化对小学生身心健康成长至关重要。理想的小学校园文化应当是丰富多彩的,且能对小学生的成长产生潜移默化的积极影响。金华本土音乐进校园不仅丰富了小学生的课外生活,而且为小学生成长营造了积极向上的校园文化氛围,因此这是小学校园文化建设的重要方式。

(一)校园文化建设的不足

校园文化是社会文化大系统的子系统。小学校园文化指小学校园所具有的特定的精神环境和文化气氛,它既包括校园建筑、校园景观、绿化美化等物化形态的内容,也包括学校的传统、校风、学风、人际关系、心理氛围及学校的各种规章制度和学校成员在共同活动交往中形成的非明文规定的行为准则等。作为一种环境教育力量,小学校园文化是各小学构建办学特色的内容基础。在小学构建良好的校园文化环境,可以促进小学生产生内部心理变化,形成稳定健康向上的文化意识,能正确地评价社会和认识自我,并能够稳定地指导自己对未来生活、理想做出正确的判断和选择,有利于小学生的个性发展,陶冶学生的情操,启迪学生的心智,促进学生的全面发展,形成学校办学特色。[①]

小学校园文化是在校园内由学校师生共建、共享的精神家园。目前,各小学校园文化建设虽然取得了一定的成绩,但还存在诸多问题,主要表现在如下几方面。首先,从小学校园文化建设发展类型看,大致可分为实体文化、制度文化、观念文化。尽管当前大多数小学校园文化建设整体处于向高层次推进阶段,但多数小学尚未形成大家较为认同的、有特色的、校园人共享的价值理念和道德观念,观念文化的核心"学校精神"更是缺乏形成的基础。其次,从小学校园文化特色角度看,各小学校园文化建设并未显示出明显的特色。总体而言,小学校园文化建设雷同现象严重,个性不明显,显然,这不利于各小学最终形成具有普遍影响、校园人共享的"学校精神"。最后,从小学校园文化建设的操作角度看,小学校园文化建设缺乏系统性、创新性的思想指导,具体表现在,不少小学在举办校园文化活动时,只注重活动场面热闹,以为只要敲锣打鼓,挂上色彩纷呈的条幅和标语,就会达到应有的效果。同时,不少学校没有把文化活动设计纳入学校的长远发展规划,致使校园文化建设缺乏系统性和长远性,削弱了校园文化在学校完成其培养目标过程中的作用。

(二)校园文化建设的理想状态

小学校园文化建设是学校建设的重要组成部分,需要全校师生的共同努力。理想的小学校园文化是一种文化氛围,潜移默化地影响着小学生。小学校园文化应该具有学校特色,能够引导小学生积极向上发展,提高学校的综合实力。我校柳湖校区多年的

[①] 陈芬:《小学校园文化建设的思考与探索》,《学周刊》2012年第18期,第86—87页。

实践探究表明,金华本土音乐课程以其丰富多彩的艺术形态,促进了我校柳湖校区校园精神文化的建设。

金华本土音乐来自人民的日常生活,其中所蕴含的吃苦耐劳、艰苦奋斗及自力更生的精神有利于我校柳湖校区校园精神文化的建设。一所小学的校园精神文化是这所学校发展的灵魂,既是凝聚人心、展示学校形象、提高学校文明程度的重要体现,又对小学生的人生观、价值观产生潜移默化的深远影响,而这种影响往往是任何课程所无法比拟的。此外,健康、向上、丰富的校园精神文化对小学生的品性形成具有渗透性、持久性和选择性影响,对于提高小学生的人文道德素养,拓宽小学生的视野,具有深远意义。

小学校园文化建设应当能够提升学校的文化品位。金华本土音乐所蕴藏的文化底蕴极其丰厚,其中金华婺剧、山歌和民谣等都包含着金华当地的风俗民情。这些民俗风情有利于整体塑造学校的校容校貌。学校的校容校貌,表现出一个学校整体精神的价值取向,是具有强大引导功能的教育资源。诚如古人所云:"近朱者赤,近墨者黑"。换言之,良好的校容校貌有助于陶冶小学生的情操,构筑健康的人格,全面提高小学生素质。因此,将金华本土音乐作为小学校园文化建设的重要途径,有利于发挥师生在校园文化建设中的主体作用,构筑全员共建的校园文化体系。

校园文化是一所学校综合实力的反映。校园文化建设包括学校物质文化建设、精神文化建设和制度文化建设,这三个方面建设的全面、协调发展,将为学校树立起完整的文化形象。校园文化是一所学校综合实力的反映,校园文化的核心竞争力主要表现在文化的凝聚力和创造力上,优秀的校园文化能赋予师生独立的人格、独立的精神,激励师生不断反思、不断超越。金华本土音乐作为一种优秀的文化,应当得到继承与发展。将金华本土音乐引进校园不仅丰富了校园文化,而且营造了独具特色的文化氛围,这对小学生的成长发展有重大意义。

(三)小学校园文化建设的举措

小学校园文化建设应该以素质教育为核心,以学校办学理念为指导,以现代信息技术为手段,以校本开发为主要途径,着力开发本校资源。从环境文化、综合实践活动文化、校本课程文化和制度文化等方面对校园文化进行系统性、持续性建设,形成独具特色的校园文化,充分发挥它的教育与管理功能,为小学生的健康成长创造良好的文化环境和氛围,提高师生的全面素质和创新能力,打造学校的办学特色。

小学校园文化建设是一个长期的过程,需要教师和学生的共同努力来实现。首先,创建健康优美的校园文化墙壁,发挥小学校园文化的熏陶功能。为了让小学校园文化墙壁建设达到陶冶学生性情、规范学生行为、启迪学生心智的目的,在小学校园文化墙壁建设中要打破常规的、一成不变、静止的模式,赋予它丰富的生命力。在师生熟知的领域里,挖掘新的教育资源,为小学生的发展提供更为宽阔的空间,努力使学校的每一面墙壁都"说话",使每一个角落都成为小学生进行学习、探究、实践的园地。在将金华本土音乐引进校园的活动中,我校柳湖校区在校园中建设了文化墙,以独具特色的金华婺剧脸谱作画,让小学生了解婺剧文化,体味金华本土音乐的魅力。其次,开发丰富多彩的实践活动,发挥小学校园文化的激励功能。心理学研究表明,人的任何行为都是以追求需要的满足为目的的。需要是人的行为的积极源泉,没有需要就没有人的行为。举办丰富多彩的实践活动,重视发挥小学校园文化的各种激励功能,能激发调动广大师生的积极性,促进小学生的个性发展,促进学校办学特色的凸显。在这方面,我校柳湖校区不仅开办本土音乐节,而且还带领学生走出校园进行"校村文化走亲"活动。最后,建立规范有序的管理机制,发挥小学校园文化的控制功能。学校的规章制度是对学生的思想品德和行为举止的规范化要求,校园制度文化作为校园文化的内在机制,包括规章制度、组织建设、落实方式等,是维系学校正常秩序必不可少的保障机制。只有建立起完整的规章制度,规范师生的行为,才有可能建立起良好的校风,保证校园各方面工作和活动的开展与落实。

第二节　金华本土音乐进校园的组织方式

金华本土音乐进校园主要以课外音乐教学活动的方式为主,我校柳湖校区不仅成立了山歌民谣合唱团、婺剧器乐队等,而且还带领学生走出校园进行"校村文化走亲"活动。

一、成立"卜卜丫丫"民谣合唱团

为了继承和传播金华本土音乐,我校柳湖校区以丰富多样的形式将金华本土音乐引进小学校园。其中,成立山歌民谣合唱团是一种重要的组织形式。合唱班成员以三年级至五年级各班的声乐特长生和音色美、音准好的学生为主,这些学生已经有了一定的音乐基础知识和发声方面的知识,但由于年龄差距,声音上的融合需要更多时间的练习。在我校柳湖校区师生的共同努力下,"卜卜丫丫"民谣合唱团办得有声有色,同时也走出校园获得众多奖项。

(一)"卜卜丫丫"民谣合唱团的组织

合唱团在高校比较普遍。已有研究表明,在普通高校组织大学生业余合唱团,是提高大学生音乐综合素质一种好途径。[①] 小学也不例外,在小学组织合唱团不仅顺应了全面推进素质教育的要求,而且也是学校开展艺术教育活动的一个重要组成部分,并推动

---

① 朱开来:《地方院校大学生业余合唱团的训练与特色探索》,湖南师范大学 2014 年硕士论文,第 3 页。

儿童美育教育。我校柳湖校区组织成立的山歌民谣合唱团是金华本土音乐进入小学校园的重要组成部分。让音乐教育渗透到素质教育之中,在训练和演出过程中让小学生真正感受到本土音乐的艺术魅力,从而提高小学生的音乐欣赏能力和音乐综合素质。

1.合唱团组织的基本准则

合唱这种集体歌唱的声乐艺术形式,与其他的声乐演唱形式相比,具有音域范围更宽、音色变化更丰富、力度变化更大等特点。与器乐艺术相比,它不需要更多的物质投入,单凭每位演唱者的嗓音就能唱出优美动听的音乐。近年来,我国的群众性合唱活动非常活跃,学校也不例外,各地的中小学生合唱团、大学生合唱团如雨后春笋般不断涌现,其中有的已达到很高水平。合唱最能体现和展示人声的表现力,通过合唱可以获得多声部、多层次的音乐效果和完美的艺术享受。参加合唱活动,有利于发展小学生对音乐语言的理解和表现能力,培养合作协调能力,提高小学生的审美情趣。以下是合唱团组织的基本准则。

首先,尊重中小学生的声音特点。童声合唱队可由未变声的男女同学组成,女声合唱队可由各年级女同学组成。中小学生的年龄一般在 12 岁至 16 岁,正处于身体发育的第二个高峰期。学生在此期间进入变声期,这为中小学开展合唱活动带来一定的困难。教师要及时对学生进行变声期的教育,并在活动中采取轻声唱、多听少唱、低八度唱等保护性措施,合理安排活动时间,注意劳逸结合。教师在组建合唱队时,要针对中小学生的声音条件,根据实际情况,组建不同的合唱队。中小学生混声合唱队不同于一般成人的混声合唱队,它是基于中小学生本身的条件而建立的特殊的混声合唱队,这种特殊性决定了中小学生混声合唱队在选择音域较窄的曲目、采用混声合唱曲谱时,要缩减、省略男生声部中不适合中小学生演唱的部分,或把男生声部合并成一个声部,对该声部进行浓缩音域的处理。

其次,选拔合适的合唱队员。选拔合唱队员是组建合唱队的关键环节,它关系到合唱队的发展与巩固。开始建队时人数不宜过多,随着合唱队活动的开展,可逐步增加人数。选拔合唱队员要坚持自愿参加的原则。由音乐教师根据平时的观察和各班的推荐,鼓励同学们报名参加,并按照基本条件进行测试,合格后参加活动。以下是合唱队员应具备的基本条件:发声自然松弛,声者洪亮有控制,音色柔类、圆润;有较好的听辨音高的能力和节奏模仿的能力;音域宽广,自然音域在十度以上。基本能力稍差的同学可暂不参加合唱队,等待条件成熟后加入。需要注意的是,由于合唱追求统一的声音效果,一些虽然符合条件、但声音个性较强的同学,也不宜参加合唱队的活动。

挑选合唱队员同样有独特的方法,主要有如下三种方法:

(1)要求学生在没有伴奏的情况下,演唱一段自选歌曲;然后给伴奏重新演唱一次,了解学生的音色特点、发声方法、声音的连贯统一及音准、节奏等方向的情况,并把结果记录下来。

(2)要求学生唱音阶,从 C_1 开始按半音上行模进至自然松弛状态下演唱的最高音,然后按半音下行至最低音,以不压抑、不扩大脑声为准,了解学生的音域情况。

(3)采用单音模唱的方法测试学生的音准,听辨的难度和速度要根据学生的水平灵活掌握;也可采用旋律模唱和节奏模仿的方法,由简到繁,测试学生的音乐记忆能力和再现能力,为今后的合唱排练提供依据。

最后,关于合唱队的编制和声部划分。合唱队的编制以女声合唱队和童声合唱队的人数控制在 30—40 人为宜;中小学生混声合唱队的人数可在 30—80 人,根据不同需要及条件而定。学校要根据学生的不同声音基础进行声部的划分,高声部的队员要挑选音色较明亮、纤细柔美、演唱高音较容易、头腔共鸣较多、声音位置较高的同学担任;低声部的队员要挑选音色较丰满、秀丽圆润、胸声成分较多、声音位置较低的同学担任;对于声部特点不明显,声音不够稳定的同学(年龄较小或变声前、后期),宜安排在内声部或偏低的声部,以保护其嗓音。在划分声部时,各声部人数要按照一定比例划分,并根据情况适当调整,保证演唱时主旋律清晰、和声丰满、声部谐调、音响平衡的声音效果。

2.“卜卜丫丫”民谣合唱团的组织过程

我校柳湖校区在全校师生的共同努力下,组织了“卜卜丫丫”山歌民谣合唱团,合唱团的组建是落实金华本土音乐进校园的重要形式之一。我校柳湖校区在金华本土音乐进校园的活动中,先成立了山歌培训班和民谣合唱团,在此基础上,经过全校师生的共同努力,最终成立了山歌民谣合唱团。合唱团成员是在遵循自愿的原则层层选拔下产生的,通过合唱团的活动,师生都得到了多方的成长。

“卜卜丫丫”山歌民谣合唱团的成立不仅丰富了小学生的课外生活,而且对于金华文化的传承与发展也有重要意义。首先,在组织合唱团的时候严格遵守自愿自觉的原则,由音乐教师组织学生自发报名参加。其次,在挑选队员的时候,在保护学生嗓音的前提下结合学生音色、音质等特点将学生进行合理的编制。最后,基于教师充分了解每一个学生的前提下,教师将学生进行声部划分,综合考虑各方面因素后正式成立山歌民谣合唱团。表 5-1 是我校柳湖校区“卜卜丫丫”合唱团团员名单(分声部)。

表 5-1　我校柳湖校区“卜卜丫丫”合唱团团员名单(分声部)

序号	姓名	年级	序号	姓名	年级
高 1 声部			高 2 声部		
1	吕子恒	4	1 ⊙	陈禹安	2
2	洪 豆	4	2 ⊙	叶菀灵	2
3	曹 歌	4	3	邵意然	3
4	陈柯羽	4	4	王戈兮	4

序号	姓名	年级	序号	姓名	年级
高 1 声部			高 2 声部		
5	傅子钰	5	5	范钰洁	4
6	吴芷乐	5	6	周洋意	4
7	丰琪灵儿	5	7	廖语欣	4
8	申遂	2	8	花晨昕	5
中声部			低 1 声部		
1	邵杨程	3	1 ⊙	邵弋晗	2
2	朱婉菲	3	2 ⊙	张安琪	2
3 ⊙	胡馨尹	3	3 ⊙	应可维	2
4	王姿荟	3	4	鲁丹瑶	2
5	胡晨蕾	4	5	郑瑞琪	3
6	胡靖涵	4	6	吴家宝	3
7	唐甜甜	4	7	王艺臻	4
8	张若婷	4	8	杜展菲	4
9 ⊙	牟诗雅	4	9	楼竹颖	4
10	陶兆妤	4	10	陈奕安	4
11	章曼	5	11	李一睿	4
12	叶选	5	12	庄思捷	5
中声部			低 1 声部		
13	何可人	5	13	胡梦琪	5
14	刘丁叮	5	14	黄钰烨	5
低 2 声部					
1 ◯	陶嘉瑞	3	8	吴芷欣	3
2	张高鸣	3	9	王祁轩	4
3	杨傲	3	10	郑贝贝	4
4	苏敏	3	11	童越	5
5	董一宏	3	12	汪涵玥	5
6	周子赢	3	13	吴梦玲	5
7	王懿颖	3	14	商洛嘉	5

金华山歌与民谣是金华本土音乐的重要组成部分,是金华本地文化的象征之一。我校柳湖校区在一批优秀音乐老师的带领下,组织成立了山歌民谣合唱团。山歌是劳动号子之外各种山野民歌的统称,指广大农村人民在山野湖河劳作行舟,或在屋前棚下休憩时为舒心解闷自娱时演唱的一种民歌。金华山歌的旋律比较高亢、舒展,节奏比较自由,带有即兴性。是劳动人民在劳动生活中表达内心思想感情的一种抒情小曲,在金华当地极为普遍。金华山歌的历史悠久,声腔高亢、激昂,旋律流畅,悠扬动听。① 民间流行的、赋予民族色彩的歌曲,称为民谣或民歌。民谣的历史悠远,故其作者多不知名。民谣的内容丰富,有宗教的、爱情的、战争的、工作的,也有饮酒、舞蹈作乐、祭典等。民谣表现一个民族的感情与习俗,因此各有其独特的音阶与情调风格。② 金华民谣是流传在金华市的民间歌曲,与金华人的生活息息相关,流淌在金华人的血液中。

(二)"卜卜丫丫"民谣合唱团的训练

俗话说"台上一分钟、台下十年功",优秀的作品是在不断训练中产生的。我校柳湖校区山歌民谣合唱团完成小学课程的常态学习外,合唱团的师生利用课余时间见缝插针地积极投入训练,取得了优秀的成果。

1.合唱团的训练方法

排练一首新作品前,合唱团的教师向学生介绍作品的基本情况,包括作品的基本内容、音乐形象、性格特点、结构、创作过程和词曲作者等。基本情况介绍的目的是使合唱队员对新作品有所了解,并产生学习的愿望。

歌曲的排练从范唱开始。教师首先把歌曲的主旋律贯穿起来

---

① 叶惠、俞苏航:《金华本土音乐教材(上)》,苏州大学出版社2017年版,第4页。
② 金梅:《中国当代民谣音乐的美学研究》,山东大学2017年硕士论文,第5页。

演唱一次,并适时穿插提示性语言,解释主旋律出现的声部位置,帮助学生初步了解歌曲的旋律特点和整体轮廓;然后分别范唱其他声部,使学生对歌曲有一个整体的印象。

范唱结束后,就进入轻声视唱阶段。如果合唱队员的识谱能力较强,各声部可直接轻声视唱本声部曲谱,这样就可获得歌曲整体的和声感觉。如果合唱队的视唱能力较差,教师要进行教唱。教唱时,要求全体队员逐一学唱各声部的曲谱,使每个合唱队员不仅熟悉本声部,而且了解本声部与其他声部在整个作品中的相互关系。在视唱或学唱过程中,教师要注意及时纠正合唱队员在音准、节奏和音程进行等方面出现的错误。经过几次练习,各声部基本掌握了本声部的曲谱后,便可进入曲谱合成练习阶段。

进入全曲曲谱合成练习时,要注意突出旋律声部,使合唱队员明白和声与复调等变化的位置,以及各声部之间节奏的异同与声部进出的先后顺序等。熟悉音乐后,教师即可分别指导各声部配上歌词练唱。在教师指导某一声部练习时,其余声部可稍作休息,仔细聆听教师对练唱声部在咬字、吐字、呼吸、力度和速度方面的指导,这些指导很可能也是对其他声部在练习时的要求。各声部在分声部排练中基本解决了音准、节奏、呼吸和发声方法等问题后,就可以进行合唱排练了。

在合唱排练时,主要是对歌曲进行艺术加工,提高艺术表现力。这就要求全体合唱队员体会歌曲所要表达的思想内涵,挖掘内心的潜在情感,置身于歌曲的意境之中,力求生动、准确地塑造歌曲的艺术形象,使演唱达到动人心弦的艺术境界。

2.“卜卜丫丫”民谣合唱团的日常训练

我校柳湖校区所成立的“卜卜丫丫”山歌民谣合唱团师生积极参与训练活动,有固定的排练时间。在进行训练时遵循山歌民谣的特色,以“口传心授”的教学方式为主。由于金华山歌民谣大多以方言来演唱,学校还特地聘请当地优秀演唱者进行表演教学。

小学生在训练过程中积极展现自我,学习本土音乐,领略金华风土人情。

民谣合唱团所教授的民谣以汤溪民谣为主。汤溪是块美丽而神奇的土地,它不但有风光秀丽的九峰山、琅峰山,还有不少动人的民间故事和民歌民谣。汤溪的民歌唱起来缠绵动听,汤溪的民谣念起来悦心悦耳,其中一首短短的《时令歌》就包含着节气、习俗、娱乐、农事和当时的风土人情诸多内容。合唱团中负责汤溪民谣教学的项益莲老师是土生土长的汤溪本地人,从小对汤溪民谣耳濡目染。项老师走访了很多民间艺人,共收集、整理了《孟姜女歌》《敬酒歌》《劝赌歌》《送郎歌》《时令歌》等 16 首汤溪民谣,其中有几首是项老师一边听民间艺人唱一边记录下来的,十分珍贵。我校柳湖校区成立的"卜卜丫丫"民谣合唱团自创立以来,坚持每周五进行训练。训练地点是校内的音乐教室或多媒体教室等。合唱团的成员主要是三、四、五,三个年级的学生,共 54 人。表 5-2 是民谣合唱团的教学计划表。

表 5-2　我校柳湖校区"活力周五"课程"卜卜丫丫"民谣合唱团教学计划表

项目名称	"卜卜丫丫"合唱团	活动地点	音乐教室 2、多媒体教室		
负责老师	项益莲、董雅妮	活动人数	54 人	年级	三、四、五
指导思想活动目的	为了丰富校园文化生活、提高学生的艺术修养,使学生掌握科学的发声方法,了解和学会部分金华本土歌曲,进一步展示我校柳湖校区的传统文化艺术风采和文化底蕴,也为了更好地参加浙师大附小柳湖校区博雅艺术周演出,我校柳湖校区组建由中高年级组成的 54 人的"卜卜丫丫"山歌童谣合唱队。				

续　表

项目名称	"卜卜丫丫"合唱团		活动地点	音乐教室 2、多媒体教室
活动安排	活动次数		活　动　内　容	
	1		1.合唱队队伍的重组。 (1)因为部分队员参加校民乐团,因此在保留原有的合唱队员基础上,另从全校学生中挑选新队员,确定人员名单。 (2)进行合唱知识和演唱方法的基本培训。	
	2		2.基本音乐常识的讲授。 3.进行初步的声音训练。 (1)教会学生正确的歌唱姿势。 (2)进行呼吸训练。 (3)将发声和呼吸结合起来练习。 (4)进行基本的发声练习,让学生有一个正确的声音概念。	
	3		1.复习排练歌曲《咯咯叮》。 (1)用一些难度较小的歌曲训练学生合唱的完整性。 (2)进行初步的分声部训练。	
	4		(3)在以上训练的基础上,排练一到二首稍有难度的歌曲。 训练曲目:《咯咯叮》,给新加入的队员加强训练,老队员进行复习训练。	
	5		1.排练合唱曲《美丽的夏牧场》。 (1)分声部学唱,注重音准、节奏和正确的发声方法。 (2)两声部合唱训练。	
	6		2.复习《美丽的夏牧场》。 3.配合学校文件,迎接浙师大附小柳湖校区博雅艺术节文艺会演。 (1)设计队形以及舞台造型,演出服装的准备等。 (2)结合合唱姿态进行完美训练。 (3)演出。	
	7		1.四声部合唱训练。 (1)注重音准、表情、动作及整体歌曲的艺术处理。 (2)训练学生尽量做到以情带声,声情并茂,完整而富有创造性地表现出歌曲的思想感情。	
	8		对本学期的合唱活动进行总结。	

（三）办音乐会展少儿风采

随着金华本土音乐进校园活动的进一步深入，我校柳湖校区全体师生对于金华本土音乐都有了全新的认识。小学生在参与民族舞蹈班以及山歌民谣合唱团的过程中，学会了诸多山歌民谣。为了进一步丰富校园文化生活、提高小学生的艺术修养，使小学生掌握科学的发声方法，了解和学会部分本土歌曲，进一步展示我校的艺术风采和文化底蕴，我校柳湖校区曾多次举办金华本土音乐专场音乐会，收获颇丰。

金华本土音乐会是学生展现自我的好机会，全校师生都为此努力。在举办音乐会期间，学生积极参与，认真排练，给人们带来了多姿多彩的视听盛宴。婺剧《三请梨花》选段、舞蹈《跷舞童心》等都登上了本地各大舞台展演。2017 年 7 月 1 日，民谣合唱《汤溪民谣》、民间舞蹈《跷舞童心》、婺剧《三请梨花》选段、歌舞表演《江南有座金华城》四个金华本土音乐作品在浙江电视台少儿频道《最好的我们》栏目录播。2017 年 9 月 2 日，婺剧《三请樊梨花》选段登上了 CCTV11 的大舞台，效果显著。这些成就的取得，与我校柳湖校区师生在本土音乐进校园活动中所付出的努力紧密相关。舞台下师生共同努力认真练习，舞台上学生自信张扬展现自我，不仅让人们看到了金华本土音乐的丰富多彩，也让社会看到当代小学生的别样风采。

二、创建婺剧器乐民乐团

为了积极贯彻落实浙江省各级婺剧促进会关于婺剧进校园的通知精神，我校柳湖校区创建了婺剧器乐民乐团。婺剧是金华本地特色戏曲，带有浓郁的历史文化色彩。小学生在学习婺剧过程中不仅加深了对中华传统文化的理解，而且也将婺剧发扬光大。

(一)婺剧器乐民乐团的组织

婺剧器乐民乐团是"婺剧进校园"活动中的一项重要活动内容,其成员由爱好乐器并有一定基础的小学生组成。婺剧器乐民乐团涉及的人员多,要求高,开展活动具有一定的技术难度,据此,不同民乐队规模的大小、使用乐器的多少、编制的情况要根据学校实际条件、资金基础和学生的实际水平决定。因此,在组织民乐团活动过程中,学校要根据情况,因地制宜,灵活地开展。

1.民乐团的组织要求

由于小学生中掌握乐器的人数不多,且学校乐器配备不全等条件限制,学校组织的多为不规编制的民乐队。根据学校的实际情况,在考虑学生兴趣与特长的同时,能尽量保证民乐团的整体性即可。不过,在组建民乐团时,要尽量使民乐团的构成趋于合理,各乐器组要配置高、中、低音乐器,使民乐团的声部结构尽可能完备,各声部间的音响基本平衡,各种乐器音色相互融合、对比丰富。[①] 以下是民乐团组织需要注意的基本事项。

首先,组建何种类型、何种规模的民乐团,应根据本校的现有师资条件和乐器配备条件来决定。一般先从最小型的乐队编制开始,随着活动的不断深入,小学生的专业水平及乐队的演奏能力不断提高后,可再制定切实可行的发展计划,逐步扩大民乐团的编制与规模。其次,民乐团成员的选拔。民乐团成员的选拔以在学校公开选拔为主,也可采取教师指定、同学推荐、自我推荐的形式,统一经音乐教师的测试,吸收基础及条件较好的同学参加选拔测试。除了测试小学生掌握某种乐器的一定演奏技能以外,还要进行有关音乐听觉、节奏感、识谱能力及音乐记忆力等方面的考查,以了解小学生的综合音乐素质和能力。最后是民乐团成员能力的培

---

① 郑哲澄:《论弹拨乐组在民族管弦乐队中的作用》,上海音乐学院 2015 年硕士论文,第 41 页。

养。民乐团成员能力的培养主要体现在音准、节奏、视奏及合奏水平等方面。民乐团成员的能力标志着民乐团整体的音乐素质水平,这些能力的提高,无疑会对民乐团的排练效率、排练速度、曲目难度和音乐表现力等方面,起着十分重要的作用。

2.婺剧器乐民乐团的组织过程

随着浙江省"婺剧进校园"活动的进一步开展,浙江省众多中小学在校内组织了学习婺剧的活动,我校柳湖校区就是其中之一。

我校柳湖校区的婺剧器乐民乐团自开始创办到取得成效以来,都离不开学校音乐教师的心血与汗水。自学校决定要成立民乐团伊始,笔者就利用午休时间带领音乐组的老师们组织选拔,对每一位有民乐特长的同学都进行了认真的面试。经过层层选拔,我校柳湖校区民乐团正式成立,共 32 人,其中高胡 1 人,二胡 1 有 5 人,二胡 2 有 6 人,中胡 2 人,扬琴 2 人,古筝 2 人,笛子 2 人,唢呐 1 人,琵琶 8 人,打击乐 3 人。民乐团成立后,笔者专门邀请婺剧团的黄小锋老师指导大家练习,黄老师还特别为民乐团的孩子们改编了少儿版的婺剧器乐《新闹花台》《打岔调》等。为了提升训练效果,笔者把每次合练都拍成视频,回家后仔细看哪里进步了,哪里节奏抢拍了,下次训练哪里需要加强。在学生们的音准、节奏稳定后,再引导他们突出速度、音色、力度的对比,让作品更完美。表 5-3 是 2016 年 2 月婺剧器乐民乐团的名单。

表 5-3　我校柳湖校区民乐团名单

	二胡、中胡、徽胡(15):
1	三年级:陈禹安、沈梁一、程子盛 四年级:邵意然、朱婉菲、申振扬、李祯振、杨傲 五年级:唐晨轩 六年级(老队员):应欣悦、何可人、洪茹阳、潘昊坤、刘丁叮、雷阳
	琵琶、中阮(6):
2	四年级:吴芷欣、周尚颖、赵玉涵、冯唐其莉、邵扬程 五年级:何开心

续　表

古筝(4)：	
3	四年级：孙婧怡 五年级：蒋文越、朱品瑜 六年级：章曼
扬琴(3)：	
4	四年级：支雨慧 五年级：练紫曦 六年级：傅子钰
笛子(3)：	
5	三年级：邹洋 五年级：叶安航 六年级(老队员)：商洛嘉
打击乐：(3)	
6	六年级：(老队员)翁浩伦、吕子恒、黄钰烨
唢呐(2)：	
7	五年级：徐嘉晨(萨克斯转)、俞俊涛

　　我校柳湖校区婺剧器乐民乐团的成功组建离不开学校民乐团艺术教师们的共同努力。我校婺剧器乐队是婺城区仅有的一支学生民乐队,经我校改编的少儿版《新闹花台》是该器乐队的保留节目。多年来,一批批老队员毕业、一批批新队员加入。在这新旧更替中,在婺剧器乐的传承中,我校柳湖校区的音乐教师们克服了种种困难,带领着同学们坚持不懈地训练,取得了优秀成果。表5-4是民乐团的部分艺术教师名单。

表5-4　民乐团部分艺术教师一览

艺术教师	专　业	介　绍
黄小锋	乐团指导	浙江婺剧团国家二级演奏员 浙江省"中天杯"民乐比赛金奖

艺术教师	专　业	介　绍
卢睿琪	扬　琴	浙江师范大学音乐学院教授
杨松权	二　胡	金华职业技术学院教授
应玥佳	二　胡	专职二胡教师
夏之秀	琵　琶	中国音协评为优秀指导师奖
丁雪剑	笛　子	全国"松庭杯"优秀奖
叶艳娟	古　筝	专职古筝教师

（二）婺剧器乐民乐团的训练

我校柳湖校区的婺剧器乐队成立于 2010 年,是婺城区唯一一支学生民乐队。自成立以来至今,我们克服了种种困难,带领学生们进行坚持不懈地训练,取得了优秀的艺术成果。

1.民乐团的训练方法

我校柳湖校区成立的婺剧器乐民乐团是以演奏婺剧节目为特色的中心民乐团,对于民乐团成员的培养是民乐团训练的核心任务。对于民乐团成员的训练主要分以下四个方面。

（1）音准训练。音准是保证民乐团准确再现乐曲内容的前提和基础。一些客观因素,诸如乐器本身构造和质量的不同,民乐团成员演奏水平的高低,成员之间听觉能力的差异及气候因素等,都可能造成音准问题。面对这些问题,首先要先排除音准上有问题的乐器,对其进行修理或淘汰。其次,克服气候因素对乐器音准的影响。音准是乐队队员内心听觉在乐器上的反映,因此,培养民乐团成员的内心听觉是民乐团平时训练的重要内容。除此之外,特别要注意的是,每次民乐团训练前,都要检查乐器的音准情况,并做好必要的调整。

（2）节奏训练。节奏是音乐的核心,是构成音乐的重要表现因素。在民乐团平时训练中,要把节奏训练作为一项重要的训练内容,并注意如下几点:首先,加强学生音乐理论知识的学习,培养学生能够准确地演奏各种节奏型与各种音乐织体结合的能力;其次,掌握好节奏与速度的关系,对不同速度的反应要统一,避免抢拍或拖拍;最后,对于较难的节奏型要在教师的指导下反复练习,直到准确无误为止。

(3)视奏能力训练。视奏是保证民乐团进行正常训练的重要环节。为适应排练的需要,要求每一位民乐团成员都要有一定的读谱视奏能力。在平时训练中,为了加强民乐团成员读谱视奏能力的训练,教师要多进行一些不同调式、调性和各种复杂音型的混合练习。经过这种有针对性的长期练习,民乐团成员们的读谱视奏能力便会得到慢慢提高。另外,在排练中,也可请视奏能力较强的同学帮带视奏能力较弱的同学,充分调动民乐团成员的主观能动性。要在放慢速度的情况下进行练习,中途尽量不要停顿。这样,就可以使所练习的内容连贯起来,加深对乐曲的整体印象,以便理解记忆。

(4)合奏训练。合奏是体现民乐团实际演奏水平和各声部、各种乐器之间配合能力的重要表现形式。它要求参与演奏的各声部要协调统一,各种乐器的音色要均衡和谐,要在全体民乐团成员的集体配合下,完成对作品的整体塑造。在平时的民乐团训练中,要注意加强对民乐团成员进行有关和弦的协和性、声部均衡及力度对比等方面的训练,带领学生在充分了解合奏的具体要求下,进行有意识的演奏,以便增强合奏的实际演奏水平及提高合奏对作品的艺术表现力。

2.婺剧器乐民乐团的日常训练

婺剧器乐民乐团排练一首新作品,从开始到完成,一般分成三个阶段。在新作品排练前,教师要向全体民乐队成员介绍和分析作品,提出自己对作品的艺术见解和具体的排练要求,使每一位民乐队成员对新作品所要表达的思想感情以及作品本身的风格、特点有一些初步的了解。婺剧器乐民乐团在训练的过程中,教师与学生之间相互讨论相互学习、融洽相处。这样的日常学习过程中不仅增进了师生关系,还激发了小学生对金华传统文化遗产——婺剧的浓厚兴趣。我校音乐教师结合小学生的特点,制定了适合他们学习的学习计划,循序渐进地开展训练。以下是婺剧器乐团的前三次活动计划。

第一次活动

活动内容:挑选民乐合奏队员。

活动目标:我校学生的自主弹奏乐曲,音乐老师挑选好的民乐队员。

活动过程:

(一)组织教学

清点人数,乐器分组展示。

(二)基本练习

1.手腕放松练习。

2.运弓练习,音阶颤指练习,各调音阶练习。

(三)学生演奏,老师记录等级成绩

1.导入:今天我们来进行学校民乐合奏团的队员选拔,请同学们按照分组展示。

2.学生分组演奏。

3.小结。

第二次活动

活动内容:学习《打岔调》乐谱。

活动目标:通过学习聆听《打岔调》这首乐曲,使学生更加熟悉乐曲,并观看演奏技巧示范。

活动过程:

(一)组织教学

教师清点乐器,检查人数。

(二)基本练习

1.手腕放松练习。

2.各乐器音阶练习。

(三)学习新课

1.导入:这节课我们学习一首聆听《打岔调》。

2.师放视频,生欣赏。

3.师领生演唱旋律。

4.师讲解乐曲的速度、情绪。

5.生练习各自的声部。

(三)小结

本次训练,大部分同学表现很好,个别同学有迟到现象。

第三次活动

活动内容:继续学习乐曲《打岔调》第一部分乐谱。

活动目标:学习演奏全曲的第一部分,通过本部分的练习,掌握乐曲演奏的技巧。

活动过程:

(一)基本练习

1.手腕放松练习。

2.各乐器基本练习。

3.学习第一部分乐谱。

(二)学习新课

1.导入:这节课咱们学习的第一部分的乐谱,老师相信同学们只要刻苦训练,认真练习,都能达到理想效果。这一部分情绪比较开心活跃,每个音符都要演奏清晰。

2.师范奏,生拉奏。

3.师领生演唱旋律,注意十六分音符的技法。

4. 生练习，师巡回指导。

5. 师检查个人练习情况

（三）小结

本次训练，同学们的演奏水平有一定的进步，望再接再厉。

活动效果：大部分学生能用中速演奏十六分音符，但离演出要求相差很远，需要加强练习。曲柳婷同学练习最认真，她的扬琴演奏不仅节奏稳、手腕灵活，而且速度非常快。

（三）走出校园展婺剧风采

金华婺剧俗称"金华戏"，是中国浙江省传统地方戏曲剧种之一，拥有六大声腔，音乐丰富，旋律优美。婺剧音乐发展的历史，除了声腔从曲牌体衍变为半曲牌半板腔体，以至板腔体外，在乐器、锣鼓、器乐曲等方面，也均有发展。[①] 根据婺剧声乐和器乐特点，在浙江婺剧团吴淑娟、周跃英等专家的指导、帮助下，我校柳湖校区的音乐教师收集、整理了《三请梨花》《巡营》《樊梨花守寒江统领三军》《我祖上本也是簪缨之家》等婺剧剧目的片段，我们把这些优秀的婺剧剧目片段汇集在一起编成《金华婺剧作品选》，作为婺剧班的校本教材《金华本土音乐校本教材（六）》。原婺剧曲牌音乐《花头台》《打岔调》两首乐曲太长、难度大，不适合小学生演奏，为此，我校专门请浙江婺剧团国家二级演奏员黄小峰创作、改编了适合小学生演奏的少儿版的《新闹花台》《打岔调》，再把《新闹花台》《打岔调》全谱、分谱整理打印成册，成为《金华本土音乐校本教材（七）》《金华本土音乐校本教材（八）》，供婺剧器乐班教学使用。

---

① 赵干：《婺剧徽戏音乐研究》，浙江师范大学 2012 年硕士论文，第 1 页。

我校柳湖校区所创建的婺剧器乐民乐团在教师与学生的共同努力下取得了优秀的成就。在 2017 年金华市中小学生艺术节中,我校柳湖校区屡创佳绩。2012 年,婺剧器乐《新闹花台》顺利通过浙江省婺剧促进会专业验收。2016 年,婺剧器乐《打岔调》荣获浙江省中小学生艺术节器乐专场二等奖、金华市中小学生艺术节器乐专场一等奖。

二、举办"校村文化走亲"

我校柳湖校区安排"走在前列,共建善美金华"艺术专场的艺术教育实践活动,鼓励学生走出校园,走进农村,充分体现我校学生的博学雅行,充分展示我校博雅教育特色,同时促使学生通过活动得到成长和锻炼。我校举办的校村走亲活动不仅具有实践意义,而且对于小学生未来的成长与发展有重要价值。

(一)"校村文化走亲"的实践意义

小学生社会实践活动是引导小学生走出校门、接触社会、了解国情,使理论与实践相结合的良好形式;是小学生投身改革开放,向群众学习,培养锻炼其才干的重要渠道;是提高思想觉悟、增强小学生服务社会意识,促进小学生健康成长的有效途径。我校柳湖校区举办的"校村文化走亲"便是这样一种社会实践活动,该活动带领学生走出校园,将所学知识与实践结合,将金华本土音乐发扬光大。通过实践我们发现,"校村文化走亲"活动有利于小学生更新观念,树立正确的世界观、人生观、价值观。

教师带领小学生走出校园、进行校村文化走亲活动,具体意义有以下几点。

首先,"校村文化走亲"有利于小学生了解国情、了解社会,增强社会责任感和使命感。当今的小学生大多是在书本知识中成长起来的,对我国的国情、民情知之甚少,而社会的复杂程度,远不是读几本书、听几次讲座、看几条新闻就能了解的,社会实践活动则为他们打开一扇窗口。通过广泛的社会实践活动,能让学生看到自己和市场需求之间的差距,看到自身知识和能力上存在的不足,比较客观地去重新认识、评价自我,逐渐摆正个人与社会、个人与人民群众的位置。

其次,"校村文化走亲"有利于小学生转化和拓展所学的理论知识,增强运用知识解决实际问题的能力。小学生以课堂学习为主要学习方式,尽管这对小学生而言非常重要,但这些理论知识并不代表小学生的实际技能,往往难以直接运用于现实生活中。社会实践使小学生接近社会和自然,获得大量的感性认识和许多有价值的新知识,同时使他们能够把自己所学的理论知识与接触的实际现象进行比较,把抽象的理论知识逐渐转化为认识和解决实际问题的能力。"校村文化走亲"有利于增强小学生今后适应社会、服务社会的能力。社会实践活动使学生广泛地接触社会、了解社会,不断地参与社会实践活动,在实践中不断动手、动脑、动嘴,直接和社会各阶层、各部门的人员打交道,培养和锻炼实践能力,并且在实践中发现不足,及时改进和提高,使之更新知识结构,获取新的知识信息,以适应社会的需要。

最后,校村文化走亲有利于发展小学生的组织协调能力和创新意识。社会实践活动没有课堂教学那么多的束缚和校园生活的限制,学生们的积极性被充分调动起来,思维也空前活跃,时不时会产生一些创造性火花,在实践中开拓、创新。社会实践活动现场是考验小学生修养品性的好环境,"校村文化走亲"有利于提高小学生个人素养,完善个性品质。在那些平凡而伟大的人民群众面前,小学生养成的"娇、骄"二气会得到克服;在实践的困难和危险面前,更要求小学生们具有一定坚强品质。这类实践活动如能持续开展并深入推进,小学生在积极参与过程中,就会逐渐养成坚韧、顽强的优良品性,养成务实的学习态度和生活作风,不断提高自己、完善自己。

(二)"校村文化走亲"的具体实施

随着金华本土音乐进校园活动的进一步开展,我校柳湖校区全体师生对于金华本土音乐的热情逐渐高涨。学校组织了山歌民谣合唱团、婺剧培训班、金华道情班、金华曲艺班、民族民间舞蹈班、婺剧器乐团等多种活动形式,教师与学生在参与活动过程中都得到了多元发展。不过,金华本土音乐仅仅止步于校园内部是远远不够的。金华本土音乐来自群众,更应当走出校园,走向群众。只有如此,金华本土音乐才能够更好地传承与发展,金华的本土音乐才能源远流长、生生不息。

为了加强学校与社会之间的联系,增强学生自信心,培养学生服务社会意识,我校柳湖校区带领学生走出校园,多次举办"校村文化走亲"活动。为积极贯彻党中央"两学一做"的工作部署,推进"走在前列,共建金华"的建设活动,进一步繁荣农村文化,丰富群众生活,通过"校村文化走亲、艺术展演进文化礼堂活动"这一活动平台,让农村群众更好地了解学校,我校柳湖校区安排"走在前列,共建善美金华"艺术专场的艺术教育实践活动,鼓励学生走出校园,走进农村,充分体现我校柳湖校区学生的博学雅行,充分展示我校博雅教育特色,同时帮助学生通过活动得到成长和锻炼。在活动期间,学生积极参与活动的规划,认真练习所要表演的节目,为乡村民众送去了丰富多彩的视听盛宴。在校村文化走亲活动中,学生积极展现自我,不仅培养了社会服务意识,也激发了自身的创新精神。总而言之,"校村文化走亲"活动促使学生走出校园,走近人民生活,对小学生以后的身心发展都有重要意义,是值得鼓励的活动。表5-5是部分校村活动的节目名单,我校师生为每一个节目倾注了大量心血。

表 5-5　"走在前列,共建善美金华"
暨"浙师大附小柳湖校区校村文化走亲进康村"活动节目单

序号	节目类型	人数	节目名称	指导老师
1	古筝	8	《丰收锣鼓》	叶燕娟、陈丽珍
2	男生独唱	1	《母亲和我为祖国献石油》	康村社区
3	婺剧	7	《扇子舞》	吴淑娟、董雅妮
4	古琴	6	《归去来辞》	严纪飞、盛丽芬
5	舞蹈组合	17	一级组合	胡妙骏、车济妹
6	快板		《喜乐年华》	康村社区
7	电子琴	3	《编花篮》	兰婷
8	武术	16	《功夫少年》	赵焕娟、陈妙妃
9	二胡	15	《良宵》	应月佳、陈素娇、金妍
10	舞蹈		《一万个舍不得》	康村社区
11	琵琶	8	《茉莉花》	夏之秀、商伟存
12	歌伴舞	18	《左手 右手》	张喜宁、金妍、潘涛、包宓
13	快板	5	《夸柳小》	何健余、陈白妍、商丽娟、洪倩
14	舞蹈	20	《向天歌》	丁小婧

第三节　金华本土音乐进校园的成效

　　我校柳湖校区将金华本土音乐引进校园取得了丰硕的成果,对小学教师和学生的进一步发展都有重大意义。金华本土音乐进校园为小学校园营造了浓厚的文化氛围,对小学生的身心发展产生了潜移默化的影响。此外,在将本土音乐引进校园的过程中,我们培养了一批优秀的音乐教师,促进教师素养多元化发展。在小学师生的共同努力下,金华本土音乐在小学校园中焕发生机,取得了许多优秀成果。

一、校园本土音乐氛围浓厚

金华本土音乐进校园活动的实施使学校的音乐氛围日益浓厚，校园文化建设更加深入，全校师生得以共同发展。尤其是对于小学生而言，金华本土音乐的学习激发了他们学习音乐的兴趣，为他们提供了展现自我的机会，培养了他们的家国情怀，并让他们更加自信健康地成长。

(一)学生学习兴趣更加浓厚

为了掌握本校学生对金华本土音乐的了解情况，2014 年 3 月，我们音乐组对三、四年级 180 位学生进行了随机问卷调查，调查结果显示：没有一个人知道什么是金华本土音乐，喜欢金华本土音乐的人数不到 50％，了解金华婺剧的只占总人数的 13％，知道金华山歌、曲艺的只占总人数的 6.1％。由此可见，学生对自己家乡的本土音乐的认识非常模糊。随着金华本土音乐进校园活动的开展，各项活动丰富了小学生的课余生活，开拓了他们的视野，也逐渐激发了他们对金华本土音乐的热爱。2016 年 10 月，我校音乐组对实验班级的 180 位学生重新进行了问卷调查。调查结果显示：喜欢金华本土音乐的人数从两年前的 88 人增加到 176 人，占总人数 97.8％，了解金华山歌、金华道情的从 6.1％提高到 61％，知道金华婺剧剧目的从 13％提高到 70％，由此可见，诸如山歌民谣合唱团、婺剧器乐民乐团等多种课外活动的开展，对于金华本土音乐的继承与发展具有重要意义。从前后两次调查的对比看，金华本土音乐进校园活动提升了小学生的音乐学习兴趣，并促进了金华本土音乐的传承。

(二)学生家国情怀得到培养

学生在参与金华本土音乐乐团学习过程中，深受老师丰富的知识和精湛的授课艺术的吸引,他们积极参与团队的互动,相互鼓励,相互交流,逐渐对金华本土音乐的学习充满浓厚的兴趣,在学会鉴赏、品味、思索中获得多方启迪。通过学习、体验金华本土音乐,学生对金华本土音乐的门类、起源、唱腔和表演形式等知识有了更多的了解,在亲身经历金华本土音乐的学习实践过程中,不仅赢得了各项荣誉,自信心和成功的快感大增,还深深爱上了金华的本土音乐,更热爱他们的家乡金华。

金华本土音乐源自金华本土人民的日常生活,其中不仅流淌着金华人民的血液,同时也蕴含着金华人民的文化底蕴。通过金华本土音乐进校园的诸多活动,学生们逐渐走近金华本土音乐,进而了解其中所蕴含的文化与精神,最后爱上金华本土音乐。如下是我校柳湖校区六(4)班的一位同学的感受,从他的叙述中可以深刻地感受到他逐渐爱上了金华民歌,并更加热爱自己的家乡。

学唱金华民歌的乐趣
六(4)班　洪豆

"一颗星,咯咯叮,两颗星,挂油瓶,油瓶漏,好炒豆……"这是一首金华民歌,曾经就是这首歌让我们获得了2015年金华市艺术节合唱比赛一等奖,我很有成就感,好开心。我参加山歌民谣合唱团唱的第一首歌曲是《汤溪民谣》,歌曲讲的是一个新娘子出嫁的事情。唱的时候,我的脑海中会浮现出一幕幕充满民间风情的画面。为了唱好这首金华民歌,妈妈让我听了许多汤溪民谣,还带我去了她的半个"故乡"——汤溪。我感受到汤溪人的性格非常直爽、豪迈,惹人喜欢。我还发现汤溪话的声调与普通话大相径庭,学会一种新的语言,懂得了汤溪的音韵美,不知不觉中我已经爱上了汤溪方言。我爱上了唱金华民歌。

(三)学生表现能力全面彰显

　　每参加一次活动或排练,不仅提高学生们的艺术活动能力、激发其艺术兴趣,充分发展其潜力并展示其个性特长,而且帮助学生们增添一份自信、成功的愉悦感,这种愉悦感是学生们人生道路上的永恒动力。通过这些感受、体验、表演活动,我校学生对金华本土音乐有了更多的了解,其语言能力、表现能力、交往能力、创造能力等方面均有明显提高,学生在个性自由发展的同时,艺术技能和音乐核心素养得到了充分的提升和发展。

　　自我效能感指个体对自己是否有能力完成某一行为所进行的推测与判断。班杜拉认为,自我效能感包括结果期望和效能期望。结果期望指人对自己某种行为会导致某一结果的推测。如果人预测到某一特定行为将会导致特定的结果,那么这一行为就可能被激活和被选择。在参与金华本土进校园活动过程中,我校教师始终耐心和细心地支持和鼓励学生,学生也能够通过自己的努力达到想要达成的效果。师生共同努力使学生的自我效能感增强,变得更加自信。通过金华本土音乐进校园活动的开展,学生在活动中找到了自己的价值,为其今后的身心健康成长奠定了基础。如下是我校柳湖校区五(2)班支同学所写的感受,从中可以清晰地体会到参加民乐团给她带来的积极影响。

民乐团训练让我变得更自信

五(2)班　支雨慧

　　在去年偶然的一次机会,我入选了学校民乐团。在民乐团训练的一年多中,我感受到的是老师与同学之间愉快的气氛,好像不是师生,而是老朋友。在练第一首曲子《打岔调》时,因为曲子声部多,难度大,大家又不太熟,你弹你的,我拉我的,这一个音,那一个音,很刺耳。我总是躲在旁边,怕老师叫到我,因为我怕自己出丑！经过 3 个学期下来,在长时间的磨合后,大家都已能做到齐心、团结,慢的快一点,快的慢一点,你带我,我带你,默契十足。我对扬琴的兴趣逐渐增长,现在我能够非常自信、流畅地进行演奏了。团结一心,不管事情多难,都能迎刃而解,这也是我在民乐团这个大家庭中学到的。

二、教师音乐素养多元发展

金华本土音乐进入小学校园中的成功,有赖于我校采用的师资先行策略。在这一策略的指引下,我校柳湖校区音乐教师的整体素质得以有效提高。

(一)采用了师资先行策略

金华本土音乐进校园的质量与效果如要有保障,其关键在于有高质量的师资队伍。为此,我校柳湖校区提出了师资先行策略,以"走出去、请进来"的思路全方位提升师资队伍水平,确保了金华本土音乐进校园能够顺利、有效地实施。

1. 聘请专家,宏观指导把关

我校课题立项后,课题组老师专程拜访了金华市音乐家协会主席应兆铭,原金华市曲艺家协会主席章竹林,浙师大音乐学院副院长、硕士生生导师韩启超,浙师大音乐学院教授、硕士生导师、浙江省非遗保护专家组成员杨和平,并聘请他们为我校外聘专家和课题组顾问,为学校音乐老师们"把脉"并指引方向,为课题组提供专业支持与理论指导。

学校依托毗邻浙江师范大学音乐学院的优势,还定期邀请浙师大音乐学院声乐老师周静等对课题组几位专职老师进行民歌表演方面的培训;经常邀请金华市婺城区文化馆的曲艺专家章晓华老师,金华山歌传承人蔡玉辉老师,原新狮街道文化员、金华山歌创作人、山歌爱好者王忠芳等到学校给学生进行现场指导,并通过网上交流、书信、电子邮件等形式得到以上专家的持续指导和帮助。如金华民歌《咯咯叮》的教学,就邀请过金华市音乐教研员李思慧、婺城区音乐教研员方秀娟、金华民歌《咯咯叮》的原创作者金华市音乐家协会主席应兆铭、浙江音乐学院闫宝林教授等专家亲临指导(如表 5-6 所示)。

表 5-6　部分专家指导团队

杨和平	浙师大音乐学院教授、硕士生导师
周静	浙师大音乐学院声乐教师
应兆铭	金华市音乐家协会主席
章竹林	原金华市曲艺家协会主席
章晓华	金华市婺城区文化馆文化员、曲艺专家
蔡玉辉	金华(竹马)山歌传承人
王忠芳	原新狮街道文化员,金华山歌创作人、山歌爱好者

2.外聘内培,组建专家团队

我校在自查的基础上,大致确定了校内已有的音乐师资力量,同时通过广泛调查,了解到金华本土音乐的师资资源,并以内培为主要方式,适当地辅以外聘,寻求供需之间的平衡,组建了一支内培和外聘相结合的本土音乐师资队伍,争取给学生更多的选择权,尽量满足学生的需求。我校音乐师资队伍构成包括专职音乐教师4 人,兼职音乐教师 1 人;还从校外聘请了一批德艺双馨、具有专业水准的外聘音乐教师,如民乐指导师黄小锋、扬琴老师卢睿琪、二胡老师杨松权、琵琶老师夏之秀等。

(二)改进了教学方法、提升了教学水平

通过各种课外音乐活动的开展,教师的授课方法更加合理。本土音乐本身就是一种原生态的艺术,民间艺人或传承人用的是

"口传心授"的教学方法,这主要是因为原生态、古老的山歌、民谣等没有歌谱,没有伴奏音乐,没有音响资料。与民间艺人当时的教学条件不同,我校已开发的《金华本土音乐教材》有图有谱有声音,这为我校教师改进教学方法奠定了基础。教学方法上,我校音乐教师做出了如下改进:首先,将口传心授、手把手教学,改良为视谱视唱、听录音看视频学唱,并实现单声部、分声部的视唱和合唱;其次,改进歌曲教学内容,培养学生对地方方言的发音能力和演唱能力;再次,将舞台演绎作为检验平台,展示本土音乐所特有的特色和韵味;最后,实现本土音乐覆盖全校,达成学生们"乐学、爱唱、能赏、会演"的目标。

经过教学方法改进的种种努力,我校音乐教师的教学水平普遍得到有效提升。在各自主办的音乐社团中,我校音乐教师努力开阔学生的本土音乐文化视野,扎扎实实地开展教学,积极向学习型、科研型教师转化。我校音乐教师教学水平提高的另一表现是,自金华本土音乐进校园以来,课题组教师撰写的论文获市级奖11项,获区级奖15项;3位老师荣获浙江省优秀指导教师等;单项教学技能评比荣获区一等奖以上10多项,区级以上公开课、讲座20多节,为金华本土音乐传承做出了重要贡献。

(三)增强了团队互助和分享意识

我校教师们的团队互助和分享意识是在担任专家助教的过程中逐渐发展起来的。为了保质保量、顺利有效地开展体艺活动,提高艺术教学质量与管理效果,学校特聘请浙江师范大学音乐学院教授姜宝海、金华市教育局艺术干部蒋相忠、金华市音乐教研员张惠珍、婺城区音乐教研员李思慧等作为学校的艺术顾问,并定期为学校体艺教师进行理论、实践指导。全校一千多师生,人人参与由本校专业教师和外聘专家担任主教的体艺特色课程。艺术顾问每周两次来校指导师生学艺,学校非体艺专业的教师担任助教,全员参与体艺活动管理,协助主教授课;助教每天紧跟在主教专家身旁边学习边钻研。在担任助教过程中,每位助教老师选择一项自己喜欢的艺术项目,学习专家指导学生学习技艺的方法,钻研扬琴、二胡、古筝、中阮、琵琶、笛子等演奏技巧。经过长期性的观摩实践,助教老师的教学水平得以提升,并逐渐能够开展独立教学。我校助教老师教学水平的提升,除了观察观摩实践外,与助教善于向专家请教、专家乐于分享密不可分;此外,我校的助教老师之间也经常分享学习观摩实践后的心得体会,这样,我校音乐教师之间、音乐教师和专家之间营造了和谐互助、分享的氛围。这些互助和分享,成就了我校的山歌民谣合唱团、婺剧器乐民乐团等组织的建设和成长。

可喜的是,教师之间、教师和专家之间的互助和分享也带动了学生们之间的互助和分享。在金华本土音乐学习过程中,技艺能力较强的学生,在自己的练习之余能帮助技艺能力较弱的同学,共同进步。在相互帮助下,学生们不仅能力得到提升,而且学习兴趣也愈发强烈。"专家带助教、助教帮学生、学生带学生"这种"传、帮、带"的互助式学习,在提升我校音乐教师的专业水平的同时,也实现了我校学生的梯队式培养,让本土音乐的传承后继有人。

三、金华本土音乐得到创新与推广

金华本土音乐进小学校园的活动中,不仅令教师和学生得到了锻炼和成长,金华本土音乐也通过创新与时俱进,进而走向全国。金华当地的音乐文化在不断更新中完善自我,各类展演让全国人民看到了金华本土音乐的丰富多彩,感受金华传统文化的魅力。

(一)少儿原创本土音乐表演并获奖

我校少儿原创本土音乐走出校门参加表演并获奖,是以我校教师自主创新金华本土音乐作品并邀请有关专家一起创编为基础的。创新是事物生存发展的不竭动力,金华本土音乐也不例外。文化是人类智慧的结晶。就其本质而言,文化是指人类在社会实践过程中所获得的物质与精神的生产能力及其创造的物质与精神财富的总和。创新即是创造新的事物,是扬弃。创新是人类特有的认识能力和实践能力,是人的主观能动性的高级表现形式,是推动民族进步和社会发展的不竭动力。文化创新就是人们在社会实践和文化传承的基础上,依据时代特征,构建文化的新理论、新内容、新制度、新技术,赋予文化时代性的变革。这种变革不是对传统的否定,而是对传统的重塑,取其精华,去其糟粕,进而形成符合时代发展要求的新文化。[①]

本土音乐是相对于非本土音乐的一个概念,是一种古老的、原生态的音乐,是一种相对稳定的集体智慧的结晶,受地域限制相对较大,与其他外来音乐的相互影响较小,因此基本上都维持了地方特色。如何保持本土音乐的地方特色同时又能符合小学生的学习特点和需要,是我校音乐教师进行金华本土音乐改编过程中必须考虑的关键问题。金华本土音乐种类丰富,包括金华山歌、汤溪民谣、金华道情及婺剧等。以婺剧为例,浙江省提倡"婺剧进校园"以来,诸多学校都做出了尝试。婺剧的唱腔由于长期在农村草台演出,重做轻唱,其唱腔已不如苏昆严谨,着重于感情和气氛的渲染,而不过分讲究吐字运腔的功夫,甚至有的曲牌的唱词成了"堂众曲",各个戏中可以自由套用,显然,这样的婺剧学习对于小学生来说过于复杂。为此,我校音乐教师在教学过程中根据学生的特点做出了相应的改编、创编等。

我校教师在收集、改编、创编的基础上,整理完成了《金华山歌》《汤溪民谣》《金华道情》《金华婺剧剧目选》等七本适合小学生

---

① 石文卓:《文化创新:建设社会主义文化强国之关键》,《求实》2013 年第 6 期,第73—77 页。

学唱的校本教材,请人创作、改编了《新闹花台》《打岔调》《恋·传承》三本适合小学生演奏的婺剧曲牌器乐曲。鉴于原婺剧曲牌器乐曲《花头台》时间长、演奏难度较大,2010 年我校邀请国家二级演奏员、浙江省民乐金奖获得者黄小锋老师,根据原婺剧曲牌器乐曲《花头台》改编了《新闹花台》。《新闹花台》短小精炼、生动活泼、喜气洋洋,特别适合小学生演奏。乐曲由先锋开场,分别由唢呐、笛子、古筝、徽胡、唢呐领奏,吹管、拉弦、弹拨、打击乐伴奏,全曲不到6 分钟,起伏跌宕,一气呵成。黄老师改编的婺剧器乐《打岔调》参加 2016 年金华市艺术节民乐专场比赛荣获一等奖、浙江省艺术节民乐专场比赛荣获二等奖;金华市音乐家协会主席根据金华民歌改编的合唱《咯咯叮》参加 2015 年金华市艺术节合唱比赛一等奖,浙江省三等奖。对于小学生而言,这些研究成果非常了不起,不仅赢得了各项荣誉,更重要的是在亲身经历金华本土音乐的学习实践过程中,小学生的语言能力、表现能力、交往能力、创造能力等方面得以明显提高,对民族音乐也产生了浓厚兴趣。

(二)金华婺剧走向全国

在将金华婺剧引进校园的过程中,婺剧逐渐为小学生所熟知,婺剧文化得到推广与传承。婺剧俗称"金华戏",是典型的多声腔剧种,距今已有 400 多年的历史,是中国戏曲大家族中一个流行于地方的古老剧种。婺剧有"徽戏的正宗,京戏的祖宗,南戏的活化石"之誉。它以金华为中心,流行于浙江的金华、衢州、丽水、台州、温州和杭州部分地区及江西的东北部、福建的北部地区。[①]

金华婺剧在小学校园众焕发生机,不仅走出校园通过省级验收,而且还走向全国。为了积极贯彻落实浙江省各级婺剧促进会关于婺剧进校园的通知精神,我校柳湖校区创立了婺剧器乐队。

---

① 贾波:《金华婺剧发展现状研究》,《大众文艺(理论)》2009 年第 17 期,第 216—217页。

我校 2010 年成立的婺剧器乐队是金华市本级第一支中小学生婺剧器乐队,填补了婺城区、开发区、金东区婺剧器乐进校园的空白。婺剧器乐在小学校园开展得红红火火,众多小学生积极参与其中。2011 年 12 月 17 日,省婺剧促进会秘书长龚震源带领市、区各级婺剧促进会的领导们来到我校柳湖校区对婺剧器乐《新闹花台》进行检验。伴随着铿锵有力的鼓点,我校学生们把婺剧器乐《新闹花台》演绎得有声有色。与此同时,金华婺剧逐渐走出校园,得到了许多人的认可。2017 年,婺剧器乐《新闹花台》通过了浙江省婺剧促进会的专业验收,我校被评为浙江省婺剧进校园示范学校。

婺剧是一种古老的艺术文化,它以其优美的旋律,古老淳朴、粗犷的艺术风格受到广大观众的喜爱。婺剧不仅体现了浙中地区人民独特的艺术追求和审美情趣,而且包含了浓厚的传统文化,可以作为金华传统文化的典型代表。与此同时,婺剧作为中国戏曲的一个地方剧中,是浙中西南部人民思想、情感、审美意识的凝练和结晶。随着时代的进步,许多优秀的传统文化在时间中流逝。因此,婺剧的传承和发扬更需要年轻一代的努力。

第六章　金华本土音乐课程在
小学课堂中的实施

　　金华本土音乐课程进课堂是传承金华本土音乐文化的有力举措,是响应《义务教育音乐课程标准》中提出的"弘扬民族音乐,理解音乐文化多样性"课程理念的需要。本土音乐引入中小学音乐教育,将音乐与文化有机地结合起来,使学生在掌握音乐基本技能的同时有了更多的了解本土音乐文化的机会,实现了音乐技能教育与文化传承的有机整合。[①] 金华本土音乐课程在小学课堂中的实施是金华本土音乐传承的一个重要方面,本章在讨论课程实施与教学的基本概念的基础上,阐述金华本土音乐课程"民间歌曲""民间戏曲""民间曲艺"中具有金华本土音乐特色的艺术形式在小学课堂中实施的方法和典型案例。

第一节　金华本土音乐课程实施与教学过程概述

　　"课程与教学论"是教育学科的一个重要研究领域,音乐课程与教学论是音乐教育学科的重要组成部分。金华本土音乐作为我国传统文化的瑰宝,其课程实施与教学具有其他学科不可替代的重要作用。要进行金华本土音乐在小学课堂中实施的研究,首先

[①]　冯国蕊:《云南中小学"本土音乐进课堂"的实践性思考》,《民族音乐》2009 年第 4 期,第 56 页。

需要明确与课程实施有关的基本概念。本节主要从课程实施与教学相关的概念展开,力求为读者全面展现金华本土音乐课程实施与教学的概貌。

一、金华本土音乐课程实施概述

这里所指的金华本土音乐课程实施是指金华本土音乐课程在小学课堂中的实施。金华本土音乐课程在小学课堂中的实施从属于课程实施,为此,在阐述课程实施的内涵、特点、基本取向的基础上,阐明金华本土音乐课程在小学课堂中课程实施的内涵、特点、原则等。

(一)课程实施

已有研究表明,课程实施有其特有的内涵、特点、基本取向,这些内涵、特点、基本取向是了解课程实施程度的衡量尺度。

1.课程实施的内涵

关于"课程实施"的概念,不同学者提出了不同观点。张华认为,课程实施是将某项课程计划付诸实践的具体过程。[1] 靳玉乐指出,课程实施涉及国家、地区、学校和课堂各个层面,是将预期的课程方案付诸实施的过程。[2] 还有学者将课程实施等同于教学,认为课程实施就是课堂教学的过程。尽管学者们对课程实施的认识不同,但总体而言,课程实施具有如下三方面的基本内涵:第一,课程实施是将编制好的课程计划付诸实践的过程,是实现预期的课程理想,达到预期课程目的,实现预期课程结果的手段;第二,课程实施是通过教学活动将编制好的课程付诸实践;第三,课程实施的焦点是实践中发生改革的程度和影响课程实施的那些因素。[3]

---

① 张华:《课程与教学论》,上海教育出版社 2000 年版,第 330 页。
② 靳玉乐:《课程论》,人民教育出版社 2012 年版,第 329—330 页。
③ 李定仁、许继存:《课程论研究二十年》,人民教育出版社 2004 年版,第 90—91 页。

2.课程实施的特点

课程实施具有如下特点。

首先,课程实施具有动态性。教师要结合学生的个性需求,创造性地使用课程方案,灵活生成符合学生发展的课程。这意味着课程方案需要具有一定的弹性。

其次,课程实施具有整体性。课程实施是一个整体性的过程或活动,它由多种影响因素共同推进。为此,需要加强各因素间的彼此联系。

再次,课程实施具有开放性。课程实施需要外界环境和其他事物的支持,需要与其他事物进行物质、信息和能量交换,它包括内部开放和外部开放。[①]

3.课程实施的基本取向

课程实施的取向是对课程实施过程本质的不同认识以及支配这些认识的相应的课程价值观。根据美国课程学者辛德尔、波林和扎姆沃特的归纳,课程实施具有三个基本取向,即"忠实取向""相互适应取向"与"课程创生取向"。

(1)课程实施的忠实取向

课程实施的忠实取向(或忠实观)认为,课程实施过程即忠实地执行课程变革计划的过程。衡量课程实施成功与否的基本标准是,课程实施对预定课程变革计划的实现程度。在忠实取向看来,"课程"一词的含义是指体现在学程、教科书、指导用书、教师的教案或课程革新方案中的有计划的内容。

忠实取向视野中的课程知识是由课程专家创造、选择并提供的。教师对课程知识的创造和选择没有真正的发言权。与此相应,与忠实取向相适应的变革被视作一种线性的过程:即专家在课堂外制订出变革计划,教师在课堂中实施变革计划。

---

① 靳玉乐:《课程论》,人民教育出版社 2012 年版,第 329—330 页。

（2）课程实施的相互适应取向

课程实施的相互适应取向（或相互适应观）认为，课程实施的过程就是课程计划与班级或学校实践情境在课程目标、内容、方法、组织模式诸方面相互调整、改变或适应的过程。相互适应取向认为，课程不仅包括体现在学程、教科书或变革方案中的有计划的具体内容，而且还包括学校和社区由各种情境因素构成的谱系，这些情境因素会改变课程变革方案。

相互适应取向倾向于把课程变革过程视为一个复杂、非线性的和不可预知的过程，而非一个预期目标和计划的先行演绎过程。

（3）课程创生取向

课程实施的创生取向（或课程创生观）是课程实施研究中的新兴取向。这种取向认为，真正的课程是教师和学生联合创造的教育经验，课程实施本质上是在具体教育情境中创生新教育经验的过程，即已有的课程计划只是供这个经验创生过程选择的工具而已。

课程创生取向的基本特征集中体现在对课程、课程知识、课程变革、教师角色的性质及研究方法论的认识方面。[①] 课程创生取向认为，课程知识不是一件产品或一个事件，而是"一个不断前进的过程"；教师和学生个性的成长与发展过程是思维和行为上的变化，而不是一套设计和实施新课程的组织程序。课程创生的过程是教师和学生持续成长的过程。

需要指出的是，三种取向都有其合理性和局限性。忠实取向强化了课程政策制定者和课程专家在课程变革中的作用。相互适应取向综合考虑具体实践情境之外的专家所开发的课程和对这种课程产生影响的学校情境、社区情境的因素。创生取向则把处于具体情境中的教师和学生在课程开发、课程创造中的主体性解放

---

① 张华：《课程与教学论》，上海教育出版社2000年版，第335—343页。

出来。从忠实取向到相互适应取向、再到课程创生取向,意味着课程变革从追求"技术理性"到追求"时间理性",再到追求"解放理性",体现了课程变革的发展方向。[①]

(二)金华本土音乐课程在小学课堂中的实施

众所周知,音乐是最古老、最具普遍性和感染力的艺术形式之一,是人类通过有组织的音响实现思想和感情的表现与交流必不可少的听觉艺术,是人类精神生活的有机组成部分。作为人类文化的一种重要形态和载体,音乐蕴含着丰富的文化和历史内涵,以其独特的艺术魅力伴随人类历史的发展,满足人们的精神文化需求。对音乐的感情表现和创造,是人类的一种基本素质和能力。音乐课程的价值在于提供审美体验、陶冶情操、启迪智慧、开发创造性发展潜能、提升创造力、传承民族优秀文化,推进学生对世界音乐文化丰富性和多样性的认识和理解,促进人际交往、情感沟通及和谐社会的构建。[②] 金华本土音乐课程在小学音乐课堂中的实施同样具有审美体验价值、创造性发展价值、人际交往价值和文化传承价值。

1.金华本土音乐课程在小学课堂实施的内涵

小学音乐课程是特定的教育机构按照国家教育方针和音乐教育目的,为培养符合一定社会需要的人才,根据学生身心发展状况,满足学生个人全面发展的需要,传承人类有价值的音乐文化精华,在一定的时期内,使学生完成规定的音乐教育内容,达到某种预期而开设的具有音乐自身特性的一门学科的总和及进程和安排。[③] 据此,金华本土音乐课程在小学课堂中的实施是在遵循小学

---

① 张华:《课程与教学论》,上海教育出版社 2000 年版,第 345—346 页。

② 周顺平:《音乐课程与教学论》,广西人民出版社 2016 年版,第 28 页。

③ 刘瑾、王敏:《中国现当代音乐课程问题史论》,山东人民出版社 2014 年版,第 123 页。

音乐课程在课堂实施原则的基础上,结合金华本土音乐的特点在课堂中开展的音乐教学活动。

2.金华本土音乐课程在小学课堂中实施的特点

音乐课程的实施具有如下特点:第一,人文性,音乐是文化的重要组成部分,是人类宝贵的精神文化遗产和智慧结晶;第二,审美性,"以美育人"的教育思想与我国教育、文化传统一脉相承,是培养德智体美全面发展的社会主义建设者和接班人的教育方针的有机组成部分;第三,实践性,音乐课程各领域的教学只有通过聆听、演唱、探究、综合性艺术表演和音乐创编等多种实践形式才得以实施。[1] 金华本土音乐课程从属于音乐课程,据此,金华本土音乐课程在小学课堂中的实施也同样具有人文性、审美性、实践性等特点。

3.金华本土音乐课程在小学课堂实施的原则

我国音乐课程与教学的实施以《音乐课程标准(2011)》作为行动纲领,它是指导学校音乐教育展开的重要依据。[2] 音乐课程的实施实际上是一个将音乐课程改革付诸音乐教学实践的动态过程,为了达到音乐课程目标、课程内容达到预期效果,小学音乐课程的实施要遵循以下原则。[3]

(1)遵循听觉艺术的感知规律,突出音乐学科的特点

音乐是听觉艺术,听觉体验是学习音乐的基础。教师要引导学生喜爱音乐,加深学生对音乐的理解,充分发掘音乐的美,做到以美感人、以美育人。

(2)注意音乐教学各领域之间的有机联系

《义务教育音乐课程标准(实验稿)》中设定的四个音乐教学领域是一个相互联系、相互渗透的整体。教师应全面理解和掌握音

---

[1] 胡郁青:《新课标音乐教学论》,西南师范大学出版社 2016 年版,第 7—8 页。

[2] 程昱、余幼梅:《音乐与教学论》广东高等教育出版 2014 年版,第 169 页。

[3] 秦润明:《音乐课程与教学论通用教程》,上海三联书店 2012 年版,第 78—79 页。

乐教学各领域的内容要求及其相互联系,并在教学中将其融合成有机整体,全面提高学生的音乐素质。

(3)面向全体学生,注意因材施教

课堂教学是学校音乐教育的主要渠道,学校和教师要为全体学生提供足够的音乐学习时间、空间和条件。教师要尊重学生的音乐能力的差异性,给予学生不同的音乐指导。

(4)建立平等互动的师生关系

音乐教学活动应该是过程与结果并重,教师作为教学的组织者和指导者,是沟通学生和音乐之间的桥梁。教师应在教学过程中建立民主、平等的师生交流互动的关系。

(5)运用现代教育技术手段

以信息技术为代表的现代教育技术极大地扩展音乐教学的容量,丰富了教学手段和教学资源,在音乐教育中有着广阔的应用前景,教师要充分发挥学生在学校、家庭和社区运用电脑网络方面所蕴藏的巨大教育潜力,引导学生利用现代信息技术学习音乐。教师应加强对学生在电视、广播、网络上学习音乐的指导。

(6)因地制宜实施《义务教育音乐课程标准(2011年版)》

我国是幅员辽阔、人口众多的多民族国家,各地区、各民族和城乡之间存在差别,各学校和教师应结合本地、本民族和本学校的具体情况,充分利用当地的课程资源,营造良好的校内外音乐环境,丰富具有区域文化和民族文化特色的教学内容,因地制宜地把握教学领域内容标准的弹性和尺度。

金华本土音乐课程作为小学音乐课程中的重要构成部分,其实施过程中同样以《义务教育音乐课程标准(2011年版)》作为行动纲领进行课程实施,在课堂实施中遵循上述原则。

二、金华本土音乐课程的教学过程概述

教学是课程实施的中心环节,教学实施是一个完整有序的系

统,它由一个个相互联系、前后衔接的环节构成。[①] 为此,如下简要介绍教学过程的内涵、小学音乐课程教学过程。

(一)教学过程的内涵

教学既是科学,又是艺术。[②] 课堂教学是教师和学生以课堂为主渠道的交往过程,是教师的教与学生的学的统一活动。通过这个交往过程和活动,学生掌握一定的知识技能,形成一定的能力态度,人格获得一定的发展。教学过程,是指教学活动的展开过程,是教师根据一定的社会要求和学生身心发展的特点,借助一定的教学条件,指导学生主要通过认识教学内容从而认识客观世界,并在此基础之上发展自身的过程。

(二)小学音乐课堂教学过程

小学音乐课堂教学是根据中小学课程标准和小学生身心发展的特点等制定教学目标,对小学生进行情感陶冶、音乐知识与文化学习的过程。小学生是一个特殊的群体,小学音乐课堂教学是教师和学生之间以音乐为中介进行相互交往的过程和活动。小学音乐课堂教学过程有自己的独特性,主要体现在音乐教学方法上。我国中小学常用的音乐教学方法如下。[③]

1.体验性音乐教学方法

顾名思义,体验性音乐教学方法是一种以音乐情绪、情感体验为主的教学方法。这一方法通过激发学生音乐学习兴趣,感受与鉴赏音乐的艺术美,进而使用情感体验外化等手段,培养学生音乐审美情趣和审美能力。它包含以下几种方法。

(1)欣赏法

---

① 李允:《课程与教学论》,北京大学出版社 2015 年版,第 129 页。
② 秦润明:《音乐课程与教学论通用教程》,上海三联书店 2012 年版,第 2 页。
③ 周顺平:《音乐课程与教学论》,广西人民出版社 2016 年版,第 149—152 页。

欣赏法是以欣赏活动为主的教学方法。在教学过程中,教师可以创设一定的情境,利用一定的教材内容及艺术形式,使学生通过音乐体验,分析评价客观事物的真善美,陶冶情操,培养其浓厚的学习兴趣、正确的学习态度、高尚的审美理想和鉴赏能力。欣赏法的特点是通过教学中的欣赏活动,使学生产生积极的情感反应。在教学中要注意以下问题:首先要引起学生欣赏的动机和兴趣;其次要引起学生强烈的情感反应;再次要组织与指导学生参与体验描述、分析评价等欣赏活动,以使学生的审美情感进一步升华;最后要注意欣赏活动中学生个性与知识能力等方面的差异。需要指出的是,在欣赏过程中除了借助音乐作品进行聆听、联想、想象、模仿、分析、评价外,还可以适当利用诗歌、舞蹈、戏剧、绘画等其他艺术形式进行辅助性欣赏,以提高学生的学习兴趣,扩充学生的视野。

(2)演示法

演示法是教师在课堂上通过实际音响、示范、直观教具的操作等方法,让学生获得感性知识,深化学习内容的方法。它也是一种很常用的,能够很好地提高学生学习效率的音乐教学方法。音乐教学中的演示手段大致有四种。第一种是实际的聆听及动作的观察,包括人声、乐器声的唱片、录音、录像、电影等。其特点是能突破时空界限,使静态的乐谱变成动态的音响、图像,使抽象的概念、理论具体而形象化。第二种是教师的示范,包括范唱、范奏、律动及演唱、演奏等技术动作的分解等。第三种是学生演唱,这种方法的重点是,对于学生的演唱,要及时反馈信息,分析问题,以有效地提高其演唱水平。第四种是利用实物、模型、图表、图画等演示,使学生获得感性知识。如让学生自己制作各种乐器,结合音响进行演示,就是一种学习了解乐器性能及乐队编制的好办法。

(3)参观法

参观法是教师根据教学目标要求,组织学生通过对实际事物和现象的观察、研究而直接获得知识感受的方法。这种方法与生活联系紧密,能打破课堂和书本的约束,扩大学生视野,使学生从现实社会生活中接受教育。音乐教学的参观包括组织学生听音乐会、参观乐器博物馆、参观乐器制造厂等。参观前要目的明确、精心准备,要向学生讲明目的、要求,介绍有关内容和知识;参观中要提醒学生悉心聆听观察,适当记录,搜集资料;参观后要进行讨论,总结收获。

2.实践性音乐教学方法

实践性音乐教学方法是以音乐实践活动为主,通过教师指导学生亲身参与的各项音乐实践活动,以形成与完善音乐技能技巧和提高与发展音乐表现能力的方法。中小学音乐课堂中最常用的传统的实践性教学方法就是练习,由于音乐教学具有技艺性的特点,练习法在音乐教学中的地位不可忽视,特别是在识谱、歌唱与器乐等教学中尤为重要。

3.语言性音乐教学方法

语言性音乐教学方法是以语言传递为主,通过教师和学生口头语言活动以及学生独立阅读书面语言来进行教学的一种音乐教学方法。它包括讲授法和谈话法。

讲授法是指教师通过简明、生动的口头语言进行教学的一种方法。讲授法在实际教学过程中又可分为讲述、讲解、讲读、讲演等不同形式。讲述是指教师对某个事件或某种事物以叙述或描绘的方式进行教学,如对音乐作品的作家生平、创作背景的介绍与描述等。讲解是指教师以说明、解释、论证等方法进行有关概念、原理的教学,如讲解谱号、调号等记谱知识,阐明发声器官、乐器构造原理等。讲读是指教师或学生利用教材进行边讲、边读、边练的教学活动,如分析了某种调式之后,再读一读教材中所归纳的有关概念,然后再进行实际调式的分析练习。讲演是指教师对教学内容进行系统分析、概括总结的一种方法,如在音乐欣赏教学的每一个单元结束时,教师进行的有理有据的极富感染力的概括性总结即是。讲演在课堂教学中时间不宜过长,也可以尝试由学生来承担,如在课堂上欣赏过贝多芬《第五交响曲》后,由教师或学生来总结该作品的结构、风格等。

谈话法一般可分为启式谈话、问答谈话和指导性谈话等方法。

三、金华本土课程实施与教学过程的关系

课程实施与教学是开展本土音乐课程教学的重要方面,二者具有内在的统一性,对课程实施与教学过程关系的概述有利于课程的顺利展开。

(一)课程实施与教学的关系

课程实施与教学具有内在的统一性和联系,主要包括两个方面:第一,课程实施内在的整合了教学,教学是课堂实施的核心环节和基本途径;第二,课堂实施研究与教学研究具有内在的互补性,教学研究有助于理解课程实施过程的内在机制,课程实施研究有助于理解教学的本质,从而为教学设计提供新的视野。[①] 理清课程实施与教学的关系,对于进一步认识金华本土音乐课程实施与教学的关系具有引领性作用。

(二)金华本土音乐课程实施与教学的关系

音乐课程与音乐教学既有联系又有区别,既相互依赖又相互独立。音乐课程是音乐教育的目的和培养目标的基本体现,是指教什么的问题;音乐教学则是以音乐课程为依据而展开的,是指怎样教的问题。两者是目的和手段、内容与形式的关系。作为教与学的内容,音乐课程是教与学活动的中介,并制约着教与学的方

---

① 张华:《课程与教学论》,上海教育出版社 2000 年版,第 365 页。

法。离开了教导内容,怎么教就无从发生,而离开了教导形式,教什么就完全落空。[①] 同理,金华本土音乐课程实施与教学的关系也是既相互联系又相互区别,既相互依赖又相互独立,二者共同促进金华本土音乐文化的传承与发展。

第二节 金华本土音乐课程"民间歌曲" 在小学课堂中的实施

金华的民间歌曲是金华本土音乐的重要组成部分,金华民间歌曲包括金华山歌、金华民谣、汤溪民谣、畲族对歌等具有金华本土音乐特色的艺术形式,我校柳湖校区师生通过共同努力,将这些具有金华本土音乐文化与特色的金华民间歌曲通过整理和改编引进小学课堂。本节主要向读者呈现我校柳湖校区在课堂实施过程中的有关方法和案例,供广大读者借鉴与思考。

一、金华山歌在小学课堂中的实施

如前所述,金华山歌是金华地区广大农村人民在山野、湖河劳作行舟或在屋前棚下休憩时,为舒心解闷自娱时演唱的一种民歌,是劳动人民在劳动生活中表达内心思想感情的一种抒情小曲,在金华当地极为普遍。[②] 金华山歌在小学课堂中的实施是对金华本土音乐文化的传承,有利于金华本土音乐文化的保护。

(一)金华山歌在小学课堂实施的方法

金华山歌的题材内容,以描写广大农村的乡民生活为主,多侧面地反映了他们的生活以及他们对生活的认识和态度,反映了他们喜怒哀乐的心态,体现了金华人民质朴、敦厚的精神面貌。主要

① 秦润明:《音乐课程与教学论通用教程》,上海三联书店 2012 年版,第 6 页。
② 杨和平:《金华山歌的生态现状调查与保护对策研究》,《交响(西安音乐学院学报)》2010 年第 29 期,第 30 页。

包括:①劳动生活类,此类山歌多描绘了当地人民群众劳动生活的景象;②爱情故事类,此类山歌大多表达了男女之间强烈的情感状态;③儿童故事类,这类山歌是以儿童为主要接受对象,内容多反映儿童的生活情趣,用于传播生活和教授一些基本的生产知识等。

传统山歌中最常见的内容是爱情和苦难。山歌常在户外歌唱,曲调多高亢、嘹亮,节奏多自由、悠长。其歌词具有纯朴的情感、大胆的想象和巧妙的比喻等特点,生动鲜活,真切感人。山歌往往在音乐的一开始处便出现全曲的最高音,感情充沛,表达强烈。金华山歌除具备这些特点外,尚有其自己独特的艺术魅力,具体表现在:首先,地域性风格特点鲜明,节奏多自由、悠长;其次,金华山歌歌词多为即兴创作,大胆的想象与巧妙的比喻是其重要特点,它的题材内容大多以描写广大农村的乡民生活为主,全方面地体现了他们的生活以及他们对生活的认识和态度,反映了村民们的喜怒哀乐;再次,金华山歌在艺术上具有质朴的美,感情十分真实,情绪较豪放,生动鲜活,真切感人。①

根据以上对金华山歌题材内容、歌词、演唱形式、艺术特色的简单介绍,想必读者对金华山歌这种具有金华本土音乐特色的艺术形式有了一定的了解和思考。我校柳湖校区在开展金华山歌的教学时,在考虑金华山歌这种表演性、艺术性极强的民间艺术的特点的同时,充分结合我校柳湖校区的师资状况和小学生的身心发展特点,在课堂实施过程中我们探索了五步教学法的教学模式②。

(1)听——认识了解

在这里我们用到的是语言性音乐教学方法。语言性音乐教学方法是以语言传递为主,通过教师和学生口头语言活动以及学生独立阅读书面语言来进行教学的一种音乐教学方法。

---

① 杨和平:《金华山歌的生态现状调查与保护对策研究》,《交响(西安音乐学院学报)》2010年第29期,第31—32页。

② 叶惠、俞苏航:《金华本土音乐教材(上)》,苏州大学出版社2017年版,第122页。

由于大多数的学生对金华山歌不太了解,在课堂教学之初,教师运用欣赏法中的讲述、讲解的方法为学生介绍金华山歌的历史、题材及演唱手法等,帮助使学生对金华山歌形成初步的认识,为引起学生的学习兴趣、进一步了解金华本土音乐的山歌文化奠定基础。

(2)观——观摩示范

观,顾名思义就是观摩老师的讲解示范和演唱示范,看懂了,才能一字一句地跟着老师学唱。

在金华山歌的课堂教学中,通过体验性音乐教学方法中的示范演示法,即教师在课堂上通过实际音响、示范、直观教具的操作等方法,让学生获得感性知识,深化山歌内容的学习。对于山歌学习而言,示范演示法是一种很常用的、能够很好地提高学生学习效果的音乐教学方法。

(3)模——学习模仿

一字一句地学唱,专业要求极高。学生学唱靠的是"口传心授"的方法,学生既要学老师怎么发音、演唱才有韵味,还要学习怎么演才有金华山歌的范儿,唱和演都要用心去感悟才能学会。

(4)练——反复练习

实践音乐教学法是以音乐实践活动为主,通过教师指导下学生亲身参与的各项音乐实践活动,形成与完善音乐技能技巧并提高与发展音乐表现能力的方法。中小学音乐课堂中最常用的传统的实践性教学方法就是练习,由于音乐教学具有技艺性的特点,练习法在音乐教学中的地位不可忽视,特别是在识谱、歌唱与器乐等教学中尤为重要。

但金华山歌的练习的过程和我们平时的音乐课完全不同,因为金华山歌需要反复练习才能学会。因此,一节课可能只学会唱一两句,或只学会一两个动作。一个完整的作品至少要经过一两个月的反复练习,才能学会。一般我校利用几个月或一个学期的长课时的学习和巩固,才能完成一个完整作品的学习。

(5)演——表演展示

经过反复的练习和教师不断地纠正、指导,组织学生上台展演,以表演的形式展示金华山歌的魅力。

综上所述,我们可以了解到对于本土音乐课程的学习,需要探索适合小学生特点的课堂教学方法,在帮助学生在掌握金华本土音乐知识与技能的同时,对传统文化进行传承与保护。

(二)金华山歌在小学课堂实施的案例

金华山歌是对金华本土音乐中民间歌曲这种艺术形式的有力体现,我校柳湖校区将金华山歌中的典型曲目搬进课堂,运用五步教学法的实施方式,为学生创造了学习和传承金华山歌的学习氛围,下面让我们以金华山歌《金华是个好地方》教学曲目为例,向广大读者简要介绍之。

《金华是个好地方》①

(一)教学目标

1.能欣赏体验金华山歌,感受金华山歌的不同体裁、风格。

2.初步产生对家乡民歌文化的认同感、自豪感,懂得继承和弘扬优秀地方文化的重要性。

(二)教学重点

感受体验金华山歌歌词、音乐美,理解金华山歌特点。

(三)曲目

1.《金华是个好地方》

---

① 叶惠、俞苏航:《金华本土音乐教材(上)》,苏州大学出版社 2017 年版,第 5—6 页。

金华是个好地方

(金华山歌)

1=G 2/4

笛引

优美、广阔地

余辰洪 词

王忠芳 曲

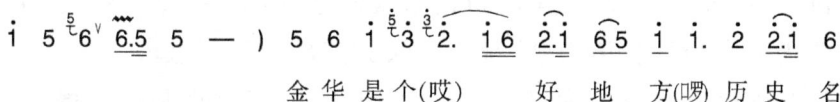

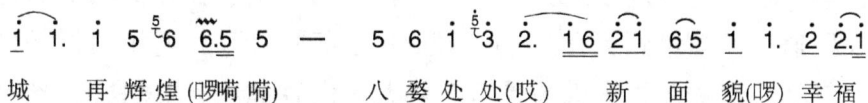

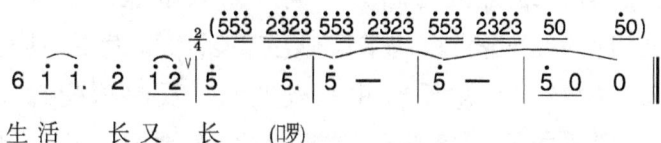

《金华是个好地方》是一首反映金华地域风貌的金华山歌,反映了金华人民对于金华地域风貌的喜爱和赞扬和对家乡的热爱和赞美。通过《金华是个好地方》这首优美山歌的教学,学生不仅能体会金华山歌的韵律美和金华山歌别样的题材和风格,更重要的是学生初步产生了对家乡的自豪感,增强对于本土音乐文化、优秀传统文化的传承与保护的自信心。

二、金华民谣在小学课堂中的实施

金华民谣是金华民间歌曲的又一艺术形式,反映了金华本土音乐文化的特色。金华民谣包括东阳民歌和武义民歌两种艺术形式,金华民谣在金华本土音乐文化中担当了重要角色。

(一)金华民谣在小学课堂实施的方法

东阳民歌和武义民歌各有特点,其课程实施方法总体相同、略有差异,因此,如下分别阐述之。

1.东阳民歌在小学课堂实施的方法

东阳是地处浙江中部的一个县级市。这里的民间艺术丰富,特别是民歌的类别较多,它是当地人生活习俗的反映;它的音乐独特,地域特征明显;歌词中的衬词语言寓意深刻,情感多彩;它的演唱体现真声与真假声结合,符合民众对艺术的审美追求。

东阳民歌在思想内容上,有其鲜明的民族风格和浓郁的地方特色。根据题材可以划分为以下几种。①劳动歌曲。劳动歌曲是人民通过歌唱达到劳作协调,消除疲劳而长期即兴创作的体裁形式。②爱情歌曲。东阳的爱情歌曲大多内容健康、情操高尚,丝毫没有做作之感,也没有缠绵悱恻的悲凉情调。③叙事歌曲也称为叙事歌,东阳人也叫作"说事歌"。这类民歌主要以叙事为主,具有内容涉及广、体裁多的特点。④反封建礼教歌曲。反映深受封建礼教束缚的妇女强烈要求女性解放的愿望,对买卖婚姻的罪恶制度做了痛快淋漓的揭露。⑤乡土习俗歌曲。反映了东阳的乡土习俗及传统礼仪。⑥传统美德歌曲。表现传统美德,规劝道义,导人向善的,或赞美勤劳节俭、讥讽好吃懒做的歌曲。[①]

东阳民歌因为题材多样,且有自己的调式特点和旋法特点,我们在开展东阳民歌教学时,课堂实施方式和金华山歌大同小异,基本采用"听、观、模、练、演"的五步教学法进行。大致过程如下:先由我校音乐教师介绍东阳历史文化和东阳民歌的题材和演唱特色,在此基础上运用"口传心授"的方法进行教学,即由教师一字一句地教授东阳地区的方言,因为东阳地处丘陵与山区地带,地理位置比较复杂,有"十里不同风,百里不同俗,隔山不同话,隔水不同音"的特殊性。在语言上东阳属于越语系统,首先从方言教起可以在演唱过程中保持本土音乐的原汁原味。然后,由教师再一字一句地反复教授东阳民歌的乐谱,通过反复练习,一首原汁原味的东阳民歌才得以展示。

2.武义民歌在小学课堂中的实施的方法

武义民歌是武义畲族人民在生活、生产实践中创作和世代相传

---

① 赖朝师、伍倩梅:《浙江东阳民歌特色》,《文艺争鸣》2012 年第 12 期,第 89 页。

的宝贵文化遗产,是畲族人民文化生活的主要活动内容。畲族民歌用畲族语歌唱,多数是口头相传的(许多歌手不识字)熟记于心。

武义畲族民歌内涵丰富,涉及面广,民族历史、伦理道德、天文地理、农事知识、生活常识、风俗习惯、男女恋情等都可入歌。按照畲族人民歌唱的习惯,大致可把它们划分为"喜庆歌类""哀丧歌类""杂歌类"三大部分。

畲族民歌用畲族语演唱,随意性强,常有旋律加花现象。由于武义畲族民歌都是民间的传唱歌曲,以口传为主,每一位演唱者由于自己的音区不同、喜好不一,同时还受不同的场合、不同的事主等因素的影响,经常会在歌曲的现场演唱时做一些变化,久而久之形成了自己的特色。畲族民歌的演唱形式是独唱、对唱与齐唱。[①]

综上所述,东阳民歌和武义民歌在小学课堂中的实施方式有着异曲同工之妙,其相同之处在于体验性音乐教学方法,通过音乐情绪、情感的体验激发学生音乐学习的兴趣,令学生学会感受与鉴赏音乐的艺术美,进而使情感体验外化等手段,培养学生音乐审美情趣和审美能力。欣赏法是体验性音乐教学方法中的一种,运用欣赏法的重点在于,在欣赏过程中借助音乐作品进行聆听、联想、想象、模仿、分析、评价。欣赏法具体过程如下:教师在课堂中首先通过音频和视频的方式,带学生欣赏东阳民歌和武义民歌,激发学生的学习兴趣。接着,教师通过讲授法,讲解东阳民歌和武义民歌的历史文化背景和音乐特色,使学生不仅了解家乡本土文化还能学习到本土音乐的专业知识。然后,教师运用演示法,先从歌谱中的方言教起,再一字一句地为学生进行演唱示范,学生学唱。最后将东阳民歌和武义民歌在课堂内外进行展示。

(二)金华民谣在小学课堂中实施的案例

如下以东阳民歌《韭菜歌》和武义山歌《高高山上》为例,简要

---

① 汤苏英:《武义畲族民歌浅析》,《金华职业技术学院学报》2007年第2期,第31—32页。

阐述金华民谣在小学课堂中的实施。

1.东阳民歌在小学课堂中实施的案例

根据前文介绍,我们了解了东阳民歌的演唱风格和我们在开展教学时运用的教学方法。下面我们向读者展示一下东阳民歌的教学曲目,看看是否和您所预想的曲式一样呢?

《韭菜歌》[①]

(一)教学目标

1.能欣赏体验东阳民歌,感受东阳民歌的风格特征。

2.初步产生对家乡民歌文化的认同感、自豪感,让学生懂得继承和弘扬优秀地方文化的重要性。

(二)教学重点

感受体验东阳民歌,理解东阳民歌特点。

(三)教学曲目:《韭菜歌》

韭菜歌
(东阳民歌)

---

① 叶惠、俞苏航:《金华本土音乐教材(上)》,苏州大学出版社 2017 年版,第 17 页。

$$\underline{6\ \overset{\frown}{6\ 1}}\ \ 5\ \ \underline{3\ \overset{\frown}{6\ 5}}\ \ 3\ \Big|\ \underline{6\ \overset{\frown}{6\ 6}\ 5}\ \ \underline{6\ \overset{\frown}{6\ 6}\ 5}\ \ \underline{\overset{\frown}{1\ 2}\ \overset{\frown}{1\ 6}}\ \ 5\ \Big|\ \underline{6\ \overset{\frown}{6\ 5}}\ \ \underline{6\ \overset{\frown}{6\ 5}}\ \ \underline{3\ 2\ \overset{\frown}{3\ 5}}\ \ 6\ \Big|$$

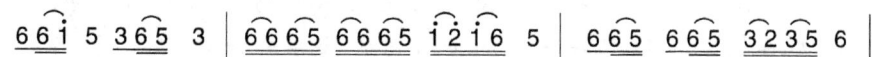

勿爱　钱，勿爱　财，胭　脂　花　粉　哪里　来？　胭脂　花粉　娘　家　来，

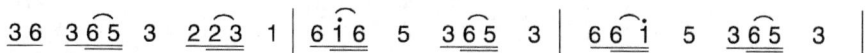

$$\underline{3\ 6}\ \ \underline{3\ \overset{\frown}{6\ 5}}\ \ 3\ \ \underline{2\ \overset{\frown}{2\ 3}}\ \ 1\ \Big|\ \underline{6\ \overset{\frown}{1\ 6}}\ \ 5\ \ \underline{3\ \overset{\frown}{6\ 5}}\ \ 3\ \Big|\ \underline{6\ \overset{\frown}{6\ 1}}\ \ 5\ \ \underline{3\ \overset{\frown}{6\ 5}}\ \ 3\ \Big|$$

勿要　铜　　钱　买宝　贝。开开　门，开开　　门，你有　情，我有　　心，

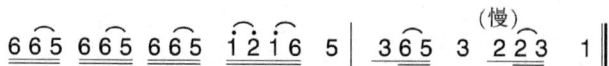

$$\underline{6\ \overset{\frown}{6\ 5}}\ \ \underline{6\ \overset{\frown}{6\ 5}}\ \ \underline{6\ \overset{\frown}{6\ 5}}\ \ \underline{\overset{\frown}{1\ 2}\ \overset{\frown}{1\ 6}}\ \ 5\ \Big|\ \overset{(慢)}{\underline{3\ \overset{\frown}{6\ 5}}}\ \ 3\ \ \underline{2\ \overset{\frown}{2\ 3}}\ \ 1\ \Big\|$$

不怕　铜墙　铁壁　大头　　门。开开　门，开开　　门。

　　跟我们一起走进了东阳民歌典型的曲目《韭菜歌》，您是否感受到了我们金华本土音乐文化的独特魅力呢？之所以在课堂中为学生们教授《韭菜歌》，是因为它是东阳民歌的典型代表，1956年浙江民间歌舞团合唱队演唱并参加全国第一届音乐周演出后，这土色土味、独具温馨的东阳民歌在国内引起了轰动。《韭菜歌》得到中国音协主席的首肯和赞扬，说它"质朴、真情而含蓄"，是"色彩瑰丽的艺术珍宝"。对于小学生而言，通过在课堂中的学习，能加深对金华传统文化的认知并发现其中的艺术价值。

　　2.武义民歌在小学课堂中实施的案例

　　在上文中，我们了解到了武义民歌的演唱特色和韵律之美，下面让我们一起走进武义民歌的教学曲目《高高山上》，体验一下武义民歌的风格特征。

《高高山上》[①]

　　（一）教学目标

　　1.能欣赏体验武义民歌，感受武义民歌的风格特征。

---

① 　叶惠、俞苏航：《金华本土音乐教材（上）》，苏州大学出版社2017年版，第22页。

2.初步产生对家乡民歌文化的认同感、自豪感,让学生懂得继承和弘扬优秀的地方文化的重要性。

(二)教学重点

感受体验武义民歌,理解武义民歌特点。

(3)教学曲目:《高高山上》

高高山头

(武义民歌)

1=F

中速   武义县

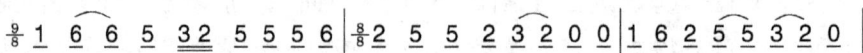

1.高高　　山头(的)一株株(哩),南　风　吹(哩)来　　　　　叶(哩)松(哩)　松,
2.高高　　山头(的)一株茅(哩),左　手　缚(哩)来　　　　　顺(哩)手(哩)　栽,

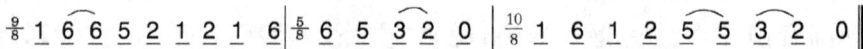

长在　　门前树下面(哩),五(哩)更　　　　来看叶葱(哩)　葱。
栽在　　门前树下面(哩),五(哩)更　　　　来看好笑(哩)　笑。

(蓝宝弟唱 黄大同、黄吉士记)

三、汤溪民谣在小学课堂中的实施

欣赏了金华山歌和金华民谣这两种金华本土音乐的盛宴后,接下来让我们一起走进汤溪民谣,一起领略它的韵味。

(一)汤溪民谣在小学课堂实施的方法

在我校,汤溪民谣的课堂实施主要由我校项益莲老师负责。汤溪民谣的教学也是承袭我校本土音乐"听观模练演"五步教学法,即教师先在课堂教学中结合讲授法为学生介绍汤溪民谣的历史、题材及演唱手法等,帮助学生对汤溪民谣形成初步的认识;接着,教师通过音乐教学中的欣赏法,为学生们在课堂中播放具有汤溪民谣特色的乐曲《老老嬷》,请学生们欣赏汤溪民谣的演唱特色;然后,通过音乐教学法中的演示法,教师在课堂上通过实际音响、示范、直观教具的操作等方法,让学生获得感性知识,深化学习内容的方法。对于汤溪民谣,课程实施过程中需要注意的是,要先从方言教起。老师用口传心授的方式教给学生民谣中的方言,这样才有可能在教学过程中保持汤溪民谣的原汁原味,在此基础上,学生们在课堂内外通过练习法巩固所学知识。由于本土音乐具有自身的特色,在课堂教学的过程中开展进程比较慢,所以我们在本土音乐教学中运用长短课时的形式进行教学,短课是指一节课40分钟的课时安排,长课根据学习的时间,可分为半个月到一个月的时间,短课每节课学的内容少,练的时间短。

(二)汤溪民谣在小学课堂实施的案例

如下以我校项益莲老师的汤溪民谣课堂教学《十嫁囡》《摇一摇》的教学设计为例,简要介绍汤溪民谣在小学课堂中的实施。

《十嫁囡》《摇一摇》教学设计①
项益莲

一、教学目标

1. 能欣赏体验汤溪民歌民谣,感受汤溪民歌民谣的风格特点。

2. 能以较快的速度、用清晰的汤溪方言吐字正确演唱歌曲《十嫁囡》《摇一摇》,抓住汤溪民歌小调特点创编二声部,并能以准确的音准、本土的意味、活泼欢快的情

----

① 选自浙江师范大学附属小学柳湖校区项益莲老师的《十嫁囡》教学设计。

绪和明亮的声音有感情地表达歌曲的情感和意境。

3. 在情境化的学习过程中，学生们初步产生对家乡民歌文化的认同感、自豪感，并懂得继承和弘扬优秀地方文化的重要性。

二、教学重点

1. 感知汤溪民歌民谣特点，试唱创编，并能以准确的音准、本土的韵味、清晰的方言吐字、幽默诙谐的情绪和明亮的声音表达歌曲。

2. 有感情地表演歌曲《十嫁囡》且感受体验汤溪民歌民谣，总结汤溪民歌民谣特点。

三、课前准备

相关视频音乐、合唱视频、电子鞭炮、歌谱、PPT 课件、钢琴

四、教学过程

(一)兴趣导入，揭示课题

1. 谈话导入

师：同学们，大家好！你能猜到项老师的家乡是哪里的吗？

学生可能会回答"不知道"。

师：我说来说一句最经典的家乡话吧？同学们来猜一猜。

学生可能会回答"汤溪"。

师：太棒了，同学们对汤溪话还是挺熟悉的。同学们跟我说一次。再来猜一猜这几个词是什么意思？(姐姐，1、2、3、4、5，金银铜铁)

师：太棒了，我觉得同学非常有学语言的天赋。那现在就让项老师带领大家走进汤溪，领略汤溪民歌民谣吧！

(二)领略风俗，了解历史

1. PPT 播放：(背景音乐：《老老嬷》伴奏）汤溪简介

汤溪，位于地处金华西部，公元1471年置县，1958年撤县并入金华县，具有500年置县历史。汤溪人杰地灵，有曾隐居九峰山的诗人陶渊明、曾创办九峰书院的徐伯珍、全国劳模陈双田，以及祖籍地在汤溪的中国音乐教育家、美术教育家丰子恺等。一代代名人在这片古老的土地上谱写了一曲又一曲的辉煌篇章。

汤溪还有丰富的民俗文化。这块美丽而神奇的土地，有不少动人的民间故事和民歌民谣。汤溪的民歌唱起来缠绵动听，汤溪的民谣念起来悦心悦耳，一首短短的时令谣就能包含着节气、习俗、娱乐、农事和当时的风土人情诸多内容，用汤溪话吟咏朗朗上口。

2. 学念《时令歌》

师：了解那么多的汤溪文化，接下来就让我们欣赏汤溪民谣《时令歌》。

你听！(师念《时令歌》)生按照节奏学念。

3. 学习吟咏式汤溪民谣《时令歌》

总结特点：无音高，有节奏，方言念白，朗朗上口，顺口，表达节气、习俗、娱乐、农事和当时的风土人情等内容。

4. 请问你还在哪里听见过类似的歌曲呢？(学校合唱队排练时听见过)

(过渡语：同学们真不错，看来都很会观察。刚才有位同学说在我们学校听到过汤溪话演唱的歌曲。那就让我们乘着汤溪民谣的翅膀观赏一段视频吧！)

(三)视听结合，整体感知

1. 观看视屏汤溪民谣——《十嫁囡》表演

(1)说说视频中表演形式是怎样的？演唱形式：对唱

（母亲和女儿的对唱）。

（2）歌曲表达了什么？

表达了富人家嫁女时开心热闹的场面和第十个出嫁的女儿与母亲的对话，她问母亲前面九个姐姐是什么嫁妆，母亲一一回答"金银铜铁锡木竹石泥"，轮到嫁第十个女儿时家里什么也没有了，没有姐姐们丰厚的嫁妆，有的只是一双破草鞋和嫁到婆家那份艰辛。但第十个姐姐很努力，靠自己聪明的头脑和勤劳的双手创造出美好的未来。

2.再次聆听曲子《十嫁囡》并学唱感知

（1）出示谱例跟唱《十嫁囡》片段（前五段），矫正方言咬字吐字。

（2）学唱曲子总结特点：方言演唱、节奏感强，旋律简短，不断反复。

（3）汤溪民谣中出现最多次的音是 do、re、mi、so、la，是小调式。

3.聆听汤溪民谣《摇啊摇》并学唱感知

（1）出示谱例跟唱《摇一摇》片段，矫正方言咬字。

（2）学唱曲子总结特点：方言演唱、节奏感强，旋律简短，幽默诙谐。

（3）汤溪民谣中出现最多次的音是 do、re、mi、so、la，是小调式。

（4）说说曲子表达的意思？表达了主人公回忆起童年在外婆家的快乐情景。

4.总结汤溪民谣曲式特点

方言演唱、节奏感强，旋律简短，歌词朗朗上口，曲调幽默诙谐，每一首民歌民谣都表达节气、习俗、娱乐、农事和当时的风土人情等内容。

（四）拓展表演，传承展示

1.分组演唱《十嫁囡》《摇啊摇》已学片段。

2.创作二声部《汤溪民谣》，进行歌曲强弱处理、情感处理（机动）。

3.观看《汤溪民谣》视频，教师简介作品。

4.加入道具，排进队形，模仿表演展示。

5.播放张广天作曲的视频汤溪方言演唱的歌曲《老老嬷》《小短命》。

（1）分析歌曲特点（用方言演唱）。

（2）了解歌曲作者（张广天）、了解歌曲表达意境（表达的是一对年轻情侣在山坡恋爱的情景，后来后生外出工作，年老回汤溪后回想年轻时和老老嬷两人含蓄恋爱时的情景。）

（五）留住乡音，传承新篇章。

汤溪这块土地古老而神奇，山水秀丽，民风淳朴，人文荟萃，名人辈出。勤劳善良的汤溪人，不但创造了丰硕的物质财富，而且创造了一代代流传的民间口头文学作品。民间故事好听好讲，深藏道德意蕴，民歌原汁原味，有情有趣有益，给人留下美好的童年回忆。同学们，民族的才是世界，本土的才是原汁原味的，让我们一起努力收集，留住乡音延乡愁，传承文化续新篇！

通过项老师的教学设计，我们大致了解了《十嫁囡》《摇一摇》这两首经典的汤溪民谣的课堂实施过程。通过该实施过程，我们不仅感受到音乐的韵律美，还感受了汤溪的风土人情，感受流淌在汤溪、流淌在金华的本土文化。

四、畲族对歌在小学课堂中的实施

畲族对歌是畲族人民在漫长的历史长河中，在社会生产实践中,依据现实和感受,以口头讲述为主要方式的集体创作,它们在畲族人民中广为流传,不断加工提高和丰富完善。如第二章中所指出的,畲族对歌按其内容大体可以分为如下几类。①历史传说歌。一般为叙事长歌,是民间歌手对社会发生重大事件或人物的歌唱,内容充实,较完整地描述事件发生、发展的始末或人物的活动。②风俗歌。分礼仪,婚俗、丧俗三大类,其中情歌的数量最多,从男女青年相会试探到热恋定情,都以歌传情,以歌代媒,表现男女青年恋人和恩爱夫妻之间纯朴、真诚的感情。③劳动歌。这是畲族人民历史上曾长期处于原始农业所流传下来的艰辛劳动之歌。从农林牧副业至日常生活一般的劳动,都有整套的歌唱内容。其歌言离不开种田、开山、栽茶、砍柴、织布、碓米、担水、煮饭等山乡生活劳动情景。④生活歌。它是反映畲族社会、家庭生活之歌,贯穿着日常生活的方方面面,其中还有一套完整的劝诫歌,充分体现了畲族民歌的社会教化功能。⑤故事歌。大都是长篇叙事歌,内容多取材于汉族的戏曲或评话的唱本故事,用畲语汉字编成。⑥杂歌。此歌内容异常广泛,举凡天文、地理、嬉笑、讽刺、猜谜、夸张、斗智、争高手和字歌、对歌、变歌等统称"杂歌"。其语言生动活泼,精美纯粹,随编随唱,多为口头创作。⑦解放歌,分革命历史歌和新民歌。畲族民歌的基本格式。一般为七字一句,四句为一首,畲族语称为"条",但也有变格第一句为"三字句""五字句",亦有两个三字短句合成的"六字头"。在畲歌演唱时,还按不同韵节借用"哩""啰""哦""哎"等有音无义或带特殊含义的虚词以增强语气,丰富韵味,同时也为歌手对歌时缓和思索的手法,体现畲族歌曲的特色。

(一)畲族对歌在小学课堂实施的方法

畲族对歌的形式主要以清唱为主,一般没有乐器、道具,即时,即兴编就,随口唱出。① 畲族对歌在小学课堂中实施的方法主要是"口传心授",结合跟唱法、视听法和讲授法。

畲族对歌进课堂,教师首先要用讲授法为学生们讲解畲族文化畲族对歌的音乐特色,这是学生们初步了解畲族对歌的文化背景和音乐特色的基础。接着,再由教师运用跟唱法教给学生乐谱,在教学过程中穿插畲族对歌的视频和录音,运用视听的方式使学生感受畲族对歌的韵味,巩固自己所学的内容。著名特级教师于漪说:"上课的第一锤要敲在学生的心灵上,激发他们的思维火花,好像磁石一样把学生深深吸引住。"②本土音乐教育是一种以培养人为目的的活动,它不仅培养学生了解本民族优秀音乐文化知识,更主要是将本民族的音乐文化得以传承。因为畲族使用的是当地特殊的语言,这种方言对学生而言是陌生的,所以在课堂中为了保证畲族本土文化的原汁原味,首先由教师通过口传心授的方式,一字一句地教给学生畲族语。尽管在中国传统音乐的实际传承过程中,有直接使用口、手、耳的口头传承,也有使用乐谱的书面传承,但是,在中国传统音乐的传承规律中,无论有谱还是无谱,"口传心授"始终是中国传统音乐传承的主要方式,并成为中国传统音乐体系中的一个重要特征。所谓"口传心授"就是通过口耳来传其形,以内心感悟来体味其神韵,在传其"形"的过程中,对其音乐进行深入的体验和理解。运用口传心授的这种传承方式能及时地反映出承者对传者所传之乐、传者对承者所受之乐的反馈,并通过演唱、演奏直接地表现出来,使传承者迅速做出反应,达到对音乐神韵领悟的共鸣。③

---

① 周为民:《丰富多彩的畲乡对歌》,《大舞台》2012年第1期,第74页。
② 李允:《课程与教学论》,北京大学出版社2015年版,第129页。
③ 管建华、张应华、尚建科:《音乐课程与教学研究(1979—2009)》,南京师范大学出版社2012年版,第348—349页。

（二）畲族对歌在小蓝婷学课堂实施的案例

在上述内容中我们了解到畲族对歌的类型、演唱形式和课堂实施的方法。下面请跟随我校畲族姑娘蓝婷老师一起走进我们的课堂，一起来欣赏和体验畲族对歌之《凤凰飞，麒麟追》的课堂教学。

《凤凰飞，麒麟追》教学设计[①]

蓝　婷

一、教学目标

1.会用畲族语诵读"兰溪民歌之畲乡民歌"——《凤凰飞，麒麟追》的童谣部分，会用畲语简单唱歌曲前半部分。

2.对畲族的历史、文化、服饰、民歌风格有一定的了解和认识。

3.能够对畲族歌曲的演唱形式、曲调、歌词特点、韵味有一定的了解和感受。

二、教学难点

会用畲语简单歌唱歌曲前半部分。

三、课前准备

课件、服饰、歌谱。

四、教学过程

（一）听串铃节奏进教室：体验畲族语学童谣，了解畲族

师：请大家跟着节奏把这首童谣读一读。

---

① 选自浙江师范大学附属小学柳湖校区蓝婷老师的《凤凰飞，麒麟追》教学设计。

凤凰　山上｜好家园｜，封金　山上｜好田场｜

百鸟　朝凤｜转团团｜，三万　七亩｜窜心垟｜

只因　生个｜凤凰卵｜，新开　田地｜免粮税｜

变作　麒麟｜万代传｜，年年　收转｜谷满仓｜

师：同学们读得很准确，现在听老师用自己的家乡语来读一读。

师：你们猜我是哪个少数民族的？

生：畲族。

师：那你们跟我学一学畲族语吧？来！我读一句，你们跟一句。

师范例：凤凰山上好家园，……

师：同学们学得好棒，学会了畲语，我们就来到了我的故乡，兰溪水亭畲族乡。

课件展示：

1. 地理位置

师：水亭畲族乡位于兰溪市西部，是浙江省18个少数民族乡镇之一，其中有8个少数民族村，少数民族人口为2880人，占全乡总人口的12.6％。

2. 畲族历史

师：畲族又叫"山哈"（意为大山的客人，因畲族祖先喜欢依山而居而得名）畲族最早的发源地位于广东省潮州市凤凰山一带，后迁入浙江、江西、安徽等省份，总人口为70万人，浙江有17万人。

3. 畲族姓氏

师：同学们现在都知道姓蓝的是畲族，还有这几个姓也是畲族的——雷、盘、钟。

4. 畲族服饰

师：畲族的服饰都是以黑色和藏青色为主色调，袖口、领边都是以各色绣花为点缀。女性的头饰很有特点，它叫作"凤凰鸟头饰"，女性结婚时的新嫁衣被称为"凤凰装"。

5. 畲族节日

师：畲族除了传统佳节外，每年的三月三是畲族的重要节日，在这个节日里会办歌会、举行乌饭节等。

（学习畲族歌曲《凤凰飞，麒麟追》）

师：今天我为同学们带来一首畲乡民歌《凤凰飞，麒麟追》，我们一起来欣赏一下。

（课件播放音乐）

师：歌曲中出现了哪几种演唱方式？唱了什么？

生：对唱、齐唱，唱了凤凰、麒麟。

（课件出示：畲族民歌）

生（读）：畲族民歌随处可见，以畲语歌唱的形式表达，每逢佳节喜庆之日便歌声飞扬，即使在山间田野劳动，探亲访友迎宾之时，也常常以歌对话。畲族的演唱形式有独唱、对唱、齐唱等。畲族歌基本分为哀歌、杂歌、叙事歌几种。

师：那我们再听一次，老师为你们挑选了一段，童谣部分可以跟着哼一哼。（巩固童谣）

师：请同学们看歌谱听老师唱，旋律有什么特点？

（课件出示歌谱）

生：曲调相似，相差八度男女对唱部分。

师：它是由哪几个音构成的？

生：do、re、mi、so、la。

师：大多数的畲族民歌都是采用五声调式，基本是一音一词、"平叙"型、前紧后松型，还有一些是曲调一致，歌词不同而已。

（学习男声歌谱部分）

1.听师弹歌谱，生拍一拍节奏。

2.听师唱歌谱，注意"切分节奏"。

3.生跟着琴唱歌谱。

（学习女生歌谱部分）

1.听师弹歌谱。

2.听师唱歌谱，注意"装饰音"。

3.生跟着琴边拍节奏边唱歌谱。

师：同学们学得不错，再来看看歌词，和我们平时唱的歌词有何区别？

生：有啰、哩、嗡、啊、哦等称词。

师：听老师唱一唱。

（用跟唱法唱歌词，师一句生一句）

四、完整表现歌曲

师：经过我们的共同努力，一群会唱畲族歌曲的娃诞生了，我们也来分一分角色唱一唱。（唱两遍）

一组童谣，一组男声，一组女生。

五、拓展

师：我们学习了这么好听的歌曲，我们来观看一段畲族人民乡间劳作时对歌视频。

师：除了老一辈传承的这些畲族音乐外，来自温州的畲族音乐创作人蓝永潇用现代歌曲曲调演唱畲族歌曲，别有一番味道，我们来听《歌唱畲族三月三》。

通过上述教学过程，汤溪畲族姑娘蓝婷老师向我们展示了经典的畲族代表作《凤凰飞，麒麟追》，与展示一同呈现的是流淌在金华大地上的兰溪畲族本土音乐文化之美。

第三节　金华本土音乐课程"民间戏曲"
在小学课堂中的实施

如前所述,金华本土音乐包括民间歌曲、民间戏曲、民间曲艺等艺术形式,上一节介绍了金华民间歌曲在小学课堂中实施的方法和案例,本节主要探讨金华本土音乐课程"民间戏曲"的婺剧和婺剧器乐,据此感受独具特色的金华本土音乐。

一、婺剧在小学课堂中的实施

婺剧,俗称"金华戏",中国浙江省汉族地方戏曲剧种之一。它以金华文化为中心,流行于金华、丽水、临海、建德、衢州、淳安等地。2008 年入选第二批国家级非物质文化遗产名录。婺剧是高腔、昆曲、乱弹、徽调、滩簧、时调等多声腔的综合。虽然经历了 400 多年的历史,但是婺剧原汁原味地保留了高腔、昆曲、乱弹、徽调、滩簧、时调这些声腔。婺剧的六种唱腔与唱调实际上涵盖了浙江乃至全国戏曲发展的三个阶段或三个时期不同结构的三类戏剧:有盛于明清、以"南北曲"为文体,以"一人启口,众人接腔"为特征的高腔和以南北曲为文体的昆腔;有从清中叶开始风靡两个多世纪的乱弹、徽调;有明末清初开始流行的原为坐唱艺术的滩簧与时调。[①]

(一)婺剧在小学课堂实施的方法

金华山歌、民谣、道情的基本教学模式相似,但金华婺剧的教学,相对而言要求更高。"唱、念、做、打""身、手、口、意"是学唱金华婺剧的基本方式,且对演唱和身段表演都有极高的专业要求。

---

① 叶惠、俞苏航:《金华本土音乐教材(上)》,苏州大学出版社 2017 年版,第 71 页。

学习之前学生需要练声、练功,经过较长一段时间循序渐进的学习及反复练习才能学会,甚至有时候学会一个剧目的片段,需要花费一个学期的时间。金华婺剧教学的基本模式也可参照五步教学法的模式,即聆听欣赏——观看示范——学习模仿(学习表演、学习唱腔)——反复练习(练习动作、练习唱腔)——表演展示。对于上述五步教学法的实施,特别需要注意呼吸和发声,因为没有正确的呼吸和发声方法,学生们是不可能唱好的。为此,按照声乐的练声要求,让学生们在婺剧演唱中加入一些气息的支撑和正确的发声方法。为了能够让学生们更快找到准确的发声位置,感受到气息的流动,应先让学生们发出"啊""咦"的声音,这是发声练习最基本的两个音,需要练习者打开口腔,尽量长地练习开嗓发音,并每天坚持练习。练习呼吸时,要求学生们慢吸气要像"闻花"那样,舒展地、缓慢地吸,吸气时,"腰"和"肚子"要膨胀;急吸气就像被惊吓时"倒吸一口凉气"那样,一定要"吸得深",学会用"胸腹式呼吸"的呼吸法。为使歌声圆润、悦耳,还要练习歌唱的共鸣,学会高位置歌唱,利用胸腔、咽喉、鼻腔及头腔,在唱高、中、低音时都需要部分胸腔以上的共鸣。为了演好婺剧,我校采用欣赏与介绍相结合、学唱与表演相结合、范唱和视频相结合、传统唱段和现代戏歌相结合的方式,以此激发学生的学习兴趣、增添学习情趣、提高学习效率。

(二)婺剧在小学课堂实施的案例

如下以《我爹娘请上受一拜》为例,简要介绍婺剧在小学课堂中的实施。

《我爹娘请上受一拜》①

一、教学目标

1.通过几个婺剧选段的欣赏、学唱,让学生了解婺剧唱腔的艺术特征。

2.使学生对戏曲音乐产生兴趣,初步具有热爱祖国优秀文化的感情。

3.通过以下婺剧选段的学习,让学生体验婺剧唱腔音乐风格特点。

二、教学重点

通过对选段剧目、剧情的讲解,唱段音乐的学习,让学生体验婺剧唱腔音乐的风格特点,感受婺剧唱腔音乐在婺剧表演中的作用。

三、教学选段

1.三五七、二凡唱段:

我爹娘请上受一拜

《鸳鸯带》小姐[花旦]唱

1=C 4/4

徐逢仙 演唱
黄吉士 记谱

(尺字调)小姐:爹娘请上受孩儿

【中板三五七】中速

① 叶惠、俞苏航:《金华本土音乐教材(上)》,苏州大学出版社 2017 年版,第 72—74 页。

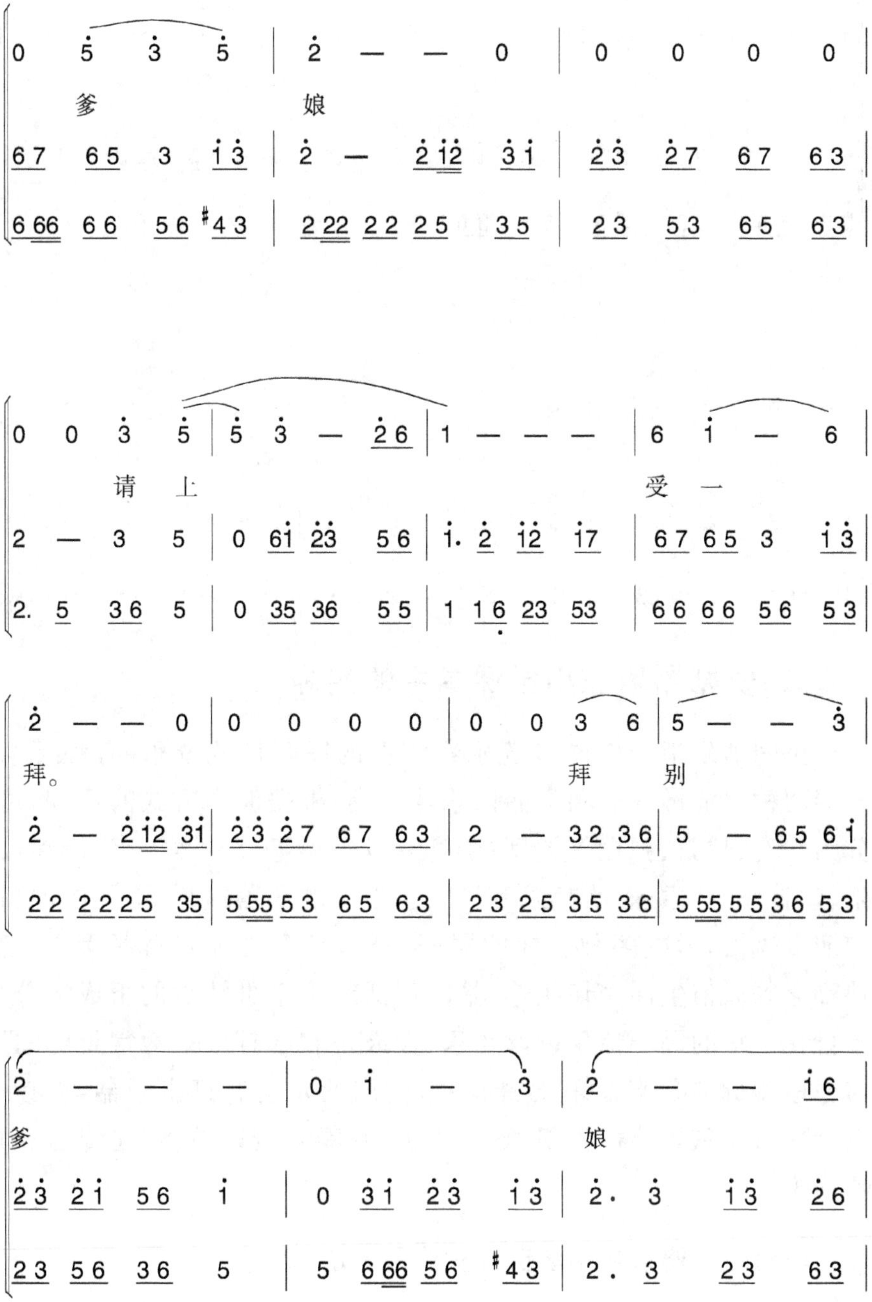
爹 娘
请 上 受 一
拜。 拜 别
爹 娘

$$5 \quad - \quad - \quad 0 \mid 0 \quad 0 \quad 0 \quad 0 \mid 0 \quad \dot{2} \quad - \quad 6 \mid$$

（安）

$$5 \quad - \quad \underline{31} \quad \underline{23} \mid \underline{56} \quad \underline{\dot{1}7} \quad \underline{63} \quad 2 \mid 0 \quad \underline{53} \quad \underline{23} \quad \underline{56} \mid$$

$$\underline{55} \quad \underline{55} \quad \underline{53} \quad \underline{23} \mid \underline{55} \quad \underline{35} \quad \underline{63} \quad 2 \mid 0 \quad 5 \quad 5 \quad \dot{6} \mid$$

$$\dot{1} \cdot \quad \underline{\dot{3}} \quad \dot{2} \quad 6 \mid 0 \quad \dot{1} \quad 5 \quad 6 \mid \dot{1} \quad - \quad - \quad - \parallel$$

去　　　　求　　　名。

$$\dot{1} \cdot \quad \underline{\dot{3}} \quad \dot{2} \quad \dot{1} \mid 6 \quad 5 \quad \underline{6\dot{1}} \quad \underline{\dot{2}\dot{3}} \mid \dot{1} \quad - \quad - \quad - \parallel$$

$$1 \quad \underline{63} \quad 2 \quad 3 \mid 6 \quad 5 \quad \underline{36} \quad \underline{55} \mid 1 \quad - \quad - \quad - \parallel$$

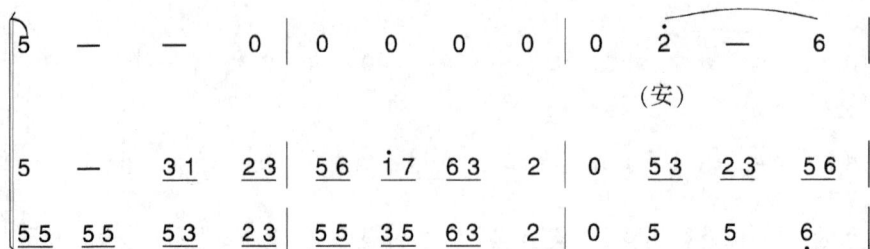

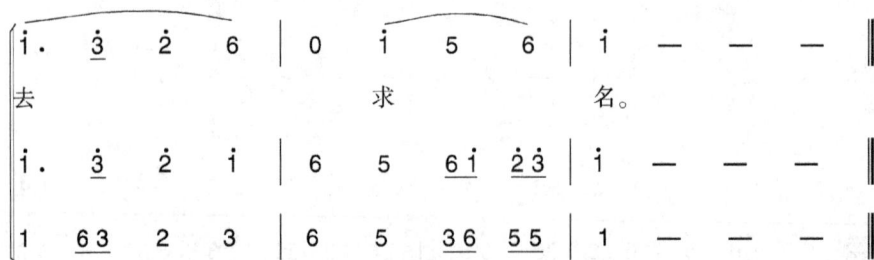

二、婺剧器乐在小学课堂中的实施

民间器乐指用中国传统乐器演奏的民间传统音乐,有独奏与合奏两种表演形式。独奏曲以乐器分类,根据演奏方式的不同,可分为吹奏、拉弦、弹拨等类型;合奏曲以乐器组合分类,分为清锣鼓乐、丝竹乐、弦索乐、吹打乐等形式。不同的乐器组合,不同的曲目和演奏风格,形成多种多样的器乐乐种,且多与民间婚葬喜庆、迎神赛会等风俗生活密切相连,是民俗活动中不可缺少的组成部分。流行在金华的民间器乐以丝竹乐、锣鼓乐和吹打乐最为常见,并且与当地盛行的婺剧音乐紧密联系,使用的乐器有打击乐器,如锣、鼓、钹等;拉弦乐器以板胡、徽胡为主;吹奏乐器以竹笛、先锋号、唢呐为主。

(一)婺剧器乐在小学课堂实施的方法

婺剧伴奏乐器有板胡、二胡、提琴、月琴(形似阮琴,琴颈较短,又称"龙头")、三弦、牛腿琴、琵琶、梨花(大唢呐)、吉子(小唢呐)、横风(笛子)、笙、箫、先锋号和大号筒等;打击乐器有板鼓(单皮鼓)、夹板(檀板)、梆、大堂鼓、扁鼓、大锣、小锣、铙钹(大钹)、齐钹(小钹)、碰铃、狗叫锣等。

研究一个剧种的伴奏,先得了解这个剧种的主奏乐器。每个剧种(或声腔)都有自己的领奏乐器,婺剧乱弹的主奏乐器是笛子与板胡。笛子是中国传统音乐中常用的横吹木管乐器之一,一般分为南方的曲笛和北方的梆笛。笛子常在中国民间音乐、戏曲、中国民族乐团、西洋交响乐团和现代音乐中运用,是中国音乐的代表乐器之一。婺剧乱弹伴奏乐器中的板胡在中国有 300 多年的历史,品种繁多,音色明亮、高亢,是我国多种梆子腔戏曲、北方戏曲和曲艺的主要伴奏乐器。由于板胡和中国的戏曲、曲艺有着深厚的渊源关系,因此它在演奏戏曲、曲艺音乐时最能发挥自身的特长,在地方戏曲和曲艺伴奏中,各地区的板胡善于表现各自不同的风格,富有独特的地方色彩。

笛子一般用曲笛,筒音闷"6"(1＝C)。板胡用大竹筒的中音板胡(近来,由诸葛智屏改进为红木琴筒)定弦为"5、2"。因为二者音区都是中音区为主,演奏起来非常协调,江南色彩甚浓。三五七、二凡以笛子为主、板胡极力配合;流水、紧皮则由板胡跟唱领奏。二者搭档互配,取长补短,水乳交融。据此,婺剧器乐在小学课堂中的实施,首先在于让学生了解婺剧器乐的主要乐器,体验其音色特点;其次,要让学生感受、体验婺剧器乐曲牌的艺术魅力。

(二)婺剧器乐在小学课堂实施的案例

器乐教学可丰富、充实中小学课内外的音乐教学活动,培养提高学生学习音乐的兴趣;能扩大知识的应用范围,提高学生识谱、视奏能力,发展学生对音乐的感受力、理解力、表现力和创造力;可激发学生的多向思维,让眼、耳、口、手等多种器官协调发展,对学生的智力开发起促进作用;器乐教学还可以促进集体演奏活动,培养学生团结协作、互相配合、遵守纪律的优良品质,树立集体主义观念。[①]如下以婺剧器乐《节节花》为例,简要呈现曲牌艺术的魅力。

《节节花》[②]

一、教学目标

1. 使学生了解婺剧器乐的主要乐器,体验其音色特点。

2. 使学生感受、体验婺剧器乐曲牌艺术魅力,体会其和谐、谦让的社会文化内涵。

3. 使学生对家乡民间器乐文化产生认同感、自豪感,并懂得继承和弘扬优秀地方文化的重要性。

二、教学重点

1. 认识主要乐器,分段、分乐器学习,体验各种乐器的音色特征。

2. 突出本土特色为主要教学线索的传统,引导学生关注技术背后的文化内涵。在兼顾音乐性的同时,增强教学的人文性。

三、教学曲目:婺剧器乐曲牌《节节花》

《节节花》是婺剧传统曲牌,也作为单独的乐曲流传于民间。婺剧的器乐曲牌家底丰厚,除了脱胎于词牌、道乐等,更多的是源自乡坊小曲和先辈艺人的创作实践,因而整体上极具高古之风和浓郁的乡土气息。在艺术表现上,既能展示细腻、文静、柔婉之美,又可抒发粗犷、活泼、欢愉之情;既可用于忧戚、哀伤、沉郁的情境,又能适应激扬、豪放、悲愤的场景。

---

① 程昱、余幼梅:《音乐与教学论》,广东高等教育出版社 2014 年版,第 67 页。

② 叶惠、俞苏航:《金华本土音乐教材(上)》,苏州大学出版社 2017 年版,第 55—56 页。

节 节 花

1=D

（笛筒音作 5= a¹）

金华县

5.3	5653	2.3	5 6	1.3	2 1	3532	1
各打打	次台次台	匡	各打	次台	匡打打	次台次台	匡打打

♩=60

【长锣】 ... 【单绞丝锣】

0	0	0	0	0	0	0	0
台打打	匡打打	台打打	匡	各打打打	各打打	匡台	台匡

0	0	0	0	335	6i6	5.3	5653
台匡次台	匡打打	台匡	卜0	各	各	各	各打次台

2	5 6	i3	2 1	3532	1	0	0
匡	各	各台	匡打打	次台次台	匡	各打打打	各打打

0	0	0	0	0	335	2316	2.3
次匡	次匡次台	匡打打	台匡	卜0	各	各	次打打

5653	2.3	5	5 6	1	1 23	1	0 23
次台次台	匡	各	各	各	各打台	匡	各打台

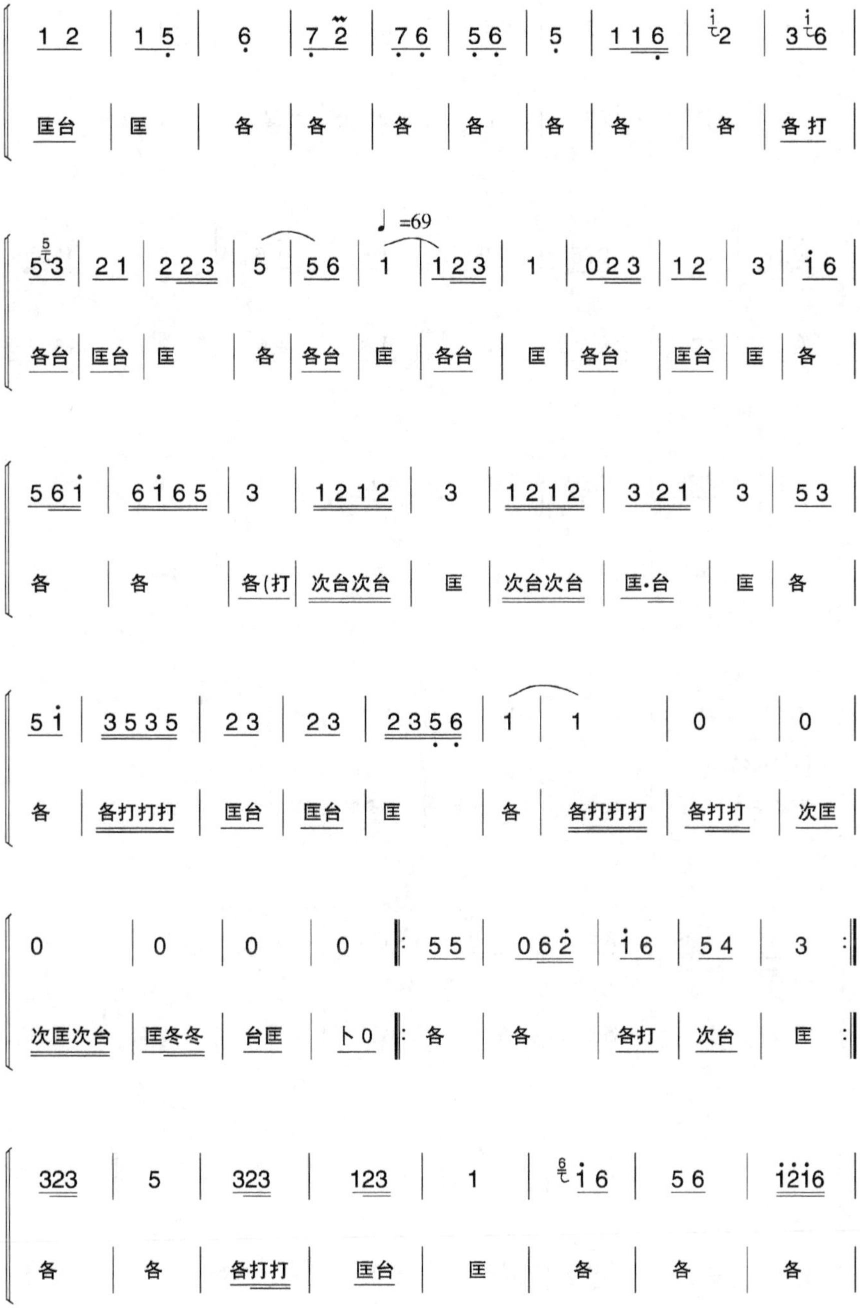
♩=69
匡台 匡 各 各 各 各 各 各 各 各打
各台 匡台 匡 各 各台 匡 各台 匡 各台 匡台 匡 各
各 各 各(打 次台次台 匡 次台次台 匡·台 匡 各
各 各打打打 匡台 匡台 匡 各 各打打打 各打打 次匡
次匡次台 匡冬冬 台匡 卜0 各 各 各打 次台 匡
各 各 各打打 匡台 匡 各 各 各

i	3 32	1 3	2	1235	2	1̇2̇16	1̇2̇16
各	各打打打	匡台	匡	次台次台	匡	次台	次台

1̇2̇16	5	1235	2	1̇ 6	1̇ 6	5	1235
次打	匡冬冬	次台次台	匡	次台	次台	匡	各冬冬台

2	665	335	6 2̇	1̇ 57	6	6	0
匡	各	各	各	各	各	各打	各冬

0	0	0	0	:‖ 0	0	0	0

【魁星锣】

匡冬冬	令台	次台	次台次台	‖: 匡冬冬	令台	次台	卜0

6 65	3 35	6 2̇	1̇ 57	6	6	6	0
各	各	各	各	各	各	各打打	匡台

0	0	0	‖: 0	0	0	:‖ 0
匡	匡台	匡冬冬	‖: 匡匡	台匡	台匡次台	:‖ 匡冬冬

(曹宅镇民间乐队演奏　方康明记谱)

第四节　金华本土音乐课程"民间曲艺"
在小学课堂中的实施

曲艺是中华民族各种说唱艺术的统称,是由民间口头文学和歌唱艺术经过长期发展演变形成的一种独特的艺术形式。曲艺以"说、唱"为主要的艺术表现手段,说的如小品、相声、评书、评话;唱的如京韵大鼓、单弦牌子曲、扬州清曲、东北大鼓、温州大鼓、胶东大鼓、湖北大鼓等;似说似唱的如山东快书、快板书、锣鼓书、萍乡春锣、四川金钱板等;又说又唱的如山东琴书、徐州琴书、恩施扬琴、武乡琴书、安徽琴书、贵州琴书、云南扬琴等;又说又唱又舞的走唱如二人转、十不闲莲花落、宁波走书、凤阳花鼓、车灯、花鼓等。①

金华道情是金华民间曲艺的一种具有代表性的形式,我校柳湖校区将金华道情在小学课堂中实施,以此推进中国曲艺文化、金华本土音乐文化在学校中的传承。

一、金华道情在小学课堂中的实施

金华道情,又叫"唱新闻""劝世文"。金华道情作为金华曲艺艺术的一种重要形式,在小学课堂教学中实施,有其特有的方法。

(一)金华道情在小学课堂中实施的方法

金华道情流行于金华、义乌、东阳、浦江、武义、兰溪等县(市)、区。因各地语音有别,当地艺人往往将所唱的道情冠以当地地名。道情在金华流传至少已有 300 多年。从明末传入金华后,就在本地生根发芽,演变定型,并传入金华八县、丽水、衢州及赣东与闽西北等地。至清道光、光绪年间,金华道情发展兴旺,久唱不衰。

道情是一种以唱为主、说表为辅的曲艺表演艺术,表现为一人多角色、坐唱式单人说唱,伴奏乐器极为简单,仅一个情筒和两块竹板。它的起源与道教宣传手段"道歌"关系密切,可追溯至唐宋。清朝、民国时期,道情艺术已十分流行,在江南浙中地区尤为兴盛,八婺地区的道情被统称为金华道情。道情的节奏分为紧板、快板、中板、平板、慢板等;道情的切分节奏多、弱拍跳进多、句间顿逗多、唱奏声韵相随互为交替,演唱时而抑扬顿挫、铿锵有力,时而悠扬委婉、声情并茂,极具感染力和吸引力,配以专用的道情渔鼓和指拍,左手指拍,斜抱渔鼓,右手敲击鼓面,节奏为"吉嘚吉、吉嘚吉、吉嘚吉、吉、嘚、吉、吉",既讲究力度的变化,又讲究左右手的巧妙

---

① 叶惠、俞苏航:《金华本土音乐教材(上)》,苏州大学出版社 2017 年版,第 94 页。

配合,这对学习者而言是极大的考验。尽管如此,金华道情通过道情音乐的节奏体验、道情音乐的情感体验、道情演唱的气息与发声等方面的教学实践与探索,有助于激发学生学习道情的兴趣和愿望,引领他们步入传统文化的殿堂,提升学生的传统音乐素养和人文素养。

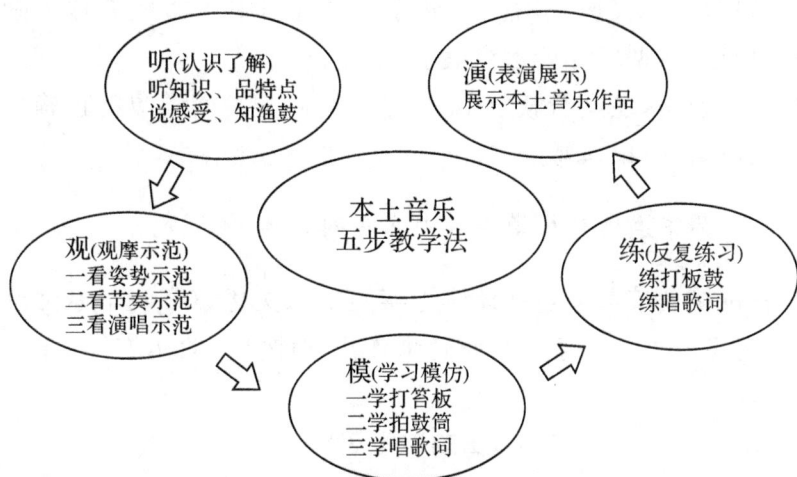

图 6-1　本土音乐五步学法(以金华道情为例)

金华道情同样可以用我校提炼出的五步教学法实施,只是每个步骤的内容,与前述金华山歌的内容略有不同,具体如下:

(1)听——认识了解。大部分小学生对金华道情了解很少,学唱之前,一定要先听老师的相关知识介绍,品特点、说感受、知渔鼓(答板和油鼓筒)。

(2)观——观摩示范。观摩老师的讲解示范,一看姿势示范,二看节奏示范,三看演唱示范。看懂了,才能一字一句地跟着老师学唱。

(3)模——学习模仿。一学打答板,二学拍鼓筒,三学唱歌词。一字一句地学唱、一招一式的表演,既要学怎么发音来唱才有韵味,还要学怎么演才有那个道情的范儿,唱和演都要用心去感悟才能学会。

(4)练——反复练习。练打板鼓、练唱歌词。这个练习的过程和我们平时的音乐课完全不同,一节课可能只学会唱一两句或一两个动作,一个完整的作品要经过一两个月的反复练习,才能掌握。

(5)演——表演展示。反复练习的过程中还需要老师不断地纠正、指导,成型了才能上台表演、展示。

实践证明,在道情教学中,带领学生们学会用歌唱的正确方法来演唱道情,效果非常好。

(二)金华道情在小学课堂中实施的案例

我校柳湖校区通过在课堂上实施由原文化馆章晓华老师改编的《田鸡飞上天》,探索了金华道情在小学课堂中的实施。

《田鸡飞上天》①
金华婺城区文化馆　章晓华

一、教学目标

1.了解什么是道情。

2.认真聆听金华道情音乐,体验其风格特点。

二、教学重点

通过听、唱、赏,让学生了解金华道情的风格特点。

三、教学选段:《田鸡飞上天》

唱:稀奇、稀奇真稀奇。

稀奇事情出在六月底

"咕呱咕呱"格小田鸡

"呼"的一下飞到天空里

---

① 叶惠、俞苏航:《金华本土音乐教材(上)》,苏州大学出版社 2017 年版,第 101—103 页。

表:啊?(惊奇)

哎哎哎,田鸡是什么东西?

田鸡么就是青蛙哇!

青蛙也会飞? 稀奇的!

别吵! 听好!

唱:说起这只小田鸡

住在柳湖边上大树底

和两只大雁是邻居

亲亲热热真和气

谁知碰上怪天气

老天两个多月不落雨一滴

晒得柳湖干了底

大雁姐妹赶忙要搬离

白:田鸡妹妹,我们准备搬家了

搬家? 大雁姐姐,那带上我吧。

啊? 带上你? 你又不会飞?

唱:小田鸡,你真好嬉,

没有翅膀只有大肚皮,

让我们怎么来带你

你要是扑在我们背脊上

圆不隆冬重西西

如果你是个大气球

可能还好一道飞一飞

可惜你是只小田鸡

我们实在没能力

不是朋友不帮忙

这个愿望我们实在担不起

白:"哼,不肯帮忙就算了!""不是不帮忙,只要你有办法，一定帮你飞！""好。"

唱：我给你们一根小棍子

中间长长两头细

你们一头咬一个

我咬中间来荡起

这个办法怎么样？

一起同飞啊飞

一起同飞应该没问题。

白："啊？叫我们抬着你飞呀？……好吧！"

唱：大雁同意咬起了棍

拍拍翅膀飞到半空里

田鸡好像坐飞机

来得开心又惬意

飞呀飞呀飞呀飞

飞到一个村庄里

村里的农民在种地

抬头看见这稀奇

白：喂…大家快来看呀，田鸡飞上天了！哟……真的
真的这两只大雁聪明啊能带着田鸡一起飞

唱：田鸡听了心懊恼

不高兴来不服气

当年说我坐井观天智商低

目光短浅让人瞧不起

今日我"一飞冲天"的好主意

敢和鲲鹏比一比

明明大雁没有我聪明

表扬大雁没道理

没调查怎么好有发言权

我出的主意事实不好来混起

表：小田鸡一心想告诉村民，这个"飞天"计划是她想的主意，但是怎么告诉村民呢？这个光嘴巴派了大用场。没办法，小田鸡只好拼命弹四只大腿，这一弹么，两只大雁苦头吃尽了。

唱：小田鸡又蹬又踢又摇摆

累得两只大雁没力气

死死咬住小木棍

怕松口跌死小田鸡

大雁嘴角流鲜血

翅膀也像蒲扇"扑哧扑哧"拍不起

表：大雁带着田鸡越飞越低，"快来看啊，这两只大雁真能干，真勇敢，真是了不起！""啊，还要说是大雁能干？我，我不服气！"

唱：明明是我想的好主意

还说大雁了不起

莫非是大雁故意来飞低

好在村民面前炫自己

早知道不和大雁做朋友

连聪明才智都要被他们占便宜

我要是再不说出真实情

世人都要嘲笑我小田鸡

"一飞冲天"本来就是我专利

大雁贪功不仗义

田鸡心里越想越懊恼

张嘴就想发脾气

田鸡嘴巴一张开

白："瞿——""叭"的一记

粉身碎骨只剩皮

大雁看看空空小木棍

勿晓得发生了啥事体

小田鸡为啥落得这结果

同学们你们心里一定早就有了底

　　道情脚本《田鸡飞上天》是根据民间故事改编而来的,章晓华先后花了两年时间才定稿。民间故事的大意如下:六月天非常干旱,田鸡和大雁是好朋友,它们准备一起搬家。田鸡想了一个办法,让大雁咬住木棒两头,它咬在木棒中间跟着它们一同飞。结果村民看到了,夸大雁聪明,田鸡不服气想辩解,结果从空中摔下来死了。民间故事改为道情艺术后,心理刻画更丰富了,对话也更幽默风趣了。在我校小学生的表演下,则显得更加生动、传神、有趣。

第七章　金华本土音乐课程以专题成果展的方式实施

　　本土音乐是我国民族音乐文化中的珍贵财富,是我国的民族之魂。匈牙利著名音乐教育家柯达伊曾指出:"如果一个民族不重视自己的民族、民间音乐,不把本民族音乐文化建立在自己的民间音乐基础之上,就会像飘莲断梗一样地在世界文化中漂泊,或不可挽救地消失在国际的文化中。"只有根植于本土文化的音乐传承,才是对尊重世界音乐多元化最具有实践意义的举措。因此,作为音乐教育工作者,应树立以文化传承为主导的音乐教育观念,正视本土音乐文化传承与学校音乐教育互为基础的密切关系,充分发挥学校文化传递的功能。[①] 前面几章分别介绍了金华本土音乐课程进校园、金华本土音乐课程进课堂这两种实施方式,本章重点讨论金华本土音乐课程以专题成果展的方式实施。我校通过开展金华本土音乐作品展,丰富了教学内容,充实了校园生活,展示金华本土音乐文化的独特魅力;通过定期举办金华本土音乐会,展示了音乐艺术的娱乐能量和文化魅力,在精神层面推进本土音乐实践活动。此外,我校通过参加金华市中小学艺术节,既为我校柳湖校区师生搭建了一个新的展示平台,又为金华本土音乐的传承探索了新途径。

---

① 徐皖闽:《论音乐教育中本土音乐文化的传承》,《漳州师范学院学报(哲学社会科学版)》2010年第4期,第65页。

第一节　金华本土音乐作品展

音乐主要是以音乐作品的方式进行传播。金华本土音乐的传播与推广离不开优秀本土音乐作品的展演,我校柳湖校区通过举办本土音乐作品展,为金华本土音乐的传承探索了一条有效途径。本节内容主要向读者呈现我校柳湖校区举办金华本土音乐作品展的目的、内容及其成效。

一、举办金华本土音乐作品展的目的

众所周知,音乐是人类的精神文化创造,各个民族、各个地区、各个时代的音乐都集中反映了它所属的那个民族、那个地区、那个时代的文化。本土音乐是民族或区域文化的重要组成部分。[①] 我校柳湖校区通过音乐课外活动的形式举办金华本土音乐作品展,因为音乐课外活动有别于音乐课堂教学,音乐课堂教学必须按照义务教育音乐课程标准中的教学内容进行,而课外音乐活动则不受课程标准、教学计划和教材等的限制。金华本土音乐作品展可以根据学生的实际情况,利用校内外的各种有利条件,充分调动学生的兴趣和爱好,最大限度地发展学生学习音乐的潜在能力。

有学者认为,开展课外音乐学习活动的目的包括如下三方面。首先,开展课外音乐活动可以满足学生的音乐要求,丰富学生的课余文化生活。丰富多彩的课外音乐活动,为每一个学生提供了选择自己喜爱和特长的课外音乐活动项目的机会,满足学生进一步学习音乐的要求,发展学生的音乐学习的兴趣。其次,开展课外音乐活动,可以提高学生的音乐素质,培养学生感知、理解音乐创造

---

① 龚妮丽:《本土音乐在现代音乐教育中的定位》,《贵州师范大学学报(社会科学版)》2000 年第 3 期,第 109—110 页。

音乐等方面的能力。再次,开展课外音乐活动可以陶冶学生的审美情操,培养学生集体主义观念。① 该学者的研究主要论述了开展课外学习活动一个维度的目的,即学生维度的目的。从我校柳湖校区多年实践看,金华本土音乐作品展作为课外音乐学习活动的一种方式,其举办的目的有三:培养小学生的文化认同感;开展学校文化建设;传承金华本土音乐文化。

(一)培养小学生的文化认同感

地方本土音乐文化教育是培养学生文化认同感,延续文化记忆的重要内容和有效途径。本土音乐文化的融入可以有目的、有计划地使学生接受地方性音乐文化教育,培养其热爱家乡地方音乐文化的感情,提高民族音乐文化素养,使他们从小树立为传承和弘扬本土音乐文化做贡献的自觉性。诚如有学者所指出的:实施本土音乐教育对学生的身心发展与文化认同有着积极的影响。② 我校柳湖校区通过举办金华本土音乐作品展,不仅有利于我校学生音乐知识和音乐技能的提升,更重要的是在活动的过程中为学生创造尊重金华本土音乐文化的氛围,在学生深入理解本土音乐文化的同时,增加学生对金华本土音乐文化的认同感,从而增加学生对本地区音乐文化的自信和自豪感。

(二)开展学校文化建设的需要

有学者研究指出:本土音乐资源进入普通学校音乐教育,不仅自身得到保护,还可借以发展,而且对于学校的音乐学科建设亦是一个有力的促进。同时,在普通学校音乐教育中设置本土音乐相关课程、确立自身特点、依托学校的综合性学科资源和乡土音乐特

---

① 周顺平:《音乐课程与教学论》,广西人民出版社 2016 年版,第 30—31 页。
② 刘蕊:《本土音乐文化在音乐教育中的传承——以皖江音乐文化为例》,《当代音乐》2017 年第 23 期,第 39 页。

色,打造学校自身的独特品牌,使自己的专业教学有新的开拓和创新,是地方学校在本土音乐文化继承发展中得天独厚的优势所在。[①] 从我校柳湖校区多年的实践看,举办金华本土音乐作品展,除了促进传承金华本土音乐、促进我校音乐学科课程的建设外,更为重要的是,这样的作品展不仅有利于树立我校本土音乐文化特色的品牌,而且促进了我校校园文化的建设,提升我校在本地区乃至全省、全国的文化影响力。

(三)传承金华本土音乐文化的需要

金华人杰地灵,人文荟萃,传统音乐文化源远流长,资源十分丰富。金华本土音乐世代相传,具有地方民族特色,它源于生活,与本地人民的生活经验密切相关,有令人喜闻乐见的形式。婺剧、金华山歌、金华道情、浦江乱弹、畲族对歌、黄大仙道教音乐、永康鼓词等一大批的金华本土音乐先后被列入省级或国家级非物质文化遗产代表性项目名录,这些已被列入非物质文化遗产代表作名录的项目可以说是民族的记忆、精神的家园,具有很高的艺术价值。

本土音乐作为本土文化体系中具有代表性的构成要素,属于当地文化的一种生态景观,能够发挥多种社会功能,如知识传授、社会交往以及风俗礼仪等。同时,能够对当地人民进行长久的教化,对促进当地文化发展发挥着不可替代的作用,是中华民族文化的重要标志之一。[②] 我校多年实践证明,我校柳湖校区举办的金华本土音乐作品展有力地推动了金华本土音乐文化的传承,为金华本土音乐文化的传播、走出金华奠定了坚实基础;同时,通过成功

---

① 徐皖闽:《论音乐教育中本土音乐文化的传承》,《漳州师范学院学报(哲学社会科学版)》2010 年第 4 期,第 10 页。

② 于耀春:《音乐教育中传承本土音乐文化的可行性分析》,《福建教育学院学报》2016 年第 7 期,第 120 页。

举办金华本土音乐作品展,还为我校柳湖校区师生创造一个展示的舞台,这样的平台又进一步增强师生传承金华本土音乐的信心和行动力。

二、金华本土音乐作品展组织的内容

金华本土音乐作品展的独特性是由音乐作品本身的独特性决定的,为此,在简要概述音乐作品的独特性的基础上,在此呈现我校金华本土音乐作品展的内容。我校金华本土音乐作品展的内容主要是我校柳湖校区探索课程实施形成的优秀精品案例。

(一)音乐作品的特性概述

音乐作品展是音乐传播学研究的重要领域之一,音乐传播学作为音乐学在新世纪的创新和发展,自然与传统音乐学的思想、观念和研究成果有密切的联系。在西方音乐美学思想中,学者们在其论述中虽未提音乐传播、音乐传播媒介或音乐传播学,但他们在音乐作品和音乐表演方面的思想观念,为我们新的音乐传播媒介观的建立,提供了强大的思想支撑和理论启发。[1] 这些思想观念对如今的本土音乐作品的传承同样有着重要的借鉴意义。通过对已有文献进行梳理,我们发现,如下几位音乐大师对音乐作品的存在方式、本质属性的认识,为我校柳湖校区金华本土作品展的举办提供了丰富的启示。

罗曼·茵加尔顿认为,音乐作品是客观存在的。他说:

音乐作品产生的源头在作者的创作活动中,而存在的基础则直接在乐谱中。音乐家在某一时间延续的创造性劳动过程中创作自己的作品。由此创造出某种东西,

---

[1] 曾遂今:《音乐作品存在方式、音乐表演空间与舞台——音乐传播媒介的广义解读》,《武汉音乐学院报》2011年第4期,第365—375页。

即音乐作品。在这之前,它根本不存在,而从它产生的一瞬间起,就以某种方式存在着,并且完全不依赖于是否有人演奏它,欣赏它,或是以何种方式研究它。①

在茵加尔顿看来,音乐作品是客观存在的,且其存在的基础就是乐谱。换言之,乐谱就是音乐作品存在的"蓝图"。那么,音乐作品具体以何种方式存在? 茵加尔顿认为,它是以"意向性对象"的方式存在着,音乐作品是作曲家、唱奏者、音乐接受者意向性活动的产物。因此,音乐作品的存在是"他律性"的存在。没有此三者的意向性指向,音乐作品是不存在的。由此可见,茵加尔顿的观点深受现象学的影响。茵加尔顿还说:

> 这种处于不确定地位的示意图式的音乐作品,必定是一种意向性的对象,其存在方式乃是他律的,它依赖于意识活动。……通过这种方式(指演奏)直接传递的不过是声音自身。对于这些声音,听众应把它作为作品的基础来看待,只有以听众的理解和相应的意识活动为中介,它们才决定音乐作品在艺术方面全部如此重要的其余部分:从音乐构成物到作品的非声音因素,尤其是作品在美学上的价值质量和审美价值。②

丽萨(Zofia Lissa)在音乐美学的研究中,为我们留下大量值得有价值的思想。有学者对丽萨音乐美学思想中的音乐作品观念,做了如下五方面的归纳:

①音乐作品是个人创作过程的结果。它是创作者个

---

① 于润洋:《现代西方音乐哲学导论》,湖南教育出版社 2000 年版,第 133 页。
② 同上,第 135 页。

人的一种自我表白,他通过自己的作品向人们说话,去丰富现实,为世界提供一种未曾有过的东西。这是一种社会人的产品,社会人通过他的产品确认其自身的存在。②音乐作品是一种时间过程的构成物,是具有特定次序和性质的时间阶段。相继出现的各个时间阶段,以及它们之间的相互关系的整体方案,是音乐作品体裁形式的基本构成因素。每一部作品在时间阶段的结构上都有自己的样式和特定的先后序列。它们都不是偶然构成的,而是具有体裁准则的。③音乐作品应该是一个封闭的整体,有自己的进行过程,也就是说,它有自己的开头、中间部分和结尾。这个完整的时间过程,其内部划分为各个组成部分,具有一定的时间尺度。④音乐作品应该具有自己的整体完整性。对这个整体完整性起决定作用的是各个段落结构的性质。达到这种完整性的方法在历史上是可变的,在不同体裁的音乐作品中都不同。为达到这种完整性则需要具有个性化的构思,它是创作意向的产物。⑤音乐作品需要被固定在乐谱中,以保证其作品自身的同一性,使作品在产生之后被认识和演奏,使不同时代、不同地域的听众能够聆听、欣赏。这便保证了音乐作品的持续存在的可能。乐谱不仅为演奏者提供了复现作品的可能,而且也为演奏者提供了各种不同解释的可能。①

在丽萨的音乐作品观中,已经向读者暗示了她的一种音乐传播观及音乐本质观。在丽莎看来,音乐作品实质上是表达了"音乐创作—乐谱记录—音乐表演空间—音乐受众"这样一条音乐的传播

① 于润洋:《现代西方音乐哲学导论》,湖南教育出版社 2000 年版,第 481 页。

运动轨迹。①

综上所述,音乐之所以可以传承发展,正是由于音乐本身所具有的独特性及其内在价值。音乐作品是音乐传播的主要方式,我校柳湖校区通过举办金华音乐作品展的传播方式推广金华本土音乐,促进金华本土音乐的进一步传承和发展。

(二)金华本土音乐作品展的作品

前文已指出,音乐作品是传播音乐的有效途径,那么,选择什么样的音乐作品进行展演对金华本土音乐作品展的举行而言至关重要。我校柳湖校区主要选择原汁原味的金华本土音乐作品,分别是金华山歌《草根奖引领婺城好风尚》、金华道情《学习"草根"楷模好榜样》等。

1.金华山歌《"草根"奖引领婺城好风尚》

《"草根"奖引领婺城好风尚》作为本次音乐作品展的作品之一,是我校柳湖校区的原创作品之一,这首作品根据发生在金华本土的真实事件改编而成。"草根"奖是一项在婺城区坚持了10年的好人评选项目,影响了30多万群众,社会关注度还在持续扩大。婺城区积极构建群众道德建设组织网络,把"草根"奖作为精神文明建设的品牌项目,始终坚持"民间设奖、奖励百姓"的理念,推凡人善举、化微光效应,传递社会道德正能量,为培育和践行社会主义核心价值观提供了有效载体,收效甚好。"草根"奖在婺城区的设立、发展、组织详情如下:

> 从2007年设立"草根"奖至今,"草根"奖已连续举办6届,先后设立25个奖项。除了传统的"孝老爱亲""敬业奉献",每一届都会根据党委政府中心工作和公民道德素

---

① 曾遂今:《音乐传播链上的音乐表演空间与文化创意》,《艺术百家》2010年第2期,第97—102页。

质提升的需要具体设置奖项,如"治水先锋"奖、"民间文化传承"奖、"重信守义"奖等。"草根"奖评选不预设固定的获奖人数,每一届根据评选人物事迹的典型性、感人性,确定入选人数和获奖人员,确保最大限度挖掘出代表时代性的"草根"人物。每届"草根"奖均由区委宣传部、区文明办牵头,由团委、妇联、政法委、教育局、文体新局等部门以及热心公益事业的企业等 30 余家成员单位组成"草根"奖组委会,明确由民间设奖赞助,政府负责当好秘书,把"民间设奖,奖励百姓"模式培育成家喻户晓的道德建设品牌。按照道德典型评选的标准和类型,建立了由村(社区)、乡镇(街道)、区逐级推荐的评选机制,从下而上、层层评选、逐级推开好人评选,同时依托报纸、电视、微信、广播等媒体,面向社会公开发现、寻访好人,让"草根"好人人人可寻。同时,开展部门联评,广泛征求计生、纪委、信访等相关部门意见,确保道德模范候选人质量;通过报纸和网络,结合评委投票,按照影响力、择优筛选及行业平衡等评选原则,对候选人进行综合评审,最后由区文明委确定道德模范。[①]

我校柳湖校区为弘扬婺城区"草根"奖所彰显的优良道德品质和内在精神,结合金华本土音乐金华山歌的音乐特色,改编成为金华山歌《"草根"奖引领婺城好风尚》,在传承金华本土音乐文化的同时,弘扬金华地区所倡导的高尚精神。

2.金华道情《学习"草根"楷模好榜样》

如前文所述,《学习"草根"楷模好榜样》是根据婺城区"草根"奖的设立而创编的,编著者之一、婺城区文化馆章晓华老师,以扎

---

① 浙江文明网:《婺城"草根奖"成为引领社会文明的新标杆》,http://www.zjwmw.com/07zjwm/system/2017/10/10/021605927.shtml,2018 年 2 月 27 日。

根山区二十八年的小学教师赖济芳的感人故事为创作源泉,为我校柳湖校区学生创编了金华道情《学习"草根"楷模好榜样》。整个作品运用了唱、白、表三种形式,中间还加入了快板、慢板打节奏,唱词押韵、通俗易懂、朗朗上口,能够引起学生的强烈共鸣。

在金华本土音乐作品展中,金华山歌《草根奖引领婺城好风尚》和金华道情《学习"草根"楷模好榜样》运用金华本土山歌和道情的演唱特色,将发生在婺城大地上的故事同金华本土音乐进行完美结合,这样的结合既传播了金华本土文化,同时又超越了文化自身的意义,充分彰显了文化传承的内在力量。

三、金华本土音乐作品展的成效

金华本土音乐作品展不仅提升了我校柳湖校区师生表演能力,还推动了我校的校园文化建设,这在前面几章已论及,这里不再赘述。此外,我校还因此获得了无数好评。2015 年 4 月 28 日,婺城区第四届精神文明建设"草根"奖颁奖典礼在我校柳湖校区(原柳湖小学)召开。两首原创的金华本土音乐作品——金华山歌《草根奖引领婺城好风尚》、金华道情《学习"草根"楷模好榜样》,皆在婺城区第四届精神文明建设"草根"奖颁奖典礼上进行精彩的表演,当场收获无数好评。金华电视台教育科技、新农村、新闻综合三个频道同步现场直播了上述本土音乐作品的表演过程。

除了上述成效外,通过举办金华本土音乐作品展,不仅为我校柳湖校区长期以来开设的本土音乐课程找到了新的展示机会,为我校师生创造了新的展示舞台,而且也有效地宣传和推广了金华本土音乐,还为金华传统文化的传承探索了一种新方式。

第二节　金华本土音乐会

学校举办音乐会有较久的历史。19 世纪末,教会学校最早开启国人的音乐教育;20 世纪初,由归国留学生和外籍人士举办的各类音乐学校、社会课堂(如私人授教)等纷纷兴起;直至民国后期,各地城市中许多音乐会都是由学校举办。学校音乐会成为早期培育音乐艺术人才、推介音乐文化发展的重要平台。学校各类音乐会最初作为促进教学的辅助手段,随音乐教育和文化活动的发展,逐步成为学校教育教学和校园文化的重要组成部分。[①] 如下从金华本土音乐会组织的目的、内容、成效三方面进行阐述。

一、金华本土音乐会组织的目的

音乐会是音乐艺术推广和民众活动的重要载体,在社会活动与文化发展中发挥了重要作用。我校柳湖校区举办的金华本土音乐会,既有力地宣传和推广了金华本土音乐文化,又丰富了学生的校园生活,还提升了学生的表演能力。

(一)宣传和推广金华本土音乐

随着现代化和城市化进程的加快,传统生产方式和生活娱乐方式日渐受到冷落,金华本土音乐的生存环境遭受严重威胁。人们在市场经济浪潮的冲击下,逐渐淡忘了传统民歌的功用和价值,并逐渐淡出人们的视线,更为糟糕的是,有些金华本土音乐作品甚至濒临消亡。在此背景下,对这一极富地方特色的民间艺术品种

---

① 关心:《试论音乐会与近现代中国的都市娱乐》,《郑州大学学报(哲学社会科学版)》2016 年第 1 期,第 137—142 页。

进行积极的抢救、保护、合理利用、传承发展是历史赋予的重要使命。[①] 任何文化品种的传播和推广均需要有合适的平台,金华本土音乐会的举办,是对金华本土音乐文化的一次集中宣传和推广,在欣赏音乐盛宴的同时,将金华本土音乐进行有效的传播,为优秀音乐文化的传承探索提供了新平台。

(二)丰富学生的校园生活

音乐是最古老、最具普遍性和感染力的艺术形式之一,是人类实现思想和感情的交流必不可少的听觉艺术,是人类精神生活的有机组成部分。作为人类文化的一种重要形态和载体,音乐蕴含着丰富的文化和历史内涵,以其独特的艺术魅力伴随人类历史的发展,满足人们的精神文化需求。对音乐的感情表现和创造,是人类的一种基本素质和能力。音乐课程的价值在于:为学生提供审美体验,陶冶情操,启迪智慧;开发创造性发展潜能,提升创造力;传承民族优秀文化,推进对世界音乐文化丰富性和多样性的认识和理解;促进人际交往、情感沟通及和谐社会的构建。[②] 金华本土音乐会的举办对于丰富学生校园生活具有重要意义,尤其有利于丰富上述的审美体验价值、创造性发展价值、人际交往价值和文化传承价值。

(三)提升学生的表演能力

"实践高于认识,因为它不仅具有普遍性的品格,而且还具有直接现实性的品格。一场完整的音乐会,单单靠对声音、情感的追求是远远不够的。在歌曲演唱中,心理因素至关重要,良好的心理素质是歌唱者成功演唱不可缺少的条件,是歌唱成败的重要因素

---

① 倪淑萍:《金华民歌的生态现状与保护对策》,《金华职业技术学院学报》2011 年第 11 期,第 97 页。

② 周顺平:《音乐课程与教学论》,广西人民出版社 2016 年版,第 28 页。

和关键。"①没有良好的心理素质,演唱者在舞台上的演唱水平就会受到直接影响;没有默契合作的伴奏,演唱者会很吃力,整场音乐会的氛围也会很平淡,没有情绪的此起彼伏,没有在舞台上表演的能力,对于观众就无美感可言。演唱者好的心理素质、与伴奏的默契合作,还有在舞台上面的表演能力都是不可或缺的,任何一方面有问题都会影响音乐会现场的整体效果。我校柳湖校区举办的金华本土音乐会不仅可以在很大程度上提升我校师生的舞台表演能力,而且对学生心理素质的提升、舞台经验的积累具有重大作用。

二、金华本土音乐会组织的内容

音乐作品是有效传播音乐的有效途径,选择什么样的音乐作品在音乐会上进行展演,对金华本土音乐会的成功举办至关重要。和前述金华本土音乐作品展选择的标准类似,我校柳湖校区举办的金华本土音乐会,尽量选择原汁原味的金华本土作品。如下选取两首带有金华本土音乐特色的作品——金华民歌《咯咯叮》、金华器乐《打岔调》做简要阐述。

(一)金华本土音乐会概述

音乐会或演奏会是指在观众面前的现场表演,通常指基于音乐作品的表演。音乐会既是娱乐活动,在一定程度上而言又是一种很好的自我宣传与推广的方式,这种方式可以提高学校声誉、扩大学校影响。从音乐会的内容和效果出发,金华本土音乐会在表演形式和风格上,在保持本土音乐原汁原味的同时,力求追求审美情趣的多元。

音乐会引入学校,本意是作为一种教学活动和促进教学手段,给师生提供锻炼的舞台,从而改进教学方式,提升师生教和学的水

---

① 柳三妹:《柳三妹硕士毕业音乐会设计与分析》,河北师范大学 2017 年硕士论文,第 6 页。

平;同时,它又作为一种新颖的文化娱乐方式,给师生带来生活的愉悦和艺术的熏陶。事实上,学校音乐会作为一种近代文明的产物和艺术的重要载体,能够集知识、艺术、娱乐与思想性于一体,具有寓教于乐的丰富内涵,并以师生乐于接受的形式,实现良好的育人功能。[①] 我校柳湖校区举办的金华本土音乐会,既充分证明了上述价值,又再现了本土音乐的风采。

(二)金华本土音乐会所选取的作品案例

我校选择金华民歌《咯咯叮》、金华器乐《打岔调》作为在金华本土音乐会上演出的作品案例,希望此为师生搭建一个欣赏原汁原味民歌的新平台。

1. 金华民歌《咯咯叮》

金华民歌是金华人民表达喜怒哀乐、审美诉求的文化载体,它与其他各类民间艺术品种互相影响、互相渗透,共同绘制了绚丽的金华非物质文化遗产的画卷。金华民歌《咯咯叮》是根据流传在金华地区的民谣所改编,作为飘逸在浙中天空的声音,提起《咯咯叮》,上了年纪的人绝对不会陌生。当年耳边经常会响起一阵"咯叮咯叮咯叮咯叮"的清脆声响,那是挑着货郎担的小贩们走街串巷时,用手中铁器敲打出的一连串优美节奏,伴随着"鸡鸭毛换糖哟!废铜烂铁换糖么"的高声吆喝,唱起来朗朗上口。

和许多民歌一样,《咯咯叮》虽然有一定基础,但改编仍有一定难度。例如它有词,但版本很多,良莠不齐,既不完整,又缺乏内在的逻辑关系,艺术规范更无从谈起。更麻烦的是,它实际上"有词无曲",只有一个简单上口的旋律基调,还没有形成一种完整的旋律,更缺乏变化与延伸。金华市音乐家协会主席应兆铭先生整理出一个完整的歌词版本。在音乐创作上,采用了七度大跳这一婺

---

① 关心:《近代中国学校音乐会的功能》,《史学月刊》2012 年第 6 期,第 129—132 页。

剧音乐特有的音型,加以和声、复调等作曲技法,尤其是大二纯五民族和声与同名大小调交替的手法运用,使歌曲具备了民族与现代结合的浓厚韵味,既保持了传统特色,又有相当的时代感,既注重了童趣特点,又提高了艺术品位。

金华民歌《咯咯叮》

一颗星 咯咯叮

两颗星 挂油瓶

油瓶漏 好炒豆

豆炒香 好插秧

秧无肥 好种梨

梨无核 好种大栗

大栗三层壳 好种菱角

菱角两头尖 敲锣打鼓荡秋千

秋千下面捡到一个破铜钿 送给姐姐买花线

花线咯咯断 拿去买鸭蛋

鸭蛋稀稀臭 舅舅敲黄狗

角上鸡蛋壳 壳上一个洞

隔壁老鼠打地洞

就这样,一首充满童真童趣的金华民歌作品改编成了。在金华本土音乐会上,我校柳湖校区的师生成功展演,让观众耳目一新。"一颗星,咯咯叮,两颗星,挂油瓶,油瓶漏,好炒豆……"诚如报道所指出的,当充满童心童趣的《咯咯叮》又重新飘响在浙中天空的时候,伴随它一起飘飞的不仅是金华人民儿时记忆,更是金华本土音乐文化的传承。①

①　《〈咯咯叮〉,唱响的不只是记忆》,http://www.jhnews.com.cn/2014/0822/402064.shtml,2018 年 2 月 28 日。

2. 金华器乐《打岔调》

如前所述,民间器乐指用中国传统乐器演奏的民间传统音乐,有独奏与合奏两种表演形式。独奏曲以乐器分类,根据演奏方式的不同可分为吹奏、拉弦、弹拨等类型;合奏曲以乐器组合分类,分为清锣鼓乐、丝竹乐、弦索乐、吹打乐等形式。不同的乐器组合、不同的曲目和演奏风格,形成多种多样的器乐乐种,并且多与民间婚葬喜庆、迎神赛会等风俗生活密切相连,是民俗活动中不可缺少的组成部分。流行在金华的民间器乐以丝竹乐、锣鼓乐和吹打乐最为常见,并且与当地盛行的婺剧音乐有紧密的联系,使用的乐器有打击乐器如锣、鼓、钹等;拉弦乐器以板胡、徽胡为主;吹奏乐器以竹笛、先锋号、唢呐为主。

我校柳湖校区通过成立学校民乐合奏团,学习和演奏《打岔调》这首乐曲,使学生在感受和熟练使用乐器的同时,还能掌握演奏的技巧。为在金华本土音乐会上成功展演,我校针对金华器乐《打岔调》的学习,组织了十次活动,活动内容如下:[①]

第一次活动:挑选民乐合奏队员。通过学生演奏,音乐教师选拔的方式,分别挑选出拉弦乐器和弹拨乐器的成员数名,组成学校民乐合奏团。

第二次活动:学习《打岔调》乐谱。在教师对学生进行一些基本手腕放松和乐器音阶练习后,师生一同欣赏《打岔调》视频,再由教师领唱旋律,讲解乐曲的速度和情趣,最后由学生各自练习各自的声部。

第三次活动:学习《打岔调》第一部分乐谱。老师示范演奏、学生学习拉奏后,由教师通过领唱的方式进行,并注意十六分音符的演奏特点。

---

① 选自浙师大附属小学柳湖校区校本教材《打岔调》。

第四次活动：学习《打岔调》第二部分乐谱。通过教师带领学生进行十六分音符的基本练习，教师重点讲授重难点，教授乐曲演奏的姿势、表情等，并对部分学生进行个别指导。由于手势动作是情感的无声语言，手势动作在演唱中的参与，与声音、表情和谐统一相得益彰，成为音乐感染力的一部分。所以在本次活动中，我们重点从姿势表情学起，为音乐会的成功展演做准备。

第五次活动：学习演奏《打岔调》抒情乐段。教师讲解演奏姿势、演奏表情及力度处理，通过集体合奏，完美演奏乐曲抒情部分。作为音乐会的表演者，是万万不能只以声取人的，在掌握一定的歌唱技术的前提下，更要侧重每首歌曲表演的整体效果，因此，舞台表演能力的强弱对歌曲的表现有着不可低估的作用。如果说表演者的妆容、服装是影响舞台表演的客观因素，那表演者在演唱中的手势、眼神、步伐、调度则是影响舞台表演的主观因素，这是对演唱者声乐演唱的必要补充。

第六次活动：学习乐曲《打岔调》最后部分。通过最后部分的练习，提高学生的审美能力，陶冶学生的情操。通过本部分的把位音阶练习，进一步巩固基本功。

第七次活动：完整演奏乐曲《打岔调》。本次着重练习全曲的华彩乐段，进一步提高演奏水平。

第八次活动：完整演奏乐曲《打岔调》柔美乐段，进一步把握曲子的力度。

第九次活动：为乐队成员量体裁衣，准备演出服饰和器具，再进一步巩固乐曲《打岔调》。

第十次活动：乐曲《打岔调》音乐会展演。

在活动准备中，要引导学生学习正确的演奏姿势和演奏方法，因为这是器乐教学的基础,只有这样才能真正发挥每件乐器的作用;当学生初步掌握了乐器的简易演奏方法、具备了一定的演奏能力后,就应该开始进行齐奏、伴奏和合奏练习。齐奏是由全体学生用同一乐器演奏同一曲调的演奏形式。齐奏时要求整齐、统一,演奏的曲调可以同度进行,也可高低八度进行。

伴奏是学生用相同或不同的乐器来演奏旋律或击打节奏,以烘托歌唱、律动、舞蹈、音乐游戏等的演奏形式。为提高学生的兴趣,培养初步的音乐表现力,教师还可采用钢琴或其他乐器弹奏旋律,学生用打击乐器伴奏。合奏是由学生用不同的乐器分别担任不同的声部,演奏同一首乐曲的表演形式。合奏练习的各声部乐器按统一的节拍、速度,在指挥的要求下演奏。小学课堂器乐教学的合奏通常以儿童打击乐器为主,加入一两件有固定音高的乐器演奏旋律。也有将同类乐器分成两至三个声部进行合奏,或将各种乐器合在一起,分两至三个声部进行合奏等。[①] 通过上述的充足准备,婺剧器乐《打岔调》在金华本土音乐会上得到了成功展演。

三、金华本土音乐会组织的成效

有学者认为,音乐会不仅是音乐艺术传播的载体,还是汇集和推广优秀作品的平台,各种音乐流派和艺术风格的经典之作,通过音乐会的传播,使人们从娱乐中获得了生活的享受和精神的愉悦。音乐会传递的乐音无论激昂还是柔美,均是对艺术美的传扬,带给人们愉悦的心理感受,既是艺术美感,也是德化教育。[②] 金华本土音乐会也不例外。我校举办金华本土音乐会的实践表明,除了音乐会的上述价值外,金华本土音乐会还是学生展现自我的好机会。在举办音乐会期间,学生积极参与、认真排练,给人们带来了多姿

① 程昱、余幼梅:《音乐与教学论》,广东高等教育出版社 2014 年版,第69—79页。
② 关心:《试论音乐会与近现代中国的都市娱乐》,《郑州大学学报(哲学社会科学版)》2016年第49期,第137—142页。

多彩的视听盛宴的同时,也收获了属于他们的荣誉。

　　婺剧器乐《打岔调》参加 2016 年金华市艺术节民乐专场比赛荣获一等奖、浙江省艺术节民乐专场比赛荣获二等奖;金华民歌改编的合唱《咯咯叮》获 2015 年金华市艺术节合唱比赛一等奖、浙江省合唱比赛三等奖,对小学生而言,这两项成果是非常了不起的。学生们在老师的帮助下,不仅赢得了各项荣誉,更重要的是在亲身经历金华本土音乐的学习实践过程中,对民族音乐产生了浓厚的兴趣。此外,学生们在自主活动中,其语言能力、表现能力、交往能力、创造能力等均有明显提高。

　　此外,音乐会的表演还提升了我校柳湖校区师生的表演能力和综合素质。我校师生表演能力的提升,在我校师生的现场表演中就可见一斑。师生综合素质的提升是师生表演能力提升的后续价值。诚如有学者所指出的那样:器乐教学可丰富、充实中小学课内外的音乐教学活动,培养提高学生学习音乐的兴趣;能扩大知识的应用范围,提高学生识谱、视奏能力,发展学生对音乐的感受力、理解力、表现力和创造力;可激发学生的多向思维,让眼、耳、口、手等多种器官协调发展,对学生的智力开发起促进作用;器乐教学还可以促进集体演奏活动,培养学生团结协作、互相配合、遵守纪律的优良品质,树立集体主义观念。[①]

第三节　金华市中小学生艺术节

　　浙江省金华市教育局每年举办一届中小学艺术节。2017 年金华市中小学生艺术节以"民族魂·中国梦——阳光下成长"为主题。在举办过程中,金华市的中小学都积极参与,取得了令人满意的成效。金华市艺术节主要分为戏曲专场和舞蹈专场,表演内容

---

① 程昱、余幼梅:《音乐与教学论》,广东高等教育出版社 2014 年版,第 67 页。

丰富多彩、引人注目。如下分别阐述金华市中小学艺术节举办的目的、内容、成效等。

一、举办金华市中小学艺术节的目的

2017 年 5 月以"民族魂·中国梦——阳光下成长"为主题的金华市中小学生艺术节,由金华教育局主办、金华市学生假日活动中心和市青少年宫承办。金华市教育局举办此次艺术活动的主要目的是,促进学生全面发展、提高音乐教师的文化素养、弘扬金华传统文化。

(一)促进学生全面发展

教育是培养人的一种社会活动,是传承社会文化,传递生产经验和社会生活经验的基本途径。在应试教育向素质教育转轨的背景下,学校艺术教育的重要性已越来越被人们所认识。当前艺术教育已成为学校素质教育的重要手段之一。[①] 在小学阶段,虽然学生学习和理解知识的能力还很有限,但在与其心理、生理条件相适应的基础上,通过音乐的学习和实践,能够帮助学生形成对音乐的感受、理解、鉴定、表现、创造等方面的能力,进而促进学生身心的全面和谐发展。诚如钟秉林所言,教育的终极目标是促进学生全面发展。自金华市发起金华本土音乐进校园倡议起,金华市各地中小学纷纷开展各项活动来引进金华本土音乐。金华市中小学艺术节的举办,为中小学生提供了展示自己才能的机会,这些机会有助于提升学生的音乐综合素养;学生音乐综合素养的提升,若能引导得当,又能促进学生德智体等其他方面的发展。

---

① 扎咏:《略谈中小学音乐教育的认识》,《西藏艺术研究》2009 年第 2 期,第 72—74 页。

(二)提高音乐教师的文化素养

中小学教师人文精神的状况对中小学教育实现其教育目标有着重要的意义,音乐教师的文化素养表现出来的学识水平、教学水平与创新能力直接关系到音乐教育的发展。[①] 由此可见,音乐教育的质量与音乐教师的文化素养密切相关。具有良好文化素养的教师,在教学中能体现教育的美与教学的美。教育的美主要是通过学校的教学形式来体现的,而学校工作的主要形式是教学,这样教育美与教学美的最终落脚点就是教学美。总体而言,金华市中小学艺术节的举办,在某种程度上看,是对中小学音乐教师的教学美的检验;同时,教师带领学生参与中小学艺术节,所锻炼的不仅仅是教师的组织能力、教学能力及学识水平,更重要的是教师文化素养的综合展示。

(三)弘扬金华优秀的传统文化

在全球化背景下,继承与发展中国传统文化对建设中国特色社会主义现代化强国具有重大意义。由于我国传统文化本身良莠不齐,精华与糟粕并存,盲目地推崇传统文化必然会导致封建腐朽思想的泛滥和复辟。因此,我们必须辩证地看待中国传统文化,秉持"取其精华,去其糟粕"的原则,正确对待中国传统文化,科学地分辨传统文化的良莠,赋予中国传统文化以时代精神,从而适应全球化的发展,推进我国的现代化进程。[②] 金华市本土音乐来自于人民群众的日常生活,与人们的生活息息相关。本土音乐中的山歌和道情更是贴近百姓的生活,是当地人民自己的文化。随着时代

---

① 焦倩:《新课标背景下中小学音乐教师继续学习研究》,南京艺术学院 2010 年硕士论文。
② 齐晓静:《全球化背景下中国传统文化的继承与发展研究》,济南大学 2012 年硕士论文。

的发展,这些本土文化逐渐衰落,不仅仅是因为这些民谣歌曲是以方言形式传播,更因为文化的推陈出新过于迅速,尤其是快餐式文化对人们的影响过大。市教育局所举办的中小学艺术节,很大程度上是试图通过以艺术节的方式挖掘并传承金华本土的优秀传统文化,让金华市民看到被普遍忽视的金华本土文化中的精华,进而引起更多民众对金华本土优秀传统文化的关注。

二、金华市中小学艺术节的内容

金华市中小学艺术节分艺术展演和美术作品两大类,如以2017 年举办的金华市中小学艺术节为例,金华新闻网对艺术节的内容做了如下报道:

> 艺术作品类共 6 场,分 5 天时间展演。5 月 22 日为高中甲组和乙组舞蹈;23 日为初中甲组舞蹈;24 日为小学甲组舞蹈;25 日为戏曲专场暨第四届中小学生婺剧会演(由央视戏曲频道全程拍摄);26 日为其他戏曲类专场;艺术节共有 107 支队伍,1800 余名学生参赛。美术作品类分绘画、书法、平面设计、立体造型、摄影 5 类,共收到作品 1700 余幅,评比后将于"六一"期间在金华市群艺馆展览。通过层层选拔,优秀作品将有机会送省参赛。同往年相比,今年的金华市艺术节各学校的参赛热情和积极性有所提高,覆盖面更广,涉及小学、初中、高中、职业学校、特殊教育学校等各层面。①

---

① 《金华市举行 2017 中小学生艺术节 艺术作品分 5 天展演》,http://www.jh-news.com.cn/2017/0523/759837.shtml,2018 年 3 月 1 日。

(一)戏曲专场

戏曲是中国传统的戏剧形式,我国各民族地区的戏曲剧种有360多种,传统剧目数以万计。中华人民共和国成立后又出现许多改编的传统剧目、新编历史剧和表现现代生活题材的现代戏,都受到广大观众热烈欢迎。比较流行的著名剧种有:京剧、越剧、黄梅戏、评剧、豫剧、昆曲、粤剧、川剧、淮剧、晋剧、汉剧、湘剧、潮剧、闽剧、祁剧、莆仙戏、河北梆子、湖南花鼓、吕剧、花鼓戏、徽剧、沪剧、绍剧、秦腔等50多个剧种。金华处于浙江中部,建制久远,具有深厚的历史文化底蕴。戏曲在金华的发展,主要有婺剧、昆曲等。① 在金华市中小学艺术展中,我校柳湖校区选送婺剧选段《巡营》参展。

在金华市艺术节的戏曲专场上,学生们精彩的展演,充分展现了婺剧悠悠、婺韵飘香的韵味。从学生现场展演的眼神中,我们能看到古老的婺文化之所以生生不息,是因为它扎根于这片沃土,和我们血脉相连。我校在艺术节上的展演,让在场的观众充分感受到金华婺剧自身的文化力量,并进一步感受到婺剧背后优秀传统文化的思想和心灵的力量。

(二)舞蹈专场

民间歌舞起源于人类劳动生活,它是由人民群众自创自演,表现一个民族或地区的文化传统、生活习俗及人们精神风貌的群众性歌舞活动。金华民族民间歌舞是中华民族灿烂文化的一个部分,在漫漫岁月间与人民的生活、劳动、斗争密切关联,显示了顽强的生命力与诱人的艺术魅力。② 它源于人民群众的劳动与斗争生活,具有民族性、民俗性、地方性。

民间舞蹈的形式多种多样,民族民间舞蹈必须要与社会发展和

---

① 　叶惠、俞苏航:《金华本土音乐教材(上)》,苏州大学出版社2017年版,第72—73页。
② 　同上,第57—58页。

人民大众日益提高的审美需求相适应。要源源不断地创作出形式多样、风格特色突出并具有鲜明中华民族精神、浓郁生活气息、强烈的时代特征和现代意识的高文化品格、高立意、高水平的民族民间舞蹈作品，就必须充分学习、挖掘和继承优秀民族民间舞蹈艺术。[①]金华民间舞蹈也不例外。我校柳湖校区收集整理了民间舞蹈的资料，并根据本校学生的特点改编了金华民间舞蹈《跷舞童心》，并在金华本土音乐艺术节上成功演出。如下是《跷舞童心》的内容：

跷舞童心

小娃娃，踩高跷，

人儿小来志气高。

走一走，摇一摇，

乐得奶奶呵呵笑。

《跷舞童心》通过孩子们踩高跷的娱乐形式，用俏皮的动作、优美的舞姿，形象生动地展现了金华的民间艺术——高跷文化。这样的展示活动，不仅使小学生体味到了金华民间舞蹈中蕴含的本土文化的魅力，而且也让观众感受到了优秀传统文化的内在力量。

三、金华市中小学艺术节组织的成效

在 2017 年金华市中小学生艺术节中，我校柳湖校区选送的婺剧《巡营》和金华民间舞蹈《跷舞童心》两个节目，经过专家评委的现场严格评审，喜获"一金一银"，为我校柳湖校区的艺术教育献上了一份大礼。对于中小学而言，金华市中小学生艺术展演是他们能参与的最高舞台，面对全市各地上百支参与的团队，能有两个节目参演的学校寥寥无几，两个节目双双获奖更是少之又少。需要指出的是，

---

① 张志萍：《感悟民族民间舞蹈的继承创新与发展》，《贵州大学学报（艺术版）》2006 年第 1 期，第 64—68 页。

自 2013 年起,我校不仅参加了金华市中小学生艺术节,还多次参加了浙江省中小学生艺术节,且历年均获奖项(如表 7-1 所示)。

表 7-1　浙师大附属小学金华本土音乐课例获奖一栏表

序号	获将时间	精品课例名称	获奖等级	指导老师
1	2017.5	金华民间舞蹈《跷舞童心》参加金华市中小学生艺术节舞蹈专场比赛荣获二等奖(2016 年 12 月《跷舞童心》荣获婺城区中小学生艺术节舞蹈专场比赛荣获一等奖)	市级	叶惠、丁小婧、蒋玲玲
2	2017.5	婺剧表演唱《巡营》参加金华市中小学生艺术节戏曲专场比赛荣获一等奖	市级	叶惠、董雅妮、蓝婷
3	2016.10	婺剧器乐《打岔调》参加 2016 年浙江省艺术节民乐专场比赛荣获二等奖	省级	黄小峰、叶惠、蓝婷
4	2016.5	婺剧器乐《打岔调》参加 2016 年金华市艺术节民乐专场比赛荣获一等奖	市级	黄小峰、叶惠、蓝婷
5	2015.10	金华民歌《咯咯叮》参加 2015 年浙江省艺术节合唱比赛荣获三等奖	省级	项益莲、蓝婷、叶惠
6	2015.5	金华民歌《咯咯叮》参加 2015 年金华市艺术节合唱比赛荣获一等奖	市级	项益莲、蓝婷、叶惠
7	2014.9	舞蹈《爱传你我他》参加 2016 年浙江省艺术节舞蹈专场比赛荣获一等奖	省级	叶惠、丁小婧
8	2014.6	舞蹈《爱传你我他》参加 2016 年金华市艺术节舞蹈专场比赛荣获一等奖	市级	叶惠、丁小婧
9	2013.9	《汤溪民谣》2013 年浙江省艺术节合唱比赛荣获一等奖	省级	李思慧、项益莲

除了获奖外,更大的成效是我校学生自身音乐综合素质的发展。在金华市中小学生艺术节戏曲专场比赛中,我校婺剧班表演的《巡营》有板有眼、唱腔纯正。学生们的良好表现得益于我校柳湖校区多年来坚持开设婺剧表演班,在表演班,学生们天天练习,表演、唱腔功底扎实,技术过硬。此外,《巡营》还经过活力周五课程两年多的打磨,最终有模有样地呈现在观众面前。《跷舞童心》和《巡营》相比准备时间则短很多,从准备到参加金华市中小学艺术节表演,历时近一年。尽管只有一年左右的准备时间,但舞蹈班的学生们像可爱的小精灵一样踩着高跷,走上了金华市中小学生艺术节舞蹈专场比

赛的舞台,跳着高难度动作,一气呵成,圆满完成参赛任务。总体而言,通过上述节目的持续准备并参演,我校学生们充分展示了他们的音乐综合素养,尤其是他们向真、向善、向美、向上的精神风貌充分得以展现。同时,这样的节日活动在某种程度上而言,也是对我校柳湖校区金华本土音乐教学成果的一次检验。

参 考 文 献

一、译著

[1] 拉尔夫·泰勒.课程与教学的基本原理[M].施良方,译.北京：人民教育出版社,1994.

[2] 皮亚杰.发生认识论原理[M].王宪钿,译.北京：商务印书馆,1981.

[3] 皮亚杰.皮亚杰教育论著选[M].卢濬,选译.北京：人民教育出版社,1984.

[4] 约翰·杜威.学校与社会·明日之学校[M].赵祥麟,任钟印,吴志宏,译.北京：人民教育出版社,2005.

二、著作

[1] 程昱,余幼梅.音乐与教学论[M].广州：广东高等教育出版社,2014.

[2] 高燕.金华民俗文化读本[M].杭州：浙江工商大学出版社,2016.

[3] 管建华,张应华,尚建科.音乐课程与教学研究(1979—2009)[M].南京：南京师范大学出版社,2012.

[4] 顾明远.教育大辞典[M].上海：上海教育出版社,1998.

[5] 胡郁青.新课标音乐教学论[M].重庆：西南师范大学出版社,2016.

[6] 江明惇.汉族民歌概论[M].上海：上海文艺出版社,1982.

[7] 金华市艺术研究所.中国婺剧史[M].北京：中国戏剧出版

社,2006.

[8] 靳玉乐.课程论[M].北京:人民教育出版社,2012.

[9] 李定仁,许继存.教学论研究二十年[M].北京:人民教育出版社,2004.

[10] 李允.课程与教学论[M].北京:北京大学出版社,2015.

[11] 刘放桐.新编现代西方哲学[M].北京:人民出版社,2000.

[12] 刘瑾,王敏.中国现当代音乐课程问题史论[M].济南:山东人民出版社,2014.

[13] 刘旭东,张宁娟,马丽.校本课程与课程资源开发[M].北京:中国人事出版社,2003.

[14] 秦润明.音乐课程与教学论通用教程[M].上海:上海三联书店,2012.

[15] 施良方.课程理论:课程的基础、原理与问题[M].北京:教育科学出版社,1996.

[16] 施维.婺剧器乐[M].北京:中国文联出版社,2007.

[17] 王安国,吴斌.全日制义务教育音乐课程标准(实验稿)解读[M].北京:北京师范大学出版社,2002.

[18] 王向阳.戏剧的钟摆[M].浙江:浙江大学出版社,2010.

[19] 杨和平.民间曲艺[M].北京:学苑出版社,2015.

[20] 叶惠、俞苏航.金华本土音乐教材:上册[M].苏州:苏州大学出版社,2011.

[21] 叶惠、俞苏航.金华本土音乐教材:下册[M].苏州:苏州大学出版社,2017.

[22] 于润洋.现代西方音乐哲学导论[M].长沙:湖南教育出版社,2000.

[23] 张华.课程与教学论[M].上海:上海教育出版社,2000.

[24] 章晓华,吴琅云,章竹林等.金华道情[M].杭州:浙江摄影出版社,2014.

［25］中华人民共和国教育部制订.义务教育音乐课程标准［M］.北京：北京师范大学出版社，2011.

［26］中华人民共和国教育部.普通高中音乐课程标准［M］.北京：人民教育出版社，2017.

［27］钟启泉.现代课程论［M］.上海：上海教育出版社，2015.

［28］周顺平.音乐课程与教学论［M］.南宁：广西人民出版社，2016.

三、期刊论文（说明：以作者姓氏拼音升序排列）

［1］蔡克勇.以学生全面发展为本——一个重要的教育理念及教育改革［J］.高等教育研究，2000(5).

［2］柴世敏.本土音乐进课堂研究的意义探讨［J］.音乐时空，2014(23).

［3］陈芬.小学校园文化建设的思考与探索［J］.学周刊，2012(18).

［4］陈雷施，夏徐艳.风雨"道情"人——金华道情传承人现状调查与保护对策［J］.非物质文化遗产研究集刊，2011.

［5］陈云峰.中小学音乐课堂呼唤器乐校本教材［J］.基础教育研究，2009(15).

［6］杜萍.校本课程开发：辩护与批判［J］.教育发展研究，1999(11).

［7］冯国蕊.云南中小学"本土音乐进课堂"的实践性思考［J］.民族音乐，2009(4).

［8］冯庆峰，刁燕飞.新课堂的三个基本原则［J］.中国科教创新导刊，2013(3).

［9］龚妮丽.本土音乐在现代音乐教育中的定位［J］.贵州师范大学学报（社会科学版），2000(3).

［10］关心.近代中国学校音乐会的功能［J］.史学月刊，2012(06).

［11］关心.试论音乐会与近现代中国的都市娱乐［J］.郑州大学学报（哲学社会科学版），2016(1).

[12] 黄志豪.民间乐器多样性的保护与开发——谈京族独弦琴的
　　"活态传承"[J].中国音乐,2009(3).

[13] 贾波.金华婺剧发展现状研究[J].大众文艺,2009(17).

[14] 赖朝师,伍倩梅.浙江东阳民歌特色[J].文艺争鸣:2012(12).

[15] 李燕.传统节庆文化与民众生活——以浙江省金华市岭下朱
　　观音庙会为例[J].非物质文化遗产研究集刊,2010.

[16] 刘蕊.本土音乐文化在音乐教育中的传承—以皖江音乐文化
　　为例[J].当代音乐,2017(23).

[17] 刘顺.从温州鼓词生存现状谈本土音乐的传承与发展[J].音
　　乐探索,2011(1).

[18] 倪淑萍.金华民歌的生态现状与保护对策[J].金华职业技术
　　学院学报,2011(1).

[19] 倪淑萍.金华山歌的本体分析与艺术特征研究[J].中国音乐
　　(季刊),2013(1).

[20] 石文卓.文化创新:建设社会主义文化强国之关键[J].求实,
　　2013(06).

[21] 汤苏英.武义畲族民歌浅析[J].金华职业技术学院学报,2007
　　(2).

[22] 童文贤.永康鼓词[J].浙江档案,2016(12).

[23] 王浩汀.小学更需要优秀的音乐教师——以小学生学习特征
　　为切入点[J].教育教学论坛,2012(s1).

[24] 王晶晶.关于促进小学生全面发展的几点思考[J].山西青年,
　　2016(15).

[25] 王耀华.深扎根于中华文化的土壤——中华文化为母语的音
　　乐教育[J].乐府新声(沈阳音乐学院学报),1996(1).

[26] 吴刚平.课程资源的开发利用[J].全球教育展望,2001(8).

[27] 吴刚平.课程资源的理论构想[J].教育研究,2001(9).

[28] 吴支奎.学生课程参与:一个亟待关注的问题[J].教育科学,

2009,25(2).

[29] 小田."庙会"界说[J].史学月刊,2000(3).

[30] 谢嘉幸.寻找家乡的歌——音乐教育的现代化观念之三[J].中国音乐教育,2001(11).

[31] 徐皖闽.论音乐教育中本土音乐文化的传承[J].漳州师范学院学报(哲学社会科学版),2010(4).

[32] 杨翰卿,李保林.论中国传统文化的当代转换[J].中国社会科学,1999(1).

[33] 杨和平.金华山歌的生态现状调查与保护对策研究[J].交响-西安音乐学院学报,2010(29).

[34] 佚名.第二批国家级非物质文化遗产名录[J].中华人民共和国国务院公报,2008(18).

[35] 于耀春.音乐教育中传承本土音乐文化的可行性分析[J].福建教育学院学报,2016(7).

[36] 曾遂今.音乐作品存在方式、音乐表演空间与舞台——音乐传播媒介的广义解读[J].武汉音乐学院报,2011(4).

[37] 扎咏.略谈中小学音乐教育的认识[J].西藏艺术研究,2009(2).

[38] 张伟慧.本土音乐与中学课堂教学传承研究[J].才智,2014(12).

[39] 张志萍.感悟民族民间舞蹈的继承创新与发展[J].贵州大学学报(艺术版),2006(1).

[40] 赵京伟,曾立.山之回响 音之绝唱——对金华山歌传承现状的调查与思考[J].大众文艺,2012(22).

[41] 郑三元.回归儿童的生活世界:一个天真的梦想[J].学前教育研究,2002(1).

[42] 周为民.丰富多彩的畲乡对歌[J].大舞台,2012(1).

[43] 朱岩德.独一无二的曲艺之花[J].永康日报,2007(6).

四、学位论文

[1] 陈睿睿.永康鼓词的艺术形态及生存现状考述[D].北京:中国艺术研究院,2009.

[2] 董成雄.中国优秀传统文化的系统解读和传承建构[D].福建:华侨大学,2016.

[3] 黄路.吉祥花台——婺剧"闹台"曲《花头台》研究[D].金华:浙江师范大学,2015.

[4] 焦倩.新课标背景下中小学音乐教师继续学习研究[D].南京:南京艺术学院,2010.

[5] 金梅.中国当代民谣音乐的美学研究[D].济南:山东大学,2017.

[6] 龙姗.小学生音乐学习动机与音乐学业情绪的关系研究[D].长沙:湖南师范大学,2014.

[7] 陆冬群.高中历史课堂开发利用历史民谣资源的研究[D].金华:浙江师范大学,2010.

[8] 孟凡丽.多元文化背景中地方课程开发研究[D].兰州:西北师范大学,2003.

[9] 齐晓静.全球化背景下中国传统文化的继承与发展研究[D].济南:济南大学,2012.

[10] 杨群芳.烟台本土音乐文化在初中音乐教育中传承的研究[D].烟台:鲁东大学,2015.

[11] 徐颖.浙江畲族民歌的演唱艺术研究[D].北京:中国音乐学院,2014.

[12] 章军杰.多元文化格局下婺剧传承与发展研究[D].济南:山东大学,2014.

[13] 赵干.婺剧徽戏音乐研究[D].金华:浙江师范大学,2012.

[14] 赵洁.幼儿园民间音乐课程资源开发研究——以安徽省花鼓灯艺术为例[D].重庆:西南大学,2013.

［15］郑哲澄.论弹拨乐组在民族管弦乐队中的作用［D］.上海：上海音乐学院，2015.

［16］朱开来.地方院校大学生业余合唱团的训练与特色探索［D］.长沙：湖南师范大学，2014.

五、网络资源（说明：以作者姓氏拼音升序排列）

［1］金华新闻网.《咯咯叮》唱响的不只是记.［EB/OL］.（2014-08-22）［2018-02-12］.http://www.jhnews.com.cn/2014/0822/402064.shtml.

［2］金华新闻网.金华市举行2017中小学生艺术节 艺术作品分5天展演［EB/OL］.（2017-05-23）［2018-03-01］.http://www.jhnews.com.cn/2017/0523/759837.shtml.

［3］金西网.汤溪儿童民谣（端午节吃粽子）［EB/OL］.（2016-5-28）［2017-12-19］.http://blog.sina.com.cn/s/blog_6756a3e70102w6fz.html.

［4］鲁蓉.悠悠山歌何处寻［EB/OL］.（2008-10-14）［2017-12-30］.http://jhwcw.zjol.com.cn/wcnews/system/2008/10/14/010703008.shtml.

［5］“十五”以来全国群众文化业发展情况分析——中华人民共和国文化部［EB/OL］.（2011-08-23）［2018-01-28］http://www.360doc.com/content/11/0930/16/3405412_152435830.shtml.

［6］章果果，胡国洪，美苹.汤溪山里九十九道弯九十九道弯来九十九支歌［EB/OL］.（2011-12-16）［2017-12-20］.http://www.jhnewscom.cn/jhrb/2011-12-16/content_1999848.html.

［7］中共浙江省委教育工作委员会浙江省教育厅.第三批浙江省艺术特色学校名单公示［EB/OL］.（2011-01-12）［2018-01-26］.http://www.zjedu.gov.cn/news/17772.html.

[8] 中华人民共和国教育部. 教育部关于印发《基础教育课程改革纲要（试行）》的通知[EB/OL]. (2001-06-08)[2018-01-21]. http://www. moe. gov. cn/srcsite/A26/jcj＿kcjcgh/200106/t20010608_167343. html.

[9] 新华社. 关于实施中华优秀传统文化传承发展工程的意见. [EB/OL]. (2017-01-25)[2018-01-28]. http://www. gov. cn/zhengce/2017-01/25/content_5163472. htm.

[10] 浙江文明网婺城"草根奖"成为引领社会文明的新标杆[EB/OL]. (2017-10-10)[2018-02-10]. http://www. zjwmw. com/07zjwm/system/2017/10/10/021605927. shtml.

六、其他类（说明：以作者姓氏拼音升序排列）

[1] 金华市教育局婺剧知识读本（试用版）.

[2] 金华市浙江师范大学附属小学柳湖校区本土音乐校本教材（五）：金华道情选集.

[3] 金华市浙江师范大学附属小学柳湖校区本土音乐校本教材（七）：婺剧器乐《新闹花台》.

[4] 金华市浙江师范大学附属小学柳湖校区课题结题报告：金华本土音乐在教学中的实践与应用研究——以柳湖小学为例.

[5] 李思慧改编，叶惠整理. 金华市浙江师范大学附属小学柳湖校区本土音乐校本教材（四）：汤溪民谣（全谱），2016.

[6] 王晓明作词，应兆铭谱曲. 金华市浙江师范大学附属小学柳湖校区本土音乐校本教材（二）：婺风组歌（选），2016.

[7] 王晓明作词，应兆铭谱曲. 金华市浙江师范大学附属小学柳湖校区本土音乐校本教材（四）：咯咯叮（全谱），2016.

[8] 项益莲整理. 金华市浙江师范大学附属小学柳湖校区本土音乐校本教材（三）：汤溪民谣集，2016.

[9] 叶惠，王忠芳. 金华市浙江师范大学附属小学柳湖校区本土音乐校本教材（一）：金华山歌选集，2016.

［10］浙江师范大学附属小学柳湖校区蓝婷老师的教学研究课
例.2017.

［11］浙江师范大学附属小学柳湖校区蓝婷老师《凤凰飞,麒麟追》
教学设计.

［12］浙江师范大学附属小学柳湖校区项益莲老师《十嫁囡》教学
设计.

［13］浙江师范大学附属小学柳湖校区校本教材《学习"草根"楷模
好榜样》.